顾　问 / 朱汉民　姜广辉
总主编 / 肖永明　陈宇翔
主　编 / 陈仁仁

岳麓书院讲演录

三

湖南大学出版社
·长沙·

图书在版编目（CIP）数据

岳麓书院讲演录. 三 / 陈仁仁主编. -- 长沙：湖
南大学出版社，2024. 10
ISBN 978-7-5667-3515-7

Ⅰ.①岳… Ⅱ.①陈… Ⅲ.①哲学理论–文集 Ⅳ.
①B0–53

中国国家版本馆CIP数据核字（2024）第069135号

岳麓书院讲演录三

YUELU SHUYUAN JIANGYANLU SAN

主　　编：陈仁仁

策划编辑：邹　彬

责任编辑：周文娟

印　　装：湖南省众鑫印务有限公司

开　　本：710 mm × 1000 mm　　1/16　　　　印　　张：24.25　字　　数：283千字

版　　次：2024年10月第1版　　　　　　　　印　　次：2024年10月第1次印刷

书　　号：ISBN 978-7-5667-3515-7

定　　价：78.00元

出 版 人：李文邦

出版发行：湖南大学出版社

社　　址：湖南·长沙·岳麓山　　　　　邮　　编：410082

电　　话：0731-88822559（营销部）　　88649149（编辑部）　　　88821006（出版部）

传　　真：0731-88822264（总编室）

网　　址：http://press.hnu.edu.cn

教育部首批新文科研究与改革实践项目（2021130016）

湖南省"十四五"时期社科重大学术和文化研究专项（21ZDAZ01）

2021 年湖南省普通高等学校教学改革研究项目（重点项目）（HNJG–2021–0031）

编辑说明

1.本讲演录文稿均根据现场录音整理，经主讲人审定。

2.为突出讲演的主体内容，对讲座现场与主题演讲的内容无关涉的部分进行了删减；对主持人的欢迎语进行了删减；对现场提问者的身份信息进行了删减。

3.为保持讲演者的个人语言风格和讲演（讲座）文本的特点，编辑时未完全按现代书面语言的规范进行处理。

4.为尽可能保证讲座内容呈现的流畅性，对讲演者现场仅提及了名称的文献直接在文中标注，其余则采取脚注（讲者注）的方式处理；对主讲者提及但未做说明或选编时主编认为有必要向读者做出基本解释的名词或背景知识统一采用脚注（编者注）做出补充说明。

5.原稿中每场讲座都标注了具体的讲座时间、详细地点、活动承办及协办单位信息，编辑时统一进行了删减。

郭齐勇

书院是我国历史上一种独特的文化教育组织，是东亚文明的体现，是中国对世界文明的贡献。

作为教育机构，书院是古代官学的重要补充。直到清代，乾隆皇帝在上谕中依然指出"书院之制，所以导进人才，广学校所不及"。学校指的就是官学。官学是古代选拔人才的主要途径。然而，因为官学把科举与仕途联系太紧密，使得官学有着浓厚的功利色彩。古代书院的兴起和发展，对此一直保持着高度警惕。

南宋时期，岳麓书院掌教张栻在《岳麓书院记》中说，办书院"岂特使子群居佚谈，但为决科利禄计乎？亦岂使子习为言语文辞之工而已乎？"意思是书院不应该只是服务科举，不应该只是教人写一手好文章。张栻所批评的恐怕就是当时官学的实际情形，如此培养出来的人，往往既无学问基础，又无办事才能，很难做到真正的经世致用。所以张栻明确提出，教育应该成就人才，应该"传斯道而济斯民"。此所谓"道"即是孔孟儒家之道，是要通过讲习学问才能获得和传承的。

古代很多著名书院是由儒家大学者、经学家、思想家创办或主持，这自然使得书院相比于官学多了一重探讨学问、孕育学派的功能。比如说，岳麓书院是湖湘学派的道场，白鹿洞书院是朱子学的道场，象山精舍是陆九渊心学的道场，丽泽书院是吕祖谦浙东金华学派的道场。书院与官学不一样的气象和精神，都是从探讨和传承学问这一点上生发出来。

我曾撰文讨论传统书院形成的四点文化精神：一是坚持道统，弘扬人文精神与价值理想；二是书院打破了官学体制，不受其限制，具有民间性，承载自由讲学与批判的精神；三是强调知识、学术的自身特性，有独立的学术精神与学派意识；四是一千年来，书院不绝如缕，培养了一代代士子，这些士子多数人德才兼备，经邦济世，明道致用，传承人文，推动民间讲学之风，振兴社会教化，美政美俗。

书院是儒家的道场，坚持的是儒家教育传统，以儒家的"道"为追求目标，培养生徒具有终极关切与超越信仰，以"道"修身并治世，有道德理想与完善人格。这样的人才，才能够真正做到传道济民、经世致用、美政美俗。可见，传统书院的文化精神之间是相互支撑、内在逻辑一贯的。这种内在一贯性的基石是自由的学术探讨和批判性的理性思考。而传统书院的讲学精神和制度正是这一基石得以稳固的重要保障。

"会讲"是体现传统书院讲学精神的一种重要方式和制度。所谓"会讲"，字面意思很简单，即朱熹所谓"会友讲学"、张栻所谓"会见讲论"。《礼记·学记》云："独学而无友，则孤陋而寡闻。"《周易·兑·大象》云："丽泽兑，君子以朋友讲习。""会讲"就如同两条或若干条河流相激荡、交融，汇成一股洪流，奔腾向前。社会思潮亦无不由思想者们的共同讲论而形成。"会讲"既是一种学术研究的方法，也是一种教学的方法，听讲的学生可以在参与讨论中得到更充分的学术训练和思想训练。

南宋乾道三年（公元1167年）岳麓书院的朱张会讲，开书院会讲之先河。它比中国古代思想史上著名的鹅湖会讲早了八年，比朱熹邀请陆九渊在白鹿洞书院讲《论语》"君子喻于义"章早了十四年。岳麓书院能培养出那么多的经世之才，恐怕与自觉继承朱张学统及其学术会讲精神是分不开的。

根据书院研究专家邓洪波教授的统计，中国历史上一共有过七八千所大大小小的书院。其中最著名的有所谓"三大书院""四大书院""五大书院"或"十大书院"等种种说法，而不同说法中都有岳麓书院。可见，岳麓书院在古代书院中的地位是很高的。尤其难得的是，其他书院，无论在古代多么辉煌，到了今天也都只是作为一处历史遗迹展现在世人面前，唯有岳麓书院在近现代转型为湖南大学一院并依托湖南大学得以恢复和发展，并且呈现出一派生机勃勃的气象。

今日岳麓书院焕发青春，主要体现在它立足于现代大学体制中的人文学科建设，依然有着学术研究、人才培养和社会服务的功能。多年来，岳麓书院自觉继承朱张会讲的精神和传统，广邀海内外学术名家讲学，已达五百多期，成为一个知名的高端学术交流平台和品牌。这些讲座面向全校乃至全社会，不但促进了岳麓书院自身的学科建设、学术研究和人才培养，而且为全校以及当地社会营造了浓厚的人文学术和文化氛围，这正是传统书院文化精神在当代的转化和发展。

　　承岳麓书院院长肖永明教授赐告，拟将部分讲座录音文稿整理结集为丛书出版，并嘱我撰写总序以弁其端。我想，这些讲座是巨大的资源宝库，能结集出版、广为传布，是嘉惠学林、服务社会、繁荣文化的大好事。因而略述传统书院文化精神尤其是讲学精神及其意义如上，以志所感，并祝愿当代岳麓书院走向新的辉煌！

　　是为序。

一

"惟楚有材,于斯为盛。"岳麓书院是中国书院的杰出代表,自北宋开宝九年(公元976年)创建以来,历代儒家士人以此为基地,为传承发展中华文化与书院文化作出了重要贡献。今天的岳麓书院是湖南大学的历史和哲学学院,继续在新时代延续文脉、精研学理、培育英才,并进行广泛而深入的学术交流与合作。

千百年来,讲论学问始终是岳麓书院的主旋律,因为这里是"朱张会讲"的发生地。南宋乾道三年(公元1167年)深秋,37岁的朱熹与34岁的张栻相聚岳麓书院,就"中庸""太极"等问题进行了热烈的探讨与交流,以至"三昼夜而不能合"。相比于多年后的"鹅湖之会"朱陆不欢而散,此次会讲中的朱张反因讨论激烈而情谊更笃。可以说,"朱张会讲"开书院会讲之先河,是不同学派交流对话、求同存异的典范,对南宋学术的繁荣、理学的发展与传播都产生了巨大的促进和推动作用。

名山坛席，智者新声。在新世纪、新千年到来之际，岳麓书院赓续朱张会讲的精神，跟随朱熹、张栻、王阳明、吴道行、罗典、欧阳厚均、王先谦等先贤的脚步，使古老的岳麓书院讲堂上再次激荡起智者的声音。当时岳麓书院与湖南卫视、湖南经视等媒体合作，策划组织了国内首个面对社会公众的电视讲学节目——《千年论坛》。先后邀请了余秋雨、余光中、杜维明、许倬云、李学勤、金庸、黄永玉等20多位文化名家、社会精英登上讲坛。人们从四面八方涌来书院，无论风雨烈日，听众都聚集在讲堂前，领悟贤者智慧，追寻人文精神。演讲的内容通过电视转播，借助卫星和网络传播到世界各地，引起了学术界、文化界、教育界及社会各界的强烈关注和反响。为了保护这批珍贵的讲演资料，2001年至2003年，岳麓书院与湖南大学出版社联合策划出版了"岳麓书院千年论坛丛书"（六卷本）以及《智者的声音——在岳麓书院听演讲》《思想的锋芒——在岳麓书院听演讲》。

二

岳麓书院的博士生与硕士生们常聚在一起砥砺学问。2004年的一个秋日，他们共同回念起几年前书院《千年论坛》的盛况，便探讨起如何延续书院讲学传统、为书院的发展和自身成长做一些事情。于是自2005年春天开始，在师长的支持下，由书院硕、博士研究生自发组织的"明伦堂讲会"陆续开讲。他们或请同窗学友畅谈学问人生，或邀名家学者传道解惑，几年间竟累积讲座百余期，一时传为美谈。

此后，讲坛的组织和传播方式也不断发生着变化。2013

年2月，岳麓书院国学研究与传播中心成立，设立以"承朱张之绪，取欧美之长；传中华文明，耀智慧之光"为宗旨和理念的"岳麓书院讲坛"。讲坛广邀海内外著名学者贤达登坛讲学，进一步突出了思想高度、历史传承与文化底蕴，彰显了时代性、前瞻性和创新性，旨在打造立足湖南、影响全国、辐射海外的高端学术交流平台和高雅文化传播品牌。岳麓书院的讲学活动以更大的规模、在更大的范围内为世人所瞩目。

2013年，许嘉璐、杜维明、陈来、郭齐勇、唐浩明等八位著名学者登坛开讲，其中有五期通过录播方式在湖南电视台播出，吸引十万余人次参与和观看。2014年始，岳麓书院部分讲坛开始与凤凰网联合主办，通过凤凰网国学频道向全球直播，尝试打造"互联网 + 国学"传播模式。由此，讲坛的受众范围与社会影响进一步扩大。来自北京大学、清华大学、香港中文大学、澳门大学、台湾大学、哈佛大学、牛津大学、中国社会科学院等海内外百余所著名高校和科研机构的400余位专家学者，相继登临"岳麓书院讲坛"讲学论道。演讲主题也在不断拓展，主要涉及传统文化的内涵与外延、历史考古文博专业知识、西方哲学及宗教学、读书方法与研究方法以及海外汉学等等。

到目前为止，岳麓书院讲座已成功举办500多期。讲座现场直接听讲者平均每场超过100人，总听众超过5万人次；线上传播70余场，每场在线观看人数平均在30万人次以上，最高达80万人次，总观看量达2500万人次。

三

岳麓书院自古就是一个开放的学术交流场所，各家各派的思想理念都曾在这里激荡和传播。今天的岳麓书院传承了这种胸襟和气魄，除了直接引进来自不同国家的优秀学者加盟，还邀请了多位海外顶级汉学家前来讲学。另外，针对全校师生及社会听众不同层次的需求，岳麓书院还组织开展了"岳麓书院邀访学者讲座""岳麓书院学术座谈会""史学入门讲座"等不同类型的讲学活动，与"岳麓书院讲坛"一起构建起了当代岳麓书院的公益学术讲学矩阵，共同致力于拉近学术与学生、学术与社会大众之间的距离，让更多人感受学术和思想的魅力。

在岳麓书院过去的千年讲学中，古代即编有《讲堂录》《问答》《讲义》之类的著作，那是古人对当时学术交流盛况的记录，至今仍闪烁着智慧的光芒。今天，我们又特别编选了这套"岳麓书院讲演录"丛书，旨在记录、保存新时代书院讲学的宝贵资源，以期让更多的人有机会聆听智者的声音，感悟思想的锋芒。丛书的选编，要特别感谢主讲者们对讲座内容公开出版的首肯和对书稿的反复校改，感谢著名学者郭齐勇先生慨然应允为丛书慧赐总序。也有早期的一些精彩讲座，由于没有录音而散失，有的讲座内容由于已经成文发表或其他原因，没能收入这套书中，这是我们感到遗憾的事情。

千年学府，弦歌不绝。从八百多年前的"朱张会讲"到21世纪之交的"千年论坛"，再到"明伦堂讲会""岳麓书院讲坛"等，流动的是时光，不变的是这所庭院所拥有的气度和智慧；一脉相承的是对学术的敬意、对思想的虔诚、对人文的礼赞。

编者

2022 年 4 月

目录

文明变局中的中国经学

时间
2016 年 10 月 5 日

地点
湖南大学岳麓书院内中国书院博物馆报告厅

主持
李清良（湖南大学岳麓书院教授、时任副院长）

主题一
春秋公羊三世学说及其意义

主题二
文明变局中的曹元弼

主讲
郭晓东　陈壁生

　　郭晓东，复旦大学哲学学院中国哲学教研室主任、教授，上海市"东方学者"特聘教授。研究领域为宋明理学、先秦儒学与儒家经学等。著有《识仁与定性——工夫论视域下的程明道哲学研究》、《经学、道学与经典诠释》、《戴氏注论语小疏》、《宋明理学》（合著，第二作者）、《春秋公羊学史》（合著，第二作者）等。

　　陈壁生，1979 年出生于广东潮阳，哲学博士，清华大学人文学院哲学系教授，博士生导师，中华孔子学会副秘书长，研究领域为经学、汉晋哲学、近现代思想史。著有《经学、制度与生活》《经学的瓦解》《孝经学史》《孝经正义》等；主编《经学研究》辑刊。

　　主持人：各位来宾、各位同道，大家下午好！欢迎各位在国庆期间来参加岳麓书院讲坛。对于岳麓书院来说，今年是个特别重要的年份。很多朋友都知道，今年是岳麓书院创建 1040 周年，也是湖南大学定名 90 周年，同时又是岳麓书院跟凤凰网、凤凰卫视联合举办的"第二届全球华人国学大典"系列活动的一年。为此，我们把今年的国庆假期打造为一个连续举办系列会讲的学术假期。我们想通过这种特殊的方式，一方面致敬国学，一方面庆贺岳麓书院 1040 周年、湖南大学定名 90 周年。今天下午的主讲嘉宾有两位，一位是复旦大学哲学学院的郭晓东教授，一位是清华大学的陈壁生教授。首先我谨代表讲坛的主办方湖南大学岳麓书院、凤凰卫视、凤凰网以及承办方岳麓书院国学研究与传播中心、凤凰网国学频道，对郭晓东教授、陈壁生教授来书院讲学表示衷心感谢，对各位听众朋友表示热烈欢迎！

　　今天会讲的主题是"文明变局中的中国经学"。大家知道，在传统中国社会中，经学有着至高无上的地位，它所承载和体现的就是中华文明之道。用我们书院著名经学专家姜广辉教授的话来说，经学就是中华民族的根与魂。但是自从 19 世纪末以来，我们整个中华文明、中华民族都面临着"三千年未有之变局"，西方文明凭借其政治、经济强势对中国社会产生了非常重大的影响。在这种情况之下，作为中华民族之根与魂的"中国经学"面临着怎样的困境？发生了怎样的改变？又会有怎样的前景？这些就是我们今天所要探讨的主要问题。

今天主讲的两位嘉宾，都是我国年轻一代学者中的著名经学研究专家。

下面我们首先请郭晓东教授开讲。

主题一：春秋公羊三世学说及其意义

郭晓东教授：各位嘉宾，大家下午好！非常荣幸能在岳麓书院做一次讲座。刚才走进湖南大学校门口的时候，就看到一条横幅上写着"热烈庆祝岳麓书院创建 1040 周年暨湖南大学定名 90 周年"。这样一种深厚的历史感，让我走进岳麓书院时，既非常兴奋，又非常惶恐。遥想八百多年前"朱张会讲"场景，让人心驰神往，也让我们今天感到很惭愧，有幸来岳麓书院讲座，居然也用了"会讲"这一词。

我今天要讲的题目是"春秋公羊三世学说及其意义"。之所以要讲这个题目，是因为与今天会讲的主题略有关系。我们这场会讲的主题是"文明变局中的中国经学"，而春秋公羊三世学说，则是古老的中国经学学说之一。在晚清面临所谓的"三千年未有之变局"的情况下，这种学说一方面受到挑战，另一方面又同时焕发着生命力，并对后世产生了极大的影响。因此我选择了这样一个看上去比较枯燥的题目，希望大家多多包涵。

我想首先简单说一下春秋公羊三世学说的内容。什么是"春秋公羊学"？儒家的"四书五经"中有所谓的《春秋经》，而解释《春秋经》的"传"有三种，其中一部就是《春秋公羊传》。也就是说，"春秋公羊学"就是以《春秋公羊传》

为中心的一门学问。那么什么是"公羊三世"？我们知道，《春秋》一共记载了鲁国从鲁隐公元年到鲁哀公十四年的242年的历史，历经12个国君，依次为隐、桓、庄、闵、僖、文、宣、成、襄、昭、定、哀。后世公羊学家认为，这242年的历史可以分为三个时期：所传闻世、所闻世与所见世。按照汉代公羊学家的解释，"所见世"是孔子和他父亲生活的时代，对应的是"昭、定、哀"三位国君的时代；"所闻世"是孔子祖父生活的时代，对应的是"文、宣、成、襄"等四位国君的时代；而"所传闻世"是指孔子高祖和曾祖生活的时代，对应的是"隐、桓、庄、闵、僖"等国君的时代。这就是我们通常讲的"公羊三世"。

接下来我们说明一下"公羊三世"学说这样分期的原因及其背后的意义。鲁隐公元年，《春秋经》记载："冬，十又二月，公子益师卒。"诸位如果单独看这么一条材料，可能会觉得这条材料根本没啥意义，只是说一个人死掉而已。但是，如果对《春秋》稍有了解的人可能知道，古代士大夫以上的人的生死是非常重要的，一旦死掉的话，就要严肃、郑重地把他死掉这个事情记录下来。这一条材料上只记某年某月，不记公子益师所卒的具体日期，对此《公羊传》就提出这样一个问题："何以不日？"也就是说，为什么不记载公子益师死去的具体日期呢？《公羊传》的回答是："远也。"就是说，这件事情离我们今天已经很远了。《公羊传》接着说："所见异辞，所闻异辞，所传闻异辞。"（《春秋·隐公元年》）我们前面说过，《春秋》242年的历史分为所见世、所闻世和所传闻世，文本的依据就在这里。这段话的意思是说，之所以不记载公子益师所卒的具体日期，是因为这件事情离我们很久远了。不同的历史时期，我们所亲见的、所耳闻的以及所传闻的各不相同，所以《春秋》记载的书法也相应地有所不同，这叫"异辞"。

历史通常是这么书写的：当我们记录当下发生的事情的时候，会把这件事情记得很详细；当我们叙述很久以前的事情的时候，就会写得比较简略。比如说，当代某个著名人物逝世，当代史会写某年某月某日某某去世，写得很详细；但是，如果说康熙死掉，或者说汉武帝死掉，历史书只会记载某某年，因为这件事情离我们很远，所以这叫"近者详，远者略"。我把这称为"三世异辞"之史法原则，事实上也是一般历史书写的通常原则。再比如我们写自传时，对当下的事情会写得很详细，因为我们活在当下，很容易把一些琐碎的事情记录下来；但是当我们追述童年的事情时，很多事情往往会被忘掉，所以相对地会写得很简略。我们知道《春秋》本身就是一种历史书写。从历史书写的角度来讲，"公子益师卒"这件事情，因为离孔子的时代很远了，所以就记得比较简略，即《公羊传》所说"远也"。这说的是"三世异辞"的第一个原则。

"三世异辞"不仅是史法原则的体现。因为所见、所闻和所传闻是跟孔子有关，跟孔子的曾祖、高祖有关，所以汉代的何休在注解《公羊传》的时候指出："异辞者，见恩有厚薄，义有浅深。"（何休《春秋公羊传解诂》）我们以自身的例子来讲，如果我们自己的父亲犯了什么错误，一般都会为他辩护几句，这是人之常情；但当我们谈到高祖、曾祖甚至是更远一些祖先的时候，同样的错误，我们可能就会很坦然地面对，因为我们对父亲的情感要深于高祖、曾祖。

我们再来看何休注《公羊传》中的这三句话：

故于所见之世，恩己与父之臣尤深，大夫卒，有罪无罪，皆日录之。

于所闻之世，王父之臣恩少杀，大夫卒，无罪者日录，有罪者不日略之。

于所传闻之世，高祖曾祖之臣恩浅，大夫卒，有罪无罪皆不日略之也。

从孔子的时代开始，往上推溯，在所见世，也就是昭、定、哀时期，是孔子自己及其父亲时代，所以能直接体会到君之"恩"，而越往前推，这种能感受到的情感就越来越淡漠。因此，就情感上说，因时代远近之不同，就有亲疏之分。相应地，在《春秋》之书法上，就有所谓的"异辞"。所以何休举例说，在所见世，大夫卒，不论有罪无罪，都记其日；而所闻世，大夫卒，无罪书日，有罪不书日；至于所传闻世，不论有罪无罪，都不书日。也就是说，通过记不记日期，以表现出恩的深浅、情的亲疏。因此，关于"三世异辞"第二个原则，我把它总结为情感原则，具体表现为"近辞微，远辞显"。

上面我们是从史法原则和情感原则这两个原则来讲，对此我们应该很容易理解，因为都是出自人之常情。但如果"三世异辞"仅仅是因为这两个原则的话，其意义就会大打折扣。

对于公羊学来讲，"三世异辞"有着更为重要的第三个原则，即"治法原则"。这个原则也是东汉何休所提出的。他把《春秋》242年的历史分为了三个阶段，一方面固然是所见世、所闻世与所传闻世，另一方面，他又把这三个世代和人类社会发展的三个阶段相对应。他认为，我们人类的历史是从无序走向有序、从野蛮走向文明的历史，所以他又把人类社会发展的三个阶段分别称为衰乱世、升平世与太平世。我们来看看他是怎么展开的，请看这三段文字：

衰乱世：于所传闻之世，见治起于衰乱之中，用心尚麤觕，故内其国而外诸夏，先详内而后治外，录大略小，内小恶书，外小恶不书，大国有大夫，小国略称人，内离会书，外离会不书，是也。

升平世：于所闻之世，见治升平，内诸夏而外夷狄，书外离会，小国有大夫。

太平世：至所见之世，著治太平，夷狄进至于爵，天下远近小大若一，用心尤深而详，故崇仁义，讥二名，晋魏曼多、仲孙何忌是也。

为什么何休要把《春秋》三个时段做这样一种理解呢？首先我们要看孔子为什么要作《春秋》？何休认为，孔子是试图以《春秋》来担当"王者"的历史使命的。我们知道，孔子的时代是一个"无王"的时代，如《公羊传》经常说的，"上无天子，下无方伯"。在这样的一个"无王"的时代，要求有新一代的圣王兴起，但事实上，在当时并没有新一代的圣王出现。而孔子有德无位，不能成为现实政治生活中的"王"，在现实的政治生活中并没有发言权，而他又试图重新给这个混乱的世界赋予新的秩序，就只好通过写《春秋》这本书，来承担起"王者"的使命。公羊学有一个专门的术语，叫"以《春秋》当新王"，即以《春秋》这本书来行王者的权力。而《春秋》这一"新王"的使命，就是要让现实中混乱的社会经由升平世而进入太平世，因此，何休自然而然就把《春秋》

之三世分为衰乱世、升平世与太平世。

首先是"衰乱世"。何休认为，要治理乱世，用心可能要"粗"一点。我们举个例子，比如说在这个教室，我是老师，诸位是同学。我们再设想一个场景，当老师坐在上面的时候，下面的同学不是坐在自己的座位上，而是或争或抢或打或斗，毫无秩序可言。在这个时候，我作为老师，对你们的要求就不能太高，只要让你们结束混乱的状态，建立一个最基本的秩序就好，至于你们是不是在交头接耳、看手机或者是干别的事，都不是我关心的。这就叫用心比较"粗"。相应地体现在《春秋》书法上，就是"见治起于衰乱之中，用心尚麄觕"。在这一时期，孔子所关心的只是鲁国，而其次才是诸夏。我们可以继续举刚才那个例子：我们的教室现处于混乱的状态，旁边的教室也是处于混乱的状态，但我力所能及的只是自己的教室，先要在我们这一个教室建立起基本的秩序，至于旁边的教室，则因力所不逮而无暇顾及，这就叫"内其国而外诸夏"，即先治理好鲁国，然后才是诸夏。但这并不意味着完全不管诸夏，就像刚才这个例子，我们也不是完全不管旁边的教室，而是说，要先治理好我这个教室，以我这个教室的秩序为榜样、为表率，然后再去感化旁边的教室。

鲁国或者说我们这个"教室"已经建立起最基本的"礼法秩序"后，再以我们的礼法秩序影响旁边的国家或"教室"。这就到了社会发展的第二个阶段，即"升平世"。所谓的"升平"，就是走向"太平"的意思。如果鲁国的礼法秩序已经影响到整个华夏地区，那么也就意味着我要在诸夏地区建立起基本的文明秩序。这个时候的内外情况不一样了，"内"不再仅是鲁国，而是指我们整个诸夏。在我们整个诸夏内部建立起文明秩序，然后把"夷狄"作为我们的"外"，这是第二个阶段。

"升平世"的进一步发展就是"太平世"。这时我们的目标并不是只在诸夏建立礼法秩序，我们的最终目标是在整个世界建立起同样的秩序。即以我们在华夏建立起的礼法秩序、礼乐文化去影响"夷狄"地区。到这个阶段，也就是走向"太平"的时候，"著治太平，夷狄进至于爵"，当"夷狄"接受周天子授予的爵位的时候，说明我们把"夷狄"也纳入整个"文明"的世界中。在这一阶段，整个礼法秩序已经完全建立起来，不仅是"衰乱世"的鲁国，也不仅仅是"升平世"的华夏，而是在整个世界范围内建立起了普遍的秩序。也就是说，这一王化秩序从鲁国走向诸夏，再走向天下。

假如在"衰乱世"，用心是"粗"的话，那么到了"太平世"，用心就要"深而详"。我们还是举前面教室的例子：如果在"衰乱世"，我只希望大家能够坐下来维持一个基本的秩序，但是到"太平世"阶段，我就不允许大家交头接耳、看手机之类的，而是要求大家必须坐有坐相，自觉遵守课堂纪律。也就是说，从"衰乱世"走向"升平世"再走向"太平世"，治理社会的要求是不断被提高的。何休在注解"太平世"的时候就提出，"用心尤深而详，故崇仁义，讥二名"。在古人看来，取名字最好是取单名，名字中有两个字是非礼的。之所以这样说，是因为如果是单名的话，会让别的人比较容易避讳，如果取两个字，就要避两个字，从而不方便于他人。从某种意义上讲，这只不过是无伤大雅的小节问题，属于性质极轻的非礼行为。但是，到了"太平世"，因为治理社会的用心深详，对这样小小非礼的事情，也要予以批评，所以《春秋》在"太平世"的时候，就要"讥二名"。对于何休来讲，在这三个阶段，由于治法的不同，所以他的书法也会不同，这也是"异辞"的原因所在。

从公羊学的角度来讲，所谓的《春秋》"三世说"，也就是所谓"三世异辞"，就蕴含着这三个不同原则。先是史法的原则，其次是情感的原则，最后是治法的原则。其中最关键的是治法原则。对于公羊学的"三世说"来讲，最核心的内涵就是把我们人类的历史设想成从野蛮走向文明的历程。

当我这样讲的时候，在座的朋友们可能会说：这个好像跟历史事实有很大出入。我们都知道，刚刚进入《春秋》的时候，也就是在鲁隐公、鲁桓公的时代，西周以来的礼乐秩序多少是保持了下来的。而到了《春秋》的末期，严格上来讲就是一个"礼崩乐坏"的时代。事实上，《春秋》所记的历史是一代不如一代，是每况愈下的。那么，为什么我们这里讲《春秋》"三世"时，把这段历史解释为从"衰乱"走向"升平"，再走向"太平"呢？其实这里是看问题视角的不同。从史学的视角看，历史的事实是每况愈下。但从经学的视角看，春秋公羊学并不是在描述历史，而是试图为历史指明一个前进方向。也就是说，虽然历史的事实是每况愈下的，但是儒家心目中的历史应该是从"衰乱"走向"太平"，而孔子之所以作《春秋》，也正是要让历史从"衰乱"走向"太平"，这才是《春秋》"三世说"最核心的意义所在。这个学说在汉朝的时候很流行，但随着汉朝灭亡，公羊学逐渐式微，一直到清代中叶之前，基本上不被人提及。

然而，到了清代中晚期，随着公羊学的复兴，"三世说"也重新焕发生命力，而且被赋予了很多新的内涵。严格上来讲，我们谈《春秋》"三世说"仅仅说到汉代是不够的，一定要把清人的解释与发挥也同时补上去。在我看来，清代"三世说"有了重要的发展，表现在如下几个方面：首先是刘逢禄与宋翔凤。刘逢禄非常重视《春秋》"三世说"，汉以后逐渐式微的这种学说到这时才真正地被引起重视，因此刘逢禄是我们在讲《春秋》"三世说"的时候一定要提到的重要人物。另外一个重要的人物是宋翔凤，他的意义在于把《春秋》"三世说"和《礼运》的"大同说"结合起来。《春秋》讲太平、升平，而《礼运》讲大同。在此我们很自然地可以将"太平"和"大同"关联起来，这个关联性在后来晚清的思想中是很重要的。而正是宋翔凤，首次将两者关联起来思考。这种学说发展到龚自珍，就说得更明确、更直接了。他把"大同小康说"和"太平说"完全对上，同时他还认为"三世"可以通用"五经"。我们前面说过，可以把"三世"理解成是整个人类的历史，即人类从衰乱走向太平的历史。但严格来讲，龚自珍之前的公羊家并没有这么明确地提出来，而到了龚自珍这里，则明确提出来了。他把从古到今的历史分为三世，这样，就让"三世说"运用得更为灵活。在龚自珍之后，对"三世说"阐释与发挥最多、影响也最大的人物则是康有为。

康有为对"三世说"做了非常多新的阐释与发挥。这里我们简单地提一下：第一个观点，是以三世来区分与解释中国过去的历史，这是接着龚自珍来讲。第二个观点，是把每一世又分为三世，比如他说，在"太平世"中，又可以分出太平世的"衰乱世""升平世""太平世"。再者，他还把"三世说"和"大同小康说"相结合，他说："乱世者，文教未明也。升平者，渐有文教，小康也。太平者，大同之世，远近大小如一，文教全备也。"（康有为《春秋董氏学》）此外，康有为还有一个很有意思的观点，这是康有为个人的独创。他认为在同一个历史时期，因空间与地域的不同，也分为三世。比如他说，在他所处的时代，诸如辽东、南夷那些比较偏远的地区，还处于"衰乱世"，至于关内，则已经是"太平世"了。这个观点可以说比较怪，但这都是他个人对"三世说"的发挥。另外，他在讲"三世"时，还将中西对比纳入他的视野。对康有为而言，当我们面临着几千年未有之变局的时候，需要把目光投向西方。于是康有为在面对西方文明的时候，又把两千年来的中国列为"据乱世"，而说西方已经进入"升平世"或"太平世"了。当然他还有一些其他新的说法，因为时间的关系，我在这里就不多说了。

康有为对"三世说"的新发明，从单纯的经学角度来讲，可能不符合我们通常所说的经学的"家法"，但儒家的经学不是一个死的学问，我一直认为，经学可以并且必须在面对新的时代时有所变化和发展。仅仅从"三世说"来讲，康有为能够用过去的"三世说"为未来的中国找到出路，从不同角度的分析为当时的中国开出种种不同的药方，也就是想从经学的材料中为当时的困局寻找新的出路，这是康有为研究的意义所在。诸如我们大家都熟悉的康、梁主持的"维新变法"，其理论依据就在于"三世说"。

最后我们再简单谈一下"三世说"在近代以来的理论意义。我觉得这个理论意义至少应该有两个方面：首先，《春秋》"三世说"认为，不管历史是如何曲折发展的，但人类历史应该以走向"太平"为最终目标，去实现"太平世"所具有的"大同"理想。这个"大同"理想可以说是近现代以来革命党和改良党的共同目标。虽然严格来讲，革命党是不讲公羊学的，但是他们的革命理论中，也认为建立一个太平盛世是革命的目标所在。

其次，"三世说"的另一理论意义在于提供了一种渐进式改良主义的理论论证，即每个社会阶段的变化发展不纯然是通过暴力的革命手段，而是一种渐进式的改良。对于公羊学而言，先"内其国而外诸夏"，由鲁国所建立的王化秩序慢慢地影响到"诸夏"的世界，再"内诸夏而外夷狄"，由诸夏所建立的王化秩序慢慢地影响到天下。这个王化的过程，是一点一点从内到外的、渐进的过程。从"衰乱世"走向"太平世"，不是急风暴雨式的变革，而是由内到外、由近及远的渐进式的改良。我认为"三世说"最重要的贡献就是为我们提供了这样一种改良主义的理论论证。

总而言之，《春秋》"三世"最初固然只是就《春秋》242年的历史来说，但是这个学说也可以指向我们人类文明的历史，整个人类的历史也可以这么去理解，即从衰乱走向太平。我认为这就是"三世说"最大的理论意义所在。时间差不多了。我今天就先讲这么多，谢谢大家。

主持人：非常感谢郭晓东教授！通过刚才郭教授的讲座，我们可以感觉到这次的讲座跟大家以前听到的不一样。大家平常可能很少听到经学讲座。但对于中国的学问尤其是传统学问而言，对于我们整个国学而言，最核心、最精粹、最重要的学问就是经学。我们今天的经学讲座，就是关于国学中最核心的东西，也可以说是整个中华民族几千年来所积累起来的经验和智慧。

通过郭教授刚才所讲，我们也体会到，经学实际上为我们提供的是另外一种眼光，另外一种看待事情、看待世界的智慧。它跟我们现在流行的很多看法和观念是不一样的。我们现在已有百多年的现代化经历，但现代化历程主要是一个西化的历程，我们越来越多、越来越深入地接受西方文明的价值和观念，包括生活方式等，反而对于我们中华民族原有的观念和方式越来越疏离，甚至是遗忘殆尽了。

正如每一个人看事物最好用一双眼睛来看一样，我们对于世界、对于现实、对于生活，一方面固然可以大量采纳、吸收西方优秀的东西，另一方面也一定不要忘记我们中华文明本有的智慧和眼光。刚才郭晓东教授的讲座，事实上就为我们提供了一种看待历史的不同眼光，也可以说这是中国人的一种历史哲学。这样一种眼光和观念，跟我们现在流行的看待历史的观念是不太一样的，但显然有助于我们对于世界、对于现实、对于生活的进一步把握。我也很受启发。

由于时间关系，很多问题也还没有展开，等会儿在会讲环节再请两位教授继续来讲。下面请陈壁生教授来讲另外一个经学问题，掌声有请！

主题二：文明变局中的曹元弼

陈壁生教授：各位朋友，下午好！非常感谢清良兄的介绍，也感谢岳麓书院的邀请。我今天的题目是"文明变局中的曹元弼"。晓东兄讲的是经学里面的一个问题，我讲的内容主要是一个经学人物的故事。这个人物，大家可能没怎么听说过，而且学术界对他的研究也非常少，可以说是刚刚开始起步。但是他确实是一个非常重要的人物，尤其是对于我们做经学研究的人而言，更是如此。

首先我先简单介绍一下我们今天会讲的主题，所谓"文明变局中的中国经学"。这里的经学是什么样的东西？我们所谓的"国学"，可以分为经、史、子、集四部，经学只是其中之一。我们所谓的"经"特指儒家经典，尤其是儒家经典里面的"六经"或者是"十三经"。《四库全书》里面讲的"经"范围包括"十三经"等书，所谓的经学就是对这些传统儒家经典注疏的学问。像刚才晓东兄讲到的"春秋公羊学"，就是《春秋经》的《公羊传》，他后面讲到的像何休、龚自珍、康有为等人，都是对这些"经"进行注解的经学家。古人所谓的"皓首穷经"，就是一辈子埋着头去解释这些经典。《四库全书》的"经部"有多少部书？经部的主体是"十三经"，按照我们今天的理解，只有十三部书，但每部书都有大量的注解之作。比如说《论语》就只是一本书而已，但三国时候何晏给《论语》做过集解，到了宋朝的朱熹写了一本《论语集注》，除此之外还有浩如烟海的《论语》注解之作，在此意义上还形成了"论语学"或者是经学。我们所谓的经学就是这样一个注疏的学问，可以说，古人的学问很大一部分都是围绕注疏展开的，并且，对经的注疏，也构成了中国传统学术的本源。

在中国古代所有学问里面，如果说有一个最核心的方面，那就是经学；在中国古代这些学问里面，对中国文明影响最大的部分，也是经学。一直到今天，很多对为人处事的判断，对国家政治好坏的理解，所凭借的价值资源，或直接或间接，或近或远，都来自经学。民国时期，四川学者李源澄认为，孔子删定的"六经"是中国人的大宪章，是中国文明的大宪章。六经就像宪法一样，规定其他法律，而且不是一代的大宪章，是整个中国历史的大宪章。在这个意义上来说，经学跟中国历史的关系太紧密了。这导致的结果，是中国历史一旦发生问题，经学马上也会随之出现问题。晚清时期，中国遭遇西方文明，或者说深度遭遇西方文明的冲击，深刻改变了中国人的生活方式，尤其是从两次鸦片战争一直到辛亥革命这段历史时期，经学与中国文明共同面对西方文明，遭遇了深重的文明危机。其表现，是将传统学问当成"旧学"，认为"旧学"已经不适合新的社会发展，要引入西方文明。

在引入西方文明的过程中，发生了几次重大的革命。在这个过程中，经学成为一种传统的、古代的学问，而跟现代生活失去关联。我国现在经过 30 多年（会讲的时间为 2016 年——编者注）改革开放之后，所谓的"国学"经学又重新出现。我们发现经学的意义不像过去一百年所批判的那么简单，虽然历经批判，但在我们今天仍然有非常强大的生命力。

如果我们回到这个文明变局开始的时代，也就是从鸦片战争一直到民国初年，用我们学术界常用的话语叫"晚清民初"，我们也可以看到这段时间里面出现了很多对传统经学抱有强烈热情的人，他们想保住这个经学传统，而且以这个传统为基础来回应西方文明，来改革中国政治与社会。这些人既不是最保守的，也不是最激进的，而是在这两者中间，想以一种理性的方式来解决中国问题的一帮人。这样的一帮人在我们今天的学术研究领域里面正越来越受到重视，包括康有为、章太炎等等，而曹元弼也是其中一个重要人物。

曹元弼的名声与影响都远远没有康有为、章太炎那么高、那么大。康有为、章太炎都与政治事件有关，康有为推动并引领了清末的"戊戌变法"，章太炎则是"民国元勋"，但曹元弼是一个默默无闻的人。尤其是到了民国之后，整个学科体系发生了根本性的变化，没有经学这样一种独特的学问，曹元弼隐居苏州，逐渐被历史遗忘了。直至在最近的十年里，很多人开始意识到重新认识经学的重要性，开始重新检讨过去百年的经学成就，才发现曹元弼，并开始理解其重要性。可以说，民国时期的一批经学学者，成为学术史上的"失踪者"，我们现在需要开始研究他们这些学者。

我今天想跟大家做一个简单的交流和介绍，就是讲一下曹元弼这个人的故事。

首先，我们可以来看一下曹元弼的人生历程。曹元弼去世的时间是公元 1953 年。大家想想 1953 年是什么时候，这时中华人民共和国都已经成立到第 4 个年头了。我们以前老是说像辜鸿铭这样的人是最后一个拖着清朝辫子死去的人，可你现在会发现原来不是这样，曹元弼才是最后一个。他经历了 1912 年清朝正式灭亡，又一直活到 1953 年，始终作为一个清朝"遗老"存于世。对他来说，拖着辫子可能就是一个文化的象征、政治的象征，他认同的不是后来出现的民国，他始终认为清朝才是最好的。他于 1953 年农历九月十五日在苏州家里去世，而他的出生是在同治六年，即公元 1867 年，他去世的时候已经 87 岁。

综观他的一生，经历过最剧烈的社会变革，从晚清到帝制的灭亡，再到军阀混战，最后是新中国建立。这里面经历了三个不同的历史时期，而这三个时期都不仅仅像中国古代历史上皇朝更替那样简单，而是三个不同的治国理念、三种不同的法度在中国的更迭。先后生活在这三个不同的历史时期，可以说他见识到三种不同的生活模式。和曹元弼同时代的这些人，他们经历了中国变化最剧烈的一个时代，所以他们的学问也经常带有这样一个时代的痕迹。

我们再来看看曹元弼的学生王欣夫给他所写的《吴县曹先生行状》中的一段话：

先生说经，一以高密郑氏为宗，而亦兼采程、朱二子，平质通达，与番禺陈氏为近，而著书二百余卷，总三百余万言，则又过之。同县吴文安公尝谓："吾苏二百六十年前后得两人焉，昆山则有亭林先生，吴县则为吾叔彦先生，振纲常，扶名教，为宇宙间特立独行之真儒。"识者谓为千古之公论。

这段话是对曹元弼学问的基本陈述。王欣夫认为，曹元弼的经学以郑玄为宗主，而兼采纳程颢、程颐及朱熹的思想。清代学术中，苏州有两个重要的人物：一个是顾炎武，他是开启清朝经学的一个重要人物；另一个就是曹元弼。这两个人都是"振纲常，扶名教，为宇宙间特立独行之真儒"。像曹元弼这样的一个人物，其实可以将其视为清朝学术的一个真正殿军式人物，他可以说是清朝经学最后一个重要人物。

曹元弼，姓曹，讳元弼，字谷孙，又字师郑，一字懿斋，号叔彦，晚号复礼老人，又号新罗仙吏。他是在公元 1867 年出生的，我们再说下这年和他关系密切的一些人物情况。这个时候，陈澧已经 58 岁；黄以周 41 岁，他是曹元弼的老师；第三个人物是张之洞，他跟曹元弼关系密切，同时也和湖南的历史有很密切的关系。湖南在 1897 年、1898 年"戊戌变法"的这段历史，几乎可以说是近代湖南最辉煌的历史，是引领中国之先的一段历史，基本上是在陈宝箴跟张之洞的领导下完成的；王先谦26岁，他还没有展开他真正的学术生涯；另外一个湖南学者是湖南善化人皮锡瑞，当时才18岁；廖平16岁；康有为、张锡恭才10岁；叶德辉才3岁；而十年后，1877年王国维才出生。

这里插入一段历史故事，1925年清华大学国学研究院成立，王国维是四大国学导师之一，1927年他在颐和园昆明湖投湖自杀了。传说王国维自杀时，在他的遗书里面写了"义无再辱"。有人说王国维是看着北伐军打到湖南的时候，把叶德辉枪毙了，他认为如果北伐军打到北京来的话，他作为逊清"遗老"，也会受到革命军的凌辱，所以就自杀了。有很多人坚持这种说法，其实也比较有道理。主要是我们现在对王国维的宣传太注重他新的一面，其实他是一个特别老派的人。

1867年这段时间，还有唐文治、曹元忠都是3岁，曹元弼出生后的第二年，章太炎才出生。在章太炎之前的所有人几乎都是保皇党，但是章太炎之后很多人成为革命党人。按照我们今天的话说，刚才所举的这些人物皆为保守派，其实他们在当时一点都不保守，他们属于改革派，只是劲头没有康有为那么大。我们看"戊戌变法"那段历史的话，以为他们都是保皇派，其实他们都是改良派。我们今天更多地讲康有为的改良思想，而比较少去讲他们的改良思想。不过曹元弼在这些人物里面，扮演着更多的角色，是更保守的一个人。

一、南菁书院：黄以周的影响

我们来看曹元弼的生平，他的故事中第一件重要事情要从南菁书院开始说起。在南菁书院，他受到黄以周的重要影响。

王欣夫在《吴县曹先生行状》中写道："乙酉（1885年），调取江阴南菁书院肄业，从定海黄先生以周问故。"1885年，中国大体上有这样几个书院比较有名：在东南边，南菁书院可以说是当时最有名的书院。在这之前有名的书院是广东的学海堂书院，其刊刻了《学海堂经解》等书。这段时间或者稍微后一点，在四川有个尊经书院也是很有名，这所书院一下子出了很多人。然后在杭州有个诂经精舍，出了章太炎这样的人物。当时整个学术中心都在南方，北方其实没有太突出的文化机构。曹元弼在南菁书院读书的时候，跟着老师黄以周读书、学习。黄以周是什么人？他可以说是清朝末期礼学最著名的人物之一。他的父亲叫黄式三，他们父子两人都做经学。黄以周以礼学作为根基，他最著名的著作叫《礼书通故》，一百卷。这套书解决了非常多历史上的遗留问题，现在也将其整理出版了，大家如果感兴趣可以找来读读。

我们再来看看这段文字：

今之调停汉宋者有二术，一曰两通之，一曰两分之。夫郑、朱之说，自有大相径庭者，欲执此而通彼，瞽儒不学之说也。郑注之义理，时有长于朱子；朱子之训诂，亦有胜于郑君。必谓训诂宗汉，理义宗宋，分为两截，亦俗儒一孔之见也。兹奉郑君、朱子二主为圭臬，令学者各取其所长，互补其所短，以求合于圣经贤传，此古所谓实事求是之学，与调停正相反。

如果我们来看黄以周的学问，可以评价为"汉宋兼采"。

这里的汉学主要指汉代的学问，宋学主要指宋代的学问，"汉宋兼采"就是说他兼采汉代和宋代的学问。他想的是这两派的东西怎么结合起来，从而变成一个更好的学问，或者说构建一个新的理论系统，以回应西方文化的冲击。除了黄以周以外，广东的陈澧、朱一新等人也都"汉宋兼采"。比如，汉代郑玄跟宋代朱熹的学问有些内容是完全不一样的，实际上郑玄著经时所阐发的义理有时候比朱子更好，而朱子的训诂成果有时候却比郑玄更好。黄以周的看法是要同时奉郑玄跟朱熹这两个人学问作为学术的根基，然后要学会取其所长、补其所短。这才是真正的"汉宋兼采"之学。

在黄以周这样思想的影响下，曹元弼后来所做的一系列学问都是在这样一个"汉宋兼采"的思路里面展开的。1891年，25岁那年，他写完了一本书，名字叫《礼经校释》，二十二卷。《礼经》就是我们现在讲的《仪礼》这本书，记载着周代的冠、婚、丧、祭、乡、射、朝、聘等各种礼仪。曹元弼的《礼经校释》这本书是我们今天读《仪礼》的一个很重要的参考本子。

二、两湖书院：张之洞的影响

曹元弼人生中的第二段重要时刻是到了两湖书院，其间受到张之洞的重要影响。王欣夫在给曹元弼写的行状里面讲道："丁酉，文襄移节两湖，电聘主讲两湖书院，先生撰《原道》《述学》《守约》三篇，示诸生治学之方，亦先生所以自道也。"在1897年这一年，也就是曹元弼31岁时，张之洞到两湖来做巡抚，电聘曹元弼来讲学，这时曹元弼写了三篇文章，分别为《原道》《述学》《守约》，这些文章可以说体现了曹元弼思想的核心内容。

1897 年应该说是近代史上湖北、湖南最活跃的一年。这一年，陈宝箴已经到湖南来做巡抚，他是陈寅恪的爷爷，他在湖南立志改革，请了王先谦、谭嗣同、江标这些人来辅助改革，还曾邀请梁启超担任时务学堂中文总教习。时务学堂是趋新的学校，梁启超在湖南短短的时间里面，蔡锷、杨树达等著名人物都曾经在时务学堂求学过。当时张之洞在湖北做巡抚，和陈宝箴经常一块写奏折给皇帝请求改革。1898 年，湖南成立了南学会，还想开议院，所有这些事情都是领中国之先的维新改革。对此，张之洞开始的时候有点警惕，不断地跟陈宝箴商议问题。梁启超来到湖南之后也受到抵制，当地的士绅们，像叶德辉等人开始觉得广东人要来我们湖南乱搞了，他们开始抵制梁启超这些人，开始组织写文章展开激烈批评。叶德辉将这些反对文章编成了一本书，叫《翼教丛编》。等到百日维新失败后，京城的人大加批判康、梁等人，其实这些批评，湖南人早就认识到了。《翼教丛编》是其中最重要的文献，一直到我们今天都是。

在当时那样一个改革的氛围下，张之洞所要从事的事情，从我们今天来看的话，应该是更加保守的一种改革。如果说康有为、梁启超在当时着力将专制制度改造为君主立宪制，并且大力引进西方文明的话，那么张之洞这些人就认为在引进西方文明时，不要引进得太快，要讲究"中体西用"。

张之洞在戊戌变法期间，曾经给皇帝呈上一本书，名叫《劝学篇》。这本书的主要内容是说明在西方文明已经进来的时代，中国如何应对，其中几篇的内容涉及如何讲经学。他讲了一些具体的原则，这些也成为曹元弼治经很重要的基础。《劝学篇》主要讲我们今天还要继续讲经学，但是在今天的学堂里面怎么讲经学呢？不可能让每一个学生把"十三经"或者"五经"都读一遍，因为读完这些经怎么着也要几十年，而且学生不可能在掌握这些之后，再去从事其他行业的工作。为此，张之洞想出了一个折中或者他认为是有效的方法，就是所谓的"中体西用"。他的意思就是我们要建立"中体"，而建立的方式是让每一个人心中都有一种人伦思想，让每一个人知道君臣大义不可废。如果说没有让人建立起对三纲五常的信任的话，你直接引进西方的文明，就像买一把刀一样，不小心可能就把自己给砍了。张之洞要重新建立起"伦常纲纪"，守这些约束的才叫中国人。他还认为建立"中体"最核心的东西是要让每一个人心中树立起对经学里面讲到的每样东西的信念，也就是说要在"十三经"里面找出一些最核心的原则，在学校里面将这些最核心的原则教给学生。通过这种经学教育，让培养的下一代心中都有一个"伦常纲纪"，在这种前提下再去用西方的技术，懂得造宇宙飞船都没事，对中国来说没有任何威胁。

张之洞在《劝学篇·守约》中提出"论治经"约有七端：明例、要指、图表、会通、解纷、阙疑、流别等。"明例"，要掌握、明晰全书的义例；"要指"，每部经中记载了几十件重要的事情，多的有一百件事情，要掌握经中"今日尤切用者"；"图表"，治经要画图表；此外，穷经要"会通"；还要提供一个最好的解答，对那些解答不了的问题要留白；还要注意"经"的授受源流以及古今经师讲述的"家法"。张之洞认为要让学堂里面的每个人都遵守这些约定，都知道"伦常纲纪"。从这种理解中可以发现，他的这个说法是非常有道理的，因为只要一个人知道一种道理，你在你的生活中不断联想、不断体会这种道理，久而久之会改变一个人的气质。

曹元弼曾经在他的《周易郑氏注笺释》一书中，讲到过他是怎么遵从张之洞的理解的，他说：

> 文襄师以世道衰微，人心陷溺，邪说横行，败纲毁伦，作《劝学篇》以拯世心，内有《守约》一章，立治经提要钩元之法，约以明例、要旨、图表、会通、解纷、阙疑、流别七目，冀事少功多，人人有经义数千条在心，则终身可无离经叛道之患，属元弼依类撰集《十四经学》。

张之洞要曹元弼按照他说的七个原则，即七端，来作《十四经学》。王欣夫《吴县曹先生行状》写道："已刻者《周易学》八卷、《礼经学》九卷、《孝经学》七卷，刻而未竟者，《毛诗学》《周礼学》《孟子学》各若干卷。"也就是说曹元弼后来作成了《周易学》《礼经学》《孝经学》《毛诗学》等书，这些书以后会成为治经学的必读书。曹元弼按照晚清流行的方式来写这些书，目的是给大学生读经写的，就像我们今天所讲的教材，这个教材还是由"治经"最好的人来写的。

我们前面讲到的南菁学派、张之洞学人圈，大体上有下列三个特点：

一是在学术上，主要是我们讲到的推崇"汉宋兼采"。这点前面已经说了，这里就不再说了。

二是在政治上，倡导设立礼学馆，在刑律之争中成为"礼教派"。张之洞、曹元弼等人都推崇君主制。晚清时他们请求清政府设立礼学馆，当时他们想的是面对新的时代，需要重新制定礼乐制度。但是礼学馆成立不久，清朝就灭亡了。

此外，对晚清的刑律改革争议很大，当时主要分成两派：一派是新派，一派是老派，也叫"礼教派"。新派认为要用法律来约束所有人，但是老派认为法律是为了调解纠纷的。后来两派在争论中，老派，也就是"礼教派"败了，但是他们留下来的东西仍然具有重大意义，直到今天也有重要影响。为什么要这样说呢？因为我们今天制定的法律中有个最大的问题，就是不顾及"人伦思想"，不顾及人伦现实。虽然有些法律，现实中都在逐渐中国化，和人们的诉求有个很好的互动，但仍然没有达到一个更好的状态。比如前些年"亲亲相隐"的争论，便可以看出这一点。

三是在教育上，张之洞他们提出要设立"经学科"。按照张之洞等人设计的教育体系，经学应该成为一个学科。我们可以看到，"经学"，从现代学科体系来说，确实可以成为一个独立的知识门类。在张之洞后来主持的癸卯学制中，经学确实成为一个学科。但到了民国初年，经学科就被废除了，蔡元培认为既然有文史哲，就不需要经学，但事实上文史哲和经学都有差别。当时是把经学理解为传统、守旧的思想，经学的存在对当时的革命事业和民国建设不利。但是，我们今天如果从学术的角度来考虑的话，"经学"毫无疑问可以单独成为一个学科。

这些是张之洞、曹元弼等人思想主张的一些大体的特点。

三、民国时期：遗老

到了民国的时候，曹元弼就成为一个"清朝遗老"。他一直都认同的政治制度是君主制，而不是民国时期的共和制度。王欣夫在《吴县曹先生行状》里面讲道：

> 宣统辛亥，辞存古总教，旋即致政诏下，先生心摧气绝，饮恨吞声。唐恭人常密访先生，先生问何故，恭人曰："主辱臣死，君素志也；但自裁无益，守死善道，以存书种，效贞苦节妇何如？"先生长太息曰："天乎！与子偕隐，矢死靡他。"自此闭户绝世殚心著述。所往来者，叶昌炽、邹福保、张锡恭、朱祖谋、王季烈、刘锦藻、刘承干数君子而已。

在辛亥革命之后，曹元弼"心摧气绝，饮恨吞声"，最后没有自杀，也是因为要"守死善道，以存书种"。正是在这样一种精神激励下，曹元弼没有在1912年自杀，而是从此隐居不问世事、专心著述。在民国初年的时候，有一大批学问特别好的学子都变成了清朝的"遗老"，如王国维等人。他们预想到君主的消失会对中国社会产生多大的影响。辛亥革命成功之后，确实经过长时期的战争和混乱。曹元弼当时没有自杀殉清，而是躲起来居住在苏州阊门西街34号房子里读书做学问，只跟几个朋友们交往，这些人全是"遗老"。

到了20世纪30年代，曹元弼双眼全盲，但是他仍然写了一堆书。如《周易郑氏注笺释》二十八卷，《周易集解补释》十七卷，《大学通义》一卷，《中庸通义》二卷，《孝经郑氏注笺释》三卷，《孝经校释》一卷，《孝经集注》，《复礼堂述学诗》十五卷，《古文尚书郑氏注笺释》，《孙氏尚书今古文注疏校补》（《太誓》以下未成），《复礼堂文集》十卷（二集、三集各八卷，诗存若干卷），等等。我自己在读这些书的时候，最大的感受就是非常震撼，因为这些书是一个几近全盲的学者写的。在后来的人物中，陈寅恪也是在视力极其糟糕的情况下，依然著书立说，写了《柳如是别传》。而曹元弼则是把当时最重要的几部儒家经典都重新做了注解。

在民国30多年里面，曹元弼是当之无愧的经学第一人。他也培养了一些学生，像王欣夫、沈文倬等。曹元弼的朋友唐文治在"无锡国专"的几个学生，后来也跟着曹元弼读书，就是到他家里去问学。这些人后来非常有成就，其中有唐兰、王蘧常、吴其昌、钱仲联等。

曹元弼的夫人在30年代去世，到1948年时，曹元弼已经82岁了，他的生活没人照顾。当时就有人撮合他，让他娶一个62岁的柴姓老太太，并在7月4日结婚。当时两人的婚礼还成为苏州的新闻，《苏州民报》专门作了一篇很长的报道，上面说老先生已经82岁，留着一条长辫子，还娶了一位62岁的老太太，本来想祝他们白头偕老，但发现他们的头发已经白了。曹太太有一个侄子，因为念书，住在曹元弼家里一段时间，他后来写了一篇文章，让我们知道了曹元弼在民国的生活是怎么过的。曹元弼从来不写他自己的生活，也不跟人家打交道，人家也不会写他的生活。虽然曹元弼活到了1953年，但我们必须把他算成是一个清朝人，而且是清朝最重要的经学家。

四、曹元弼的经学：人伦

曹元弼的经学思想中，最重要的是他的人伦思想。曹元弼以"人伦"明经，这是基于郑玄而发展出的一套以礼为本的经学体系。如他在《复礼堂文集序》中说："三代之学，皆所以明人伦，尊尊、亲亲、长长、男女有别，不可得与民变革。"在《原道》中说道："三代之学，皆所以明人伦，孔子直揭其本源而为之总会，于是乎有《孝经》。"从他的一些著作中，可以得出如下结论：曹元弼是从人伦的角度去理解经学的，认为经学自开端以来的核心特征在于人伦，这可以说开辟了一种理解经学的新角度。盖以人伦而论，父子、夫妇、君臣为其大纲，人伦抽象而可以至其道，具体而可以论其制，自小言之关乎一身一家，自大言之遍及国家天下，追前而可以追溯文明之源头，开后而可以救文明于既坠。总之，他认为一个时代只要有人伦就有文明，没有人伦就是禽兽。从人伦的角度来讲，"父慈子孝"就是人伦。

曹元弼给我们留下了一座非常丰富的思想和学术的宝库，我认为需要在这个时代以及接下来的时代中不断地去消化、去吸收、去传承。我今天讲的内容就到这里，谢谢大家。

会讲环节

主持人： 谢谢陈壁生教授。下面我们就进入本次会讲的互动环节。互动环节又分成两个阶段，前半个小时是我们三位之间，当然主要是他们两位之间的会讲，后半个小时就是各位听众跟两位教授之间的互动。

我们刚才已经讲到经学是中国学问的核心。今天陈壁生教授特别介绍了一位从19世纪中叶一直活到20世纪中叶才去世的经学家曹元弼先生的人生经历及主要思想，尽管现在知道这位经学家的人不多，可是他对于现代经学的存续发挥了非常重要的作用。在开讲之前，陈壁生教授还讲到，湖南大学有一位教授可以说是曹元弼先生的传人，其实这位教授就是我们岳麓书院专门做礼仪制度研究的著名专家陈戍国教授（于2023年1月7日与世长辞——编者注）。我今天注意到陈戍国教授的弟子蒋鹏翔老师也在现场，他曾经写过一篇文章专门论述曹元弼先生的经学思想。我感到很荣幸，曹元弼先生这样一个重要的经学家，在咱们岳麓书院也有一脉传承。

我们现在对于经学其实比较陌生，大家对经学了解程度很有限。早前从五四以来有烧经之说，实际上在整个20世纪经学是被作为封建糟粕来对待的，那时我们一心想向西方寻求真理，向西方寻求中国富强的药方。我们国家在走过了几十年艰苦探索历程之后，慢慢成为一个富强的现代国家的时候，在思想和政治领域开始有一种文化转向，并逐渐恢复文化自信。正是在这样一种时代背景之下，"国学热"开始兴起，随之经学研究也逐步地被大家重视起来。以前说经学研究，差不多是个很冷门的学问，但是现在经学研究的人员逐渐多起来了。

尽管经学在中国至少有两千多年的历史，在古代是一门最重要的学问，但是最近一百年来，它差不多已经退出了历史舞台，以至于我们大部分人除了知道"四书""五经""十三经"等，已经不太了解经学的内容了。我在这里就想向两位教授请教一个问题，请问经学在中国传统社会中究竟发挥着怎样的重要作用？我提这个问题还有一个预设，现在随着"国学热"的兴起，很多人都在讲经学，感觉经学好像只有调节个人身心修养这么一个作用。想请两位教授对这个问题做一下发言。

郭晓东教授：刚才陈壁生在讲座开场白的时候，已经对何为经学做了一个概要的介绍。我下面对清良兄提出的这个经学作用问题再简单回答一下。

第一，我个人认为经学对中华民族发展和中国文化繁荣具有重要作用。清良兄在会讲开场白的时候讲到，岳麓书院的姜广辉教授提出了一个观点：经学是中华民族的根与魂。这个表述，我非常赞同。在我看来，"六经"是中华文明的源头。为什么这么说？严格上来讲"六经"的存续时间是不一样的，但是它们都有古老的文化渊源。如果我们从中国材料角度来讲的话，"六经"一定是中国最古老的思想材料。比如我们讲的《周易》，再比如《诗经》跟《尚书》等经典著作，它们起码可以追溯到西周早期。在我们中华文明展现曙光的时候，就已经有了这批典籍。这批典籍体现出我们中华文明最早期的思想，也就是说我们的祖先对人生、对宇宙、对历史的一些重要看法，对我们中华文明的发展奠定了最基本的基础。从这个意义上来讲的话，"六经"的思想资源构成了我们中华文明的源头，所以姜广辉先生讲到的根与魂就是从经学这里来讲的。

第二，"六经"是中华民族的根与魂，成功塑造起我们中华民族。我们中华民族其实是一个不断生成的民族，各个民族是不断融合发展的。比如我们以春秋战国时代为例，早期注重"夷夏之辨"，当时的"华夏"范围很窄，只是以黄河中下游地区为主，像我们今天的湖南、广东、福建等大部分地区都是蛮夷之地，后来随着社会的发展，周边地区的"夷狄"慢慢融入中华民族的大家庭。在这个融入过程中，经学发挥着重要作用。从西周制定"礼乐"制度开始，只要认同经学的一些基本精神，所谓"夷狄"也可以慢慢变成"诸夏"。在中国两千多年历史进程中，不同的民族和文化相互融合发展，我想这跟"六经"提供了最基本的价值观有关系。中华各民族认同中华文化，认同"六经"当中的核心价值理念，所以他们才会紧密融合。甚至我们可以说，中华民族是以"六经"来塑造的。中华民族之所以历久而弥新，也跟"六经"提供的价值观有关系。

第三，从学术系统及思想语系来讲，思想和文化的发展离不开经典。我们中国最早期的儒家经典都是从最开始的原点出发，来塑造中华文化以及整个中国思想的变化的。当年岳麓书院作为"朱张会讲"之地，朱子、张栻他们的思想体会来源于他们时代的思想，同时又通过对经典的讨论和阐发推进了中国思想的发展。

对经学的作用问题，我有这样的三个看法。

陈壁生教授：主要是我跟晓东兄的立场比较一致，有些话已经被他说完了。我觉得肯定经学在中国传统中的地位，可以有一个比较简单的概括，可以从"宪章"的意义上来讲。经学可以说是中华文明的"宪章"，这里涉及两个概念：一个是"中华"，一个是"文明"。如果没有"中华"就没有"文明"，如果没有"文明"也就没有"中华"。"中华"这个概念，就像刚才晓东兄讲的，是通过民族融合的过程而形成的概念。为什么说经学在传统中扮演着类似于"宪章"的功能呢？就是因为它所提供的是一种文明的价值源头，这样的价值源头给中华民族后来的历史展开提供了一个最基本的原点。在中国历史进程中，有很多的问题其实都是回到经学里面来展开的，有很多制度改革和变化也是因为经典里面规定了这些制度，后来才因这些制度而因时制宜、因地制宜。像中国古代比较简单的一些礼仪制度，如父亲去世，儿子要给父亲守丧这种事情。如果在我们今天，有丧假可能不会觉得这是一个太大的问题，但是在古代，因为孔子不断地强调"三年之丧"，按照很多人的解释应该是有二十五个月。为什么说要讲"三年之丧"？这是儿女要向父母报恩的表现。后面的改革有时候会行三年之丧，有时候也不一定会行三年之丧，但是一定要有丧礼的期限。

可以说，正因为有了经学，中国人才有了基本的价值，也建立起一个文明的底线，所以才能称其为中国人。我觉得我们要在这个意义上充分认识到经学在传统文化中的角色。

主持人：对于两位教授所讲的基本意思，我是这么理解的：对于中国来说，经学其实就相当于中华民族的基本原则，与此相关的有几项具体体现，包括制度、生活方式的体现，社会习俗的形成等等。可以说经学所承载的那些道理和做法，塑造了中华民族之为中华民族。不遵循经学的一些原则，也许未必像古人所说变为"禽兽"，但至少可以说不遵循这样一些基本原则和做法，他就不是纯粹的中国人，也就是说丧失了中国人、中华民族固有的一个特性。在民国的时候，有很多人探讨国情、国魂，我想也是从这样一个角度来考虑的。现在有人说更愿意成为一个美国人，或者说更愿意成为一个英国人，当然这只是个人需求。作为一个民族，尤其是作为一个独立的文明体，如果要想有自己的特性，就必须坚守自己的一些基本原则和传统。其实就算不想坚持，现实上依然会坚持，因为这些原则和传统就是从"根"与"魂"中生长出来的，我们可以长出很多新枝、新芽，但是这个"根"是基本的东西。从这个角度上来说，经学就是我们的传统，就是我们的道路。中国经学就是中国之为中国，中华民族之为中华民族的一些根本性的东西。古人常讲"经，常道也"，中国的经典、中国的经学代表的就是中华文明所走的那条"常道"。

下面我要问另外一个问题。我们刚才讲到，经学或者经典在中华民族的过去、现在以及未来实际上都扮演着一种塑造者的角色。虽然最近一百年来经学好像逐渐被抛弃，但是现在又开始慢慢被重视，包括"国学热"的兴起等。我想请问两位教授的是，既然在中国古代社会经学如此重要，那在当代我们还有没有可能重建经学？因为我们知道，这些年来学术界一直有一些学者提倡重建经学，呼声很高。对于这个问题，我们这次先请陈壁生教授来谈一谈。

陈壁生教授：从我个人的角度来说，我觉得我们今天要讲经学的话，讲重建更合适一点，所谓的重建就是回归的意思。传统的经学可以分为两个层面：第一个层面是将经学放在中国历史里面来考虑。中国历史上的经学不只是一套知识系统，而且是一套价值系统。经学被每个人有意识地接受，被国家政治有意识地接受，在这个意义上经学才是"常道"。中国古代的经学开端应该定在汉武帝时期，而在孔子那时"经"没有被定为"常道"，严格地来讲还不能称之为经学。第二个层面就是经学作为一种知识系统，也就是我们今天讲到的这套"六经"系统，这套知识系统的形成和发展对于我们今天仍然具有重要意义。那我们今天需不需要新的经学，或者说我们今天怎么样回归经学？我个人的感觉就是说，我们首先需要解决的问题是在学术研究中回归经学，也就是说可以在大学教育里面，真正开展经学的研究和教育。经学可能会遇到现代适应的问题，或者遇到融入现实的问题，但是它并不完全跟现实是紧密无间地结合在一起的，而且也没办法紧密无间地结合在一起。我们今天应该要回归经学，从知识系统的意义上重新去理解经学之后，再去理解中国古代是什么样子的，然后来看什么是中国，什么是好的生活，什么是美好的生活，什么是美的，什么是丑的，我们来重新探讨这一类问题。通过对这一类问题的探讨，更好地回归到中华文化继承发展上来。我想通过这样一个过程，重新来讲整个中华文明对我们来说非常重要。我觉得重新理解经学，基本上是在这样一个意义上展开的。

主持人：好的，我们再请郭晓东教授讲讲。

郭晓东教授：我的一些想法也是跟陈壁生兄一样的，我觉得我们今天是回归经学，而不是重建经学，也就是说我们的经学传统虽然中断了一百多年，但是它的精神是断不了的。对我们当下来讲，可以做的事情，就是恢复我们知识体系中的经学，但是更重要的是我们在面对当下问题的时候，需要回归到经学中去寻找答案，探究古人的问题和我们今天的问题可以相呼应的地方。我们应该可以在吸取古人的智慧上，找到为我们今天提供启迪和借鉴的地方，也唯有这样，"六经"才会在现在和未来永远保持下去。对于经学而言，它不是一套固化的东西，而是与时俱进的，我想这也是"回归"的意义所在。其他方面，我没什么特别可说的了。

主持人：好的，多谢两位教授的讲解。我个人是这么看的，我们现在讲回归经学或者重建经学，总之是对经学的重新重视、重新研究。这里有两个误解需要避免：一个是我们回归经学，并不像有些人说的这是要"复古"，不是这样的，而是要我们真正重视中华民族几千年以来所积累起来的智慧和经验。正如刚才陈壁生教授所说的，我们的经学表面上看起来只有那几种书、几种经，其实每一个时代的学人对那几本书都有注释、都有理解，这种经学注疏的方式形成了中华民族最核心的文化传统。我们回归经学，无非说重视我们几千年不断获得的智慧成果和历史经验，不是"复古"，也不是要搞教条主义，而是获取最重要的智慧，获得具有普遍性的道理和做法。我们强调经学与时俱进，其生命力的体现正在于可以解决不同时代的现实问题。光讲理论是抽象的，如果经学不能解决现实问题，就不具有生命力。经学几千年来之所以具有生命力，就是因为它能解决问题。这是第一个需要避免的误解。岳麓书院姜广辉老师还讲了一句话，就是说在任何时代都不可能真正"复古"。我觉得他讲得很有道理。

第二，我觉得要避免的误解是讲中国的东西的同时，就是要完全拒斥西方的东西，好像我们接受了中国的东西，就不要接受西方的东西，其实并不是这样。我们之所以重视中国的东西，像经学这种学问，就是有感于最近一百多年来，我们忘记了自己的根本，但是现在重新继承自己的传统，重视自己民族的智慧和经验，只是想用更多一点眼光来关注我们自身的文化。中华民族有它独特的东西、不可替代的东西。古人说的"惺惺相惜"或者"圣贤知圣贤，英雄知英雄"，即只有自己到了一定深度和高度后，你才能真正欣赏别的一些东西。同样的道理，我们要想中国人更深入地理解西方文明以及其他文明，必须先有我们自己的文明根基，否则我们就缺乏判断力，可能看到这也好，那也好。事实上，只需要用一个反证就可以证明，我们重视自己的文明，重视自己的经学，同样具有开拓性，并不意味着复辟性。事实上，在数千年来的整个中华民族的发展中，都是非常重视经学的传统，但是民族的开放性也是突出的。我甚至常常在想，1840年以来中华民族为什么有那么多优秀的知识分子看到西方的东西，觉得那么好，甚至还想要丢掉自己的东西，去完全学西方，恐怕也与我们自己的经学传统有关，至少重要的一点就是重视中国自己的东西，不意味着排斥西方的东西。这是我对这个问题的看法。

郭晓东教授：我们大致上还是认同清良兄的看法的。其实一种文明的发展，都是在不断受刺激的环境中前进的。比如我们当下遇到的很多问题，其实是来自西方的挑战，也就是说在今天不仅仅是我们的问题，还有一些是世界普遍的问题。回归经学的过程，一定是在古今东西比较中回归的，如果我们今天以西方的方式来应对我们的问题，这是不对的。只能说西方给我们带来了这样的挑战，我们应思考自己的文明应该怎么去应对它，这是我们一贯的看法。在这一百年来，刚才说到要向西方人学习很容易矫枉过正，就是把我们自己的东西全部打断，而去强调全部以西方的标准为标准，一切以西方的价值为价值。这种做法也是把我们老祖宗的东西全扔掉，这是我所反对的。我们应该将西方文明作为一个参照系，作为我们回归自己文明的外在动力，就像我们现代新儒学复兴的过程中，正确看待外来文化，看到它对中国本土文化造成的冲击，促使我们对中国本土文化进行进一步反省，也就是说从宋明以后的新儒学回到文化自身。经学在未来社会的发展，应该是在西方文明的作用下，回应西方文明然后产生出新的问题，从这个角度去回归和重视经学。我是这样看的。

陈壁生教授：刚才清良兄讲到两点需要避免的方面：重新回归经学并不意味着"复古"，也不意味着排斥西方。我很同意这两点。其实完全的"复古"不可能，同样完全的"西化"也不可能。现在有人对"礼"进行研究，会想到古人的那套礼是怎么做出来的，他也想跟古人一样建立一套礼仪制度，去重现一套礼的仪式，但是这样做是一种没有生命力的"复古"。我们姑且称为"复古"的一些东西，如果要有生命力，能够让每个人都自然接受的话，更重要的是要满足现实的需要，需要把传统作为一种资源来进行理解和消化，这个才是真正地回到经学或者说是回到传统，而不是走传统的那种形式。我举个历史上的例子，在明朝的时候，有个人请教著名学者王阳明，他按照古礼去侍奉他的父亲，但他的父亲却感到难以接受，他问王阳明这样做对不对？如果放到今天，我们肯定会说这是不对的，古礼里面涉及非常多的东西，如"六礼"，还有各种各样的礼仪制度等。如果你要真正恢复到古礼，基本上没有意义和价值。我觉得我们今天讲到要回归经学，特别是涉及"礼乐"制度的时候，并不是要在一些具体的形式上恢复，而是在精神上传承，这才是比较重要的。假如你现在要举行婚礼，还是要讲一些礼仪，那我们去看古人婚礼，慢慢就会知道原来他们是怎么样通过婚礼来营造仪式感的，然后结合我们现实情况，想想我们今天怎么在现实中再去建立这种形式感或者仪式感。我们只有在精神层面上来传承，那些经典的东西才具有非常大的价值，而不是简单地恢复。

我们再来谈面对西方的问题，其实我们也不可能完全学习西方。我们看经学的时候，如果觉得它仍对我们今天的生活有意义，才能说经学很重要，如果它对我们今天的生活没意义，那就让考古学家去研究经学行了，根本不用深度思考这些问题。如果经学有意义，就会被用来解决我们今天面对的一些问题，其中有非常多的问题是跟西方有关的，就像我们所在的这个报告厅布置成这个样子，也是西方文化传进来之后的结果。也就是说我们的生活方式在很大程度上都已经西化了，既然它已经西化了，如果是有问题的话，我们要理解它，就需要找到一种解决的方式。当然还是要真正理解西方文明跟东方文明的区别与联系，我觉得这两个文明体系都是非常重要的。只不过是说在我们现在这个时代大量强调西化，到今天，你回过头来连自己是谁都忘记了，而你认识别人，应该要在一个明确的自我认识的基础之上。中国发生的任何事情，就拿一个西方的类似的事情来说，其实很多西方的东西在中国并不一定能够对得上。我们现在回归经学，其实就是学会怎么样去认识传统中国，怎么样去认识现代中国，怎么样去认识我们自身，经学在这个意义上来说依然非常重要。

郭晓东教授：刚才讲到"复古"，我觉得"复古"的问题从来都是一个伪命题。儒家的精神是与时俱进的，就连刚才说到的最具有传统性的礼仪来讲，历朝历代的礼制也不一样，我们今天实行的礼制就跟两千年前的很不一样，一千年前的礼制跟两千年前的也是不一样的。我们说回归经学或者说回到原点、回到经典的话，并不是说完全回到那种古人的生活当中，而是利用经学背后的精神来引领我们现代的生活，这正好能对上壁生兄刚才说的话，我就想插入讲这一点。

主持人：谢谢两位教授。因时间关系，我们之间的会讲就到这儿。下面的时间向在座的各位朋友开放，大家可以向两位教授请教问题。

互动问答

问题 1：郭教授，您好，刚才说经学是中华民族的根与魂，我有一个疑问，既然经学是根与魂，为什么又出现了近一百年的断层？还有一个问题，刚才陈教授说到要回归经学，我们的传统文化肯定是继承与发展的，那么在这个回归经学的过程中，有哪些适应时代发展的新元素？谢谢。

郭晓东教授：你提问的这个问题非常尖锐，既然我们说经学是中华文明的根与魂，那为什么最近一百年出现了断层问题。我们作为一个健康的人会有生病的时候，那么整个文明也会有"生病"的时候，我想恰恰在这一百年里，在面对外来文明挑战的时候，我们的文明自身出现了问题。当时的一批人在面对自己文明发生问题的时候，每个人都想当"医生"，提出很多治病的药方。其中有一种观点认为：在当时中西实力相差巨大的前提下，提出要以"西"来代"东"。这种思潮变成一种很普遍的思潮，民国建立以后，受这一思潮的影响，废经学科，这就造成了整个经学的中断，还有很多学者在学术上瓦解经学，这是历史的事实。假如说把我们的文明比作一棵树的话，经学中断的结果只能造成花朵飘零，这也是新儒家说的观点之一。事实上，我们反观这一百年，我相信对一个有正常理智的人来讲，我们去反思这一百年来中国获得了什么？除了建立一个富强的国家之外，其他地方有没有出现问题？如果从世界的大视野来看，我们有没有出问题？当文明出现问题的时候，我们在反省之余，把目光转回到我们根与魂的经学中，这是顺理成章的事情。为什么在当下兴起经学热、国学热？这不是一个或几个学者能够引领潮流的。我个人观点认为儒学会成为我们的文化的主体，其中因素不是个人的选择，也不是汉武帝的选择，而是我们所有人共同的选择。中华文明未来发展之路需要我们所有人一起走下去，我们当下的这个"热"那个"热"，这是我们的民族发展所需要的。这是我的一个简单回复，谢谢。

陈壁生教授：对于刚才的提问，我觉得很难回答。当代经学发展需要加入什么新的元素？这里涉及你怎么样来理解新的元素，或者你心目中的新元素到底是一个什么样的东西？比如五四的时候，有些人认为中国最缺少的东西是"科学"和"民主"，它们算不算一个新的东西？现在社会上出现了很多很多新东西，我相信任何一个做经学或者是关怀现实的人，都不会轻易地觉得现实中出现的新东西可以简单地说是合理或不合理的，需要具体检讨。其实在传统的里面也不断有新的东西加入，比如说在中国古代思想文化发展中有佛教的加入，比如魏晋玄学被道家思想影响。我不知道是要从物质上还是从其他哪个方面来加入什么新的东西或者元素，如果一定要做个整体的回答，我想经学更多是在态度上会表现为相对的保守。当然有些做经学的人也表现出一种极其"革命"的态度，认为也要在思想上进行革命，才会出现一个新的精神时代。经学整体上是比较保守的，也就意味着我们在现实生活中寻找一种让大多数人感觉比较舒服的方式，探索一种可接受的方式，不是像刚才说的一定回到古代或者一定遵从西方，而是应该要根据我们现有的现实情况，去试图解决现在产生的问题。我想你所谓的新元素或者新东西，可能就会加入这样一个解决现实问题的过程里面。

问题2：我还想向陈壁生老师请教一个问题，我这两年在跟陈戍国老师做《礼经校释》。我们看到曹元弼先生的著作，虽然他关注的经典内容和研究方法是旧的，但是他治学方法是创新的。比如他这本《礼经校释》采取的是传统经学的研究方法，不过他创造了一个新的注释经典的方法，就是将校勘和校释相结合。此外他的校勘方法跟那种很传统、很死板的校勘也有区别，他对传统经典的理解有很多改变的地方。到了晚年，他写的书是以诗歌的形式出现的，这也是一个创新，就是他是以诗歌的形式来表示他对经学的理解，而且是以著作为纲来写的。我认为他从早年到晚年都是以这样的方式，不应该把他归为"遗老"的类别。我们今天研究"礼"的复原，是研究"礼"的含义，我们对礼学的理解是不是跟陈老师有些区别？想请陈老师解释一下。谢谢。

陈壁生教授：首先，我说曹元弼是一个"遗老"，是因为他在民国之后依然忠于清朝，你也可以说他这种行为是守旧的，而康有为也是一个"遗老"，但是他不守旧，几乎可以说"遗老"是一种政治身份。曹元弼是不是守旧分子，我没怎么想过这是个问题。你提到他的经学里面有些新的东西，肯定是这样，比如他一些校释体的著作，尤其是关于《礼经》的校释有很多新的看法。因为《礼经》的内容和问题比《公羊传》或《论语》要大很多，而且他博采群书去做校释。我说他是一个守旧的学者，主要是说他的政治立场，而不是说他的治学问的风格。还有就是"新"跟"旧"都是相对的概念，不是绝对的概念，也就是说你可以说曹元弼相比陈澧那帮人来说有新的成分，但是他写的大量的书都是用民国之前的文体写的。我们说的"新旧"是一个相对来说的"新旧"，就如我们今天有人写经学的书，或者以注书的方式来写，或者以清朝人的方式来写，不管你怎么弄，你都会被人家看成是以旧的方式来写，因为我们今天真正流行的方式是白话论文。从治学来说，曹元弼当然有很多新的看法。

第二个问题是说"礼"的复原问题。所谓的讲古礼，绝对不会是恢复古礼的形式，而是恢复古礼的精神。

问题3：根据之前所说的经学是中华民族的"根"和"魂"，在当下西方科技文明发展的今天，我们是不是应该要停下脚步来等一等，把中国的"根"和"魂"聚集在我们这一代或者下一代中国人身上，我们这个民族才会更有生命力呢？谢谢。

郭晓东教授：我们不可能停下脚步的，历史也不会停下脚步的。我们说经学是"根"和"魂"，其实我们中华民族的"根"并不是完全被打断的，"根"还是在不断深入地下，只不过这个"根"现在出了一点问题，我们需要慢慢让它恢复生命力。我们砍掉"根"的部分经历了一百年，如果未来让这个"根"重新焕发生命力的话，恐怕也需要几代人的功夫，不是说当下就停下来，慢慢恢复，这显然不是一个现实的事情。

陈壁生教授：我基本上赞同晓东兄的意见，如果说停下脚步，其实我不是太知道怎么停，你要说我们重新重视传统，现在确实是有这样的一种倾向，但是我相信你也可以一边注重经济发展，一边重建"根"和"魂"。如果我们大家都觉得经学是"根"和"魂"的话，我们可以一边往前走，一边去研究"根"和"魂"的问题，就是这样。谢谢。

问题4：首先谢谢三位老师。我们当代人在学习和探究经学的时候，因为儒家经籍是文言文，可能看不太懂，如果去看那些名家的研究著作，他们各成一派，各有各的观点，请问我们普通人应该怎么去学习和研究经学？这就是我的问题。谢谢老师。

陈壁生教授：这个确实是一个问题，本来正常情况下对自己民族的经典，应该是要纳入大学的教育体系的，如果每一个上过大学的人，都上过这方面经典课程的话，这个读不懂经典的问题就不存在了。如果没有在大学里面上过这样一类课程的话，对很多人来说读儒家原始经典的确是个麻烦事情。我个人的看法，如果要去读某一部经典的话，你要去请教一些对这些书很懂行的人。如果说你想读懂《论语》，我个人的看法是你把它全背下来没有任何意义，它在历史上有几百个不同的注本，如果你要想去真正了解其中的内涵，你只要去看其中最典型的三四个注本就好，如何晏的《论语集解》或者朱子的《四书章句集注》等都是最适合现代人去读的书，比直接翻译成现代汉语的书要专业得多。前提是你要有耐心，你也可以慢慢去琢磨里面的那些问题，这样经过几年时间，我相信你肯定会有非常非常多的收获。读懂其他的儒学经典都可以参考这种做法。

郭晓东教授：我再补充一句，刚才你说到文言文难懂的问题。我以自己的经历来说，我读大学时不是读古代汉语专业，也不是读中国哲学专业，但我还是坚持去尝试读一些文言文的书。你一旦潜心读通一本文言文书的时候，其实你的文字的功夫也上来了。比如你去读《论语》，找朱子那本《四书章句集注》来读，你要耐着心坚持读下去，等到你读完全书之后，你一定会对那种文言文有感觉了，再去读第二种文言文著作就容易多了。这是我个人的建议，谢谢。

主持人：谢谢两位教授。我们今天的会讲就到此结束，非常感谢两位教授的精彩演讲。我们今天讨论的是人文学科中最高深的一些问题，所谈论的主题离我们现代社会似乎很远，可是其中的历史很深厚，内涵也很丰富。今天的会讲，可以说是让我们在国庆期间又一次享受了一场精神盛宴。再次感谢两位教授，同时也感谢在座各位朋友的积极参与。这一场会讲下来，已经3个多小时了，非常感谢各位！请大家继续关注岳麓书院的下一场精彩会讲。

儒学的宗教维度与古代礼仪

时间
2016 年 10 月 9 日

地点
湖南大学岳麓书院内中国书院博物馆报告厅

主持
肖永明（湖南大学岳麓书院院长、教授）

主题一
从儒教神学对《中庸》的解读

主题二
儒家思想与古代礼仪及其变迁

主讲
陈 明 曾 亦

　　陈明，湘潭大学碧泉书院教授，曾任首都师范大学儒教文化研究中心主任、政法学院哲学系教授。研究领域：中国思想史。著作有《儒学的历史文化功能》《儒者之维》《文化儒学》《儒教与公民社会》等。主编《原道》辑刊、"原道文丛"、"原道译丛"丛书系列。

　　曾亦，同济大学哲学系教授。研究领域：先秦儒学、宋明理学、清代经学、社会理论。著作有《本体与工夫——湖湘学派研究》、《宋明理学》、《经学、政治与现代中国》、《君主与共和——康有为晚期政治思想研究》、《中国之为中国：正统与异端之辩》、《春秋公羊学史》（与郭晓东合著）等。

主持人：尊敬的各位嘉宾、各位同道、各位老师、各位同学们，大家下午好！非常欢迎大家来参与岳麓书院讲坛。岳麓书院讲坛现在是由岳麓书院和凤凰网合作举办的高层次学术论坛，自举办以来反响很大。今年 5 月 19 日，由湖南大学岳麓书院和凤凰卫视、凤凰新媒体在故宫举行了"致敬国学：第二届全球华人国学大典"启动仪式。国学大典有一系列的活动，包括国学终身成就奖、国学成果奖和传播奖的推荐及评选，也包括一系列重要的学术讲座。今天的会讲是"全球华人国学大典"系列活动之一。岳麓书院讲坛应该说已经和新媒体很好地结合起来了，很多次讲座线上、线下超过 30 万人次。

岳麓书院这次在国庆期间，邀请北京大学、清华大学、复旦大学、中国人民大学、首都师范大学、同济大学等六所高校的专家进行三场会讲。今年正好是在岳麓书院成立 1040 周年的时间节点上，此时举办系列讲座，我觉得更有意义。同时，举办讲座也是我们古老的书院焕发活力，以及古老书院融入现代生活的一个重要表征。我们想向大家呈现的是：岳麓书院不仅是文物保护单位、旅游单位、现代人才培养单位，同时也担负着文化传播，尤其是儒学传播的责任。

今天我们的这场讲座，包括在国庆期间举行的另外两场，都是采取"会讲"的形式。会讲，就是邀请两位或多位主讲嘉宾分别就自己的主题讲 45 分钟的内容，然后会讲者再根据所讲的主题内容进行彼此交流和切磋，最后留半个小时跟在场的听众进行互动问答。我们知道"会讲"这种形式最早可以追溯到公元1167年，当时来自福建的朱熹和掌教岳麓书院的张栻在岳麓书院会讲，"朱张会讲"开启了书院会讲的先河。会讲以共同切磋学问、交流思想作为最重要的一个特征，也是书院自由讲学、自由探讨精神的最好体现。这次在岳麓书院创立1040周年之际，我们在书院进行系列会讲，我觉得这是对"朱张会讲"最好的纪念。今天会讲的主题是"儒学的宗教维度与古代礼仪"。岳麓书院非常荣幸地邀请到首都师范大学陈明教授和同济大学曾亦教授前来会讲，让我们掌声欢迎两位教授。

在正式讲座之前，我首先向大家介绍一下两位教授。陈明教授曾任首都师范大学儒教文化研究中心主任，研究领域是中国思想史。主要作品有《儒学的历史文化功能》《儒者之维》《文化儒学》《儒教与公民社会》等。曾亦教授是同济大学哲学系教授，研究的领域有先秦儒学、宋明理学、清代经学等。主要作品有《本体与工夫——湖湘学派研究》《宋明理学》《经学、政治与现代中国》《君主与共和——康有为晚期政治思想研究》《中国之为中国：正统与异端之辩》等。这里只是做个简单介绍，还有很多介绍，大家可以在网上找到。其实一说到他们两位，在座的各位嘉宾、各位朋友可能会浮现出两个关键词：第一个是"大陆新儒家"；第二个是"康党"。他们两位在海内外有很高的知名度，引起了很大的关注。在受到关注的同时，也伴随着一些争议。今天我们正好可以利用这次机会，请他们在这里发表他们的高见。我们来看看大家争议及关注的"大陆新儒家"群体中非常核心、非常重要的两位成员究竟有一些什么样的观点。现在让我们用热烈的掌声，首先请陈明教授开讲。

主题一：从儒教神学对《中庸》的解读

陈明教授：我是长沙人，但是不会讲长沙话，我现在说普通话。大家来看看这张PPT，我想讲的是《从儒教神学对〈中庸〉的解读》，就是说从宗教的角度对《中庸》这本儒家重要经典的解读。为什么要这样解读呢？因为我们大家熟悉的解读是由朱子完成的，虽然我认为他对《中庸》的解读贡献很大，意义、影响也很深远，但是问题也很多。从今天来说，如果我们还是那样去理解的话，其中蕴含的很多意义是被遮蔽的，没有解读出来，而且从知识论来说，对此解读的争议也很大。

简单来说，朱子的《中庸章句》讲的是心性论、道统论、修养论，这是伦理意义上的一个解读。刚才肖老师讲到"康党"，就是一群认同康有为主张的人，大陆也有人说应该叫"新康有为主义"。康有为自己也注解过《中庸》，他是作为儒教，作为宗教经典，或者说作为"心法"来读的。什么叫"心法"？有两个理解：一个是修心之法；一个是心传之法。实际上作为"修心之法"的话，这还是从心性论的伦理学领域的解读，我觉得这样解读的问题还是很大。作为宋明理学的学术传统，其意义很深，康有为受到这种影响也是很正常的。我认为《中庸》是一个宗教的文本，其中也有些过渡时期的痕迹。

我的观点是：《中庸》是儒教的理论文本，可以作为儒教神学的中枢，体现的是一种与天道相承接的生命论。所有的宗教都是指人和神的重新连接，这是宗教的基本特征。人和神重新建立连接的前提有两点：一是要有一个神，即最高的存在；二是要有一个我，二者中间才能建立连接。人神连接的宗教，一定是说神在前面。我们来自神，一切都在神之中。有天地然后有万物，有万物然后有男女，有男女然后有夫妇，有夫妇然后有父子，有父子然后有君臣……我们所有的制度都有个起源，那就是来自"天"。正因为"天"出于爱心的创造，才有了这个世界，儒家就是这样认为的。我们说"仁者天地""仁义道德"，人要跟天一样，大仁者要和天地统一起来。

我们先来谈谈"中庸的理论结构"。我认为应该在理论结构中把《中庸》作为儒教神学的中枢。《易传》是讲"天道"和"神学"，如"生生之谓易""天地之大德曰生"等。《中庸》是讲天人之际，是讲人来自天。人因为来自天，才有了后面的一切。我这里是对照着朱熹原来的讲法。

湖南大学岳麓书院是理学研究的重镇，我是在书院旁边长大的，离这里很近。刚才听肖永明讲到"朱张会讲"是一段学术佳话，但是我们不要忘记一点，在一定意义上，朱熹是来会讲的，也可以理解为是来"踢馆"的。在岳麓书院里面，我觉得理学研究很盛，湖湘学研究好像被淹没了。这种讲法好像是"康党"的一个说法，其实也是湖湘学的一个说法。我们讲《中庸》，朱子是从"性"来讲的，而"天"在他那里是不言自明、不言而喻的。他认为"天"就是"天理"，他说"未有天地之先，毕竟是先有此理"（《朱子语类》）。这是理本论，我认为"以理为本"是不对的，至少从孔子的角度来说是不对的，当然从胡宏他们的角度来说也是不对的。刚才说到"踢馆"的时候，是带有情绪的，必须得说朱子还是很了不起的。

再来谈《中庸》的文本结构。我这里还是按照朱子来说的，即从所谓的经传结构来说《中庸》的文本结构。"天命之谓性，率性之谓道，修道之谓教。……"，前面一段是经，其他的话是对它的注解。后面说"诚者，天之道也；诚之者，人之道也。……"，又是一段经和传。《中庸》是二元的结构，即是"经"和"传"。"经"是孔子说的话，"传"是后面的人对"经"的解释。两段经文相互对照，这是朱子很了不起的地方。我们就要站在巨人的肩膀上，从这两段"经"的角度来分析《中庸》作为宗教文本的意义。先讲"天命之谓性"。其中，我们必须要讲清楚"天"是什么？在朱子那里，"天"是"理"。这里面的解释很麻烦，曾亦老师对这方面的研究很熟，大家等会可以问他。首先有"天"，然后有"天道"。再讲"诚者，天之道也"，书里讲到"诚者，成也"，这个"成"是指成就，如物的产生，性命的产生、实现等。根据"天地之大德曰生"，可以表述为"生生"，就是天地之道。"生"是创造，这是一种爱与创造，就是天道。"诚者，天之道也"的后面是创造万物。"天道"就是生生不息、创造万物。

在"天命之谓性"中需要讲"命"，这个"命"实际上是一种创造的行为。《中庸》所引《诗经·周颂》"维天之命，于穆不已"里的"命"，是动词。正如"命有如生，是一种创造"（成中英《易学本体论》）。并且一定是有个"天道"的存在，有个"天道"的展开。"有天地然后有万物"是对天这一地位的确立，然后在这个运行模式和过程中产生出"人"。天地产生万物，万物产生男女。有了"人"以后，在这个意义上才说人的"性"是来自"天命"。也就是说"天命之谓性"是爱与创造。那么这个时候的"性"又是什么？

《中庸》文本里面讲"喜怒哀乐"，这里又引发另一个问题。总结起来，"天命之谓性"到底是说什么？有的人说是伦理，有的人说是情感，实际上"喜怒哀乐"不是简单的情感，也不能说是伦理道德。因为"天"是以创造、以"生生"为其内在的本性或者本质特征。人实际上也是这样的，人也是以创造为本性，人首先要完成自我，因为天创造了你，你自己要实现自己，就像我们父母望子成龙一样。我们应该把"喜怒哀乐"当作一种借代或隐喻，它真正要说的和处理的，是生命的呈现、表达、实现和完成的问题。

这意味着在现实中展开的"成己成物"的艰巨过程。下面我们再来讲"成己成物"。其实所有的宗教都是这样的，就是希望你有出息，把你的存在感刷得高一点。天也一样，它创造你，就是要你像他一样，你要成己、成物。成己就是说你首先要把自己生长出来，要从成己、成物的角度来理解这个"性"。"喜怒哀乐"是一种修辞、一种表述，是用部分来指代全体。我们不能从字面上去理解"喜怒哀乐"这种情绪，而是以情感显现作为生命存在之指代。这里有一段话，就是以春夏秋冬指代天的生命本质与形态："喜怒哀乐之发，与清暖寒暑，其实一贯也。……春气爱，秋气严，夏气乐，冬气哀。爱气以生物，严气以成功，乐气以养生，哀气以丧终，天之志也。"（《王道通三》）还说："春，爱志也，夏，乐志也，秋，严志也，冬，哀志也。"（《天辨在人》）这种天与人的同构性，首先是生命的存在性，即作为一种生命的存在与表达形式。不是讲你一会儿买个彩票中了，打个麻将胡了，那就太庸俗了。它实际上是讲你的生命有个过程，才有这样的成就。其次是这种存在性的呈现和展开，对人来说是一种使命，由此形成的人与外部世界的关系，因而具有神圣的意义。从这样一个角度来讲，不是情绪控制的问题，更不是一个心性论的问题。

刚才是说"天"的问题，我们再来谈谈"慎独"的问题。先来看看《中庸》这段文本："道也者，不可须臾离也，可离非道也。故君子戒慎乎其所不睹，恐惧乎其所不闻。莫见乎隐，莫显乎微。故君子慎其独也。"在天和人之间有个概念，就是"慎独"。有人说慎独就是一个人的时候也不能什么都干。火车过隧道的时候，如果看到同座的是一个美女，认为反正很黑别人看不见，就想着吃点豆腐，这种行为不叫慎独，慎独的意思是要管住自己的内心、管住自己的双手，那种想法（想吃豆腐的行为——编者注）是很庸俗的。"慎独"是什么意思？说谨慎，或者说是审慎都没有问题。"独"是什么意思？朱子解为"人所不知而己所独知之地"（《中庸章句注》），即独处之时或独处之地。如果"慎独"是为"一"，而"独"可解为"心"，那么，慎独就可以理解为一种求取"（与天）合一"而做的"功夫"，进而表征为一种"合一的状态"。因为"天命之谓性"，你就知道你的生命来自天。现在要形成这种意识，并且确定这种信念，然后死守这份责任，当你意识到你的个体生命是跟神圣的绝对存在一起的时候，你要把这种理念、信念内化于心，就是确定你的内在关系，要形成一种自觉，然后作为自己人生的一个起点，这就跟"格物致知"有一定的关系，所以"慎独"是指天人之间建立一种关系的确认、确证、确立。这样，我们就可以把"慎独"表述为一种追求生命自觉的内省体悟，一种对自己生命及其性分本之于天的自觉，以及对由此自觉确立的生活意义和目标的持守与承担。

这里还涉及"致中于和"的问题。"喜怒哀乐之未发，谓之中；发而皆中节，谓之和。中也者，天下之大本也；和也者，天下之达道也。致中和，天地位焉，万物育焉。"表现为喜怒哀乐的情感、意志潜存于内心时，叫作"中"，就是说不偏不倚这些东西。难道不偏不倚就是天下之大本吗？不是这样的，"中"为"大本"，是由于作为"天命之性"之在人者，作为生命根本，它是意志、动力，蕴含有一切可能性，"始者近情，终者近义"（郭店简《性自命出》）。天所降于你的东西，就是你生命的能量、你的意志、你的目标，因为是天赋予你这个东西的，你才有成己、成物的东西。从情感来说，它是一种仁爱、一种情欲，不要做过于形而上的解释，应该作为一种严肃的理解，意志是动力和目标。"和"为"达道"，是因为唯有遵循内在之节律、协调好客观之处境，意志才能实现，可能才能变成现实。"致中和"，就是把你生命的能量、生命的可能性表现出来、表达出来或者实现出来。所以，"致中和"的意思是"致中于和"（通过成己、成物达到"参赞化育"的理想目标）。由于"和"是与"节"相应的，"致中于和"有内在地包含"致中以和"（根据天时与物宜的原则和条件去追求这一理想目标）的要求或原则。这就是普通理解的"中庸"之义，不偏不倚、无过无不及、中道或折中等等。

"致中于和"是目标，"致中以和"是方法，目标决定了方法。"致中和"就是"致中于和"，就是得体地、恰当地表达出来。我们讲"诚者，物之终始"，前面已经讲了"诚者，天之道也"，就是生生不息、创造万物，这就是天道，就是成己、成物。首先它有两个阶段性的目标：成己就是说你的生命要出来，就像我们现在说的我们要好好读书，先学《弟子规》，再去读一点《三字经》，再读《易传》，然后在生活中该修身修身，该齐家齐家，能治国就治国，如果还有精力、能力，再去考虑平天下。这是根据情况来的，有的人成己就行了。如果完成了，再与天地参，就是说你的生命来自天，你自己完成以后，如何来成物呢？实际上就是你跟天合德，就是天人合一了。你就参与了天地化于万物的过程，你的生命就是立德、立言了，就不朽了，这是儒家的一个基本框架。

中庸为什么讲得这么抽象？它本身是讲天地之间的理论关系。很多人要问，我们老师讲的"中庸"就是不偏不倚，就是做事有分寸，你这个都没讲，我是没讲。从心性论的角度来说，因为朱熹是从"道统论"来说的，那个"中"就是指不要偏离尺度。实际上《中庸》里面的"天命之谓性""成己成物"跟那个没有关系。可是他为什么要那样说？因为当时需要那样说。从文本上看没有关系，但是有一点，大部分人都没看出来，只有你陈明看出来了，就是说它还是有一点意思的。

《中庸》在文本里面就说到怎么去成己、成物，怎么去找适中的感觉。"致中于和"有两个意思：一个是以"和"为目标，把你内在的生命表达出来，就是说符合要求；还有一个是以"和"的原则来实现自我。其实很简单，你是一个老师，就好好教学生；你是一个部长，就好好当部长，不要想处长的事；你是一个处长，就不要想科长的事，这就是中庸。实际上有的是讲效力应该怎么样，有的是讲治国应该怎么样。它是讲不同类型的人在不同时间条件下，在不同的空间位置上，怎么去"致中于和"。我们提到的这两段经文，一个是讲"天命"与"性"，一个是讲"致中于和"的理论，然后讲"成己""成物"的阶段。《中庸》后面的文字都是从这里衍生出来的。

我们看这句话："中者，不偏不倚，无过不及之名。"无过无不及的中庸之义，在且仅在这一层面，即所谓的"性之者也"。这是孔子到60岁、70岁以后的境界，达到"率性之谓道"了。循此本性立身处事，即是人生正道，并可作为楷模规范世人，就是圣贤一类的人物了。后面的"修道之谓教"又是什么意思？就是把圣贤人物创造的诗书礼乐确立为规范准则，教化民众，培养其道德情感并实现其意义目标。孟子讲，圣贤是从说和做里面出来的，按照王者或者老师去教化大众，把这个东西弄好，然后作为大家的规范，这就是"修道之谓教"。老百姓怎么去达到"致中于和"的目的，这里面就有一个"中庸"的问题，这就是不偏不倚，就是得体。

我讲半小时就可以了，多留一点时间给你们提问。你们觉得哪个地方不明白，我可以再给你们说。先这样。

主持人：好的，多谢陈明教授的演讲，我们接着掌声有请曾亦教授来发表他的高见。

主题二：儒家思想与中国古代礼仪及其变迁

曾亦教授：岳麓书院作为主办方，这次把我跟陈明教授安排在一起会讲，我觉得是因为我们两个所要讲的内容是有些相关性的。很多同学、很多朋友都知道陈明教授是讲儒教的，而儒教跟"礼"的关系是非常密切的。但是我刚才听到陈明教授所讲的内容，发现我所讲的内容跟刚才他所做的报告，差别比较大，也需要大家换一个脑子来听我的报告。我也是湖南人，我母亲是长沙人，我是邵阳人。我跟岳麓书院的肖永明院长，还有前院长朱汉民教授都是邵阳人，我觉得这次来是到了我的主场一样。在这样的气氛里，我等一下也许会发挥得比平时好一些，不过也可能太激动了，发挥也会有点失常。

前面肖永明院长在介绍我跟陈明教授的时候，说我们是"大陆新儒家"群体的核心成员之二。"大陆新儒家"在学术上可以说是比较重视康有为思想，尤其是重视"公羊学"的。大家都比较熟悉康有为，但可能并不了解他也是晚清"公羊学"的代表人物。《公羊传》作为"春秋三传"之一，是对《春秋》的一种解释。我们一般人可能熟悉《春秋左氏传》（简称《左传》），它跟《春秋公羊传》(简称《公羊传》)、《春秋谷梁传》(简称《谷梁传》) 都是古人解释《春秋》的一种传。我本人既研究康有为，也研究《公羊传》，这只是我学问的一个方面。我今天想讲的是我研究的另外一方面内容，是关于中国古代礼仪的。今天因为时间关系，尤其刚才陈明教授用了半小时讲完，这给我很大的压力。我要在很短的时间内把内容讲清楚比较难，我准备先讲得比较粗一些，等到了提问环节，大家可以尽情提问。

首先讲第一个大问题"儒家跟礼制"。中国人对"礼"非常熟悉，一方面，自古以来，中国就被视为礼仪之邦；另一方面，日常生活会经常用到。在座的有很多学生，你们就会发现我们跟外国人打交道，与跟中国人打交道是很不一样的，中国人很讲究礼仪。古人对"礼"有很多说法，我在这里介绍两种说法。第一种是来自《说文解字》："礼，履也，所以事神致福也。从示从豊。"也就是我们看到的繁体字的"禮"，左边是"示"字旁，右边是"豊"。你看这个"豊"，从字形上看，上面是个利器或者是玉器，下面是盛放礼器的"豆"。也就是说古人是用"豆"这样的礼器盛放各种器物的，通过"礼"来跟神打交道。这是《说文解字》的说法，可以说是"礼"最初的内涵。第二种是来自东汉的《白虎通·礼乐》："礼之为言，履也。可履践而行。"表明最初的"礼"是跟神打交道的方式，后来发展为一种人跟人打交道的方式。

我们现在很多场合都要讲"礼"，尤其是逢年过节见亲戚、见长辈时。不仅仅是中国人讲"礼"，西方人其实也讲"礼"，只是他们那套礼数比较简单。比如说刚才大家鼓掌，我鞠躬还礼，这实际上是西方人的"礼"，很简单。中国古代的"礼"是极其烦琐的，绝对不仅仅是一个鼓掌或者鞠躬这么简单。我们可以看到，"礼"是世界上各个民族都有的人跟人或者是人跟神打交道的一种方式。

我们现在讲的很多古代的"礼"，其实是经过圣人改造的。在中国历史上，可以作为圣人的有两个人：一个是周公，一个是孔子。我在这里举出他们说的几段话，大家可以稍微看一下。一段是出自《论语·八佾》："周监于二代，郁郁乎文哉！吾从周。"从孔子时代来说，他所看到的"周礼"实际上是借鉴夏殷两朝之礼制修订出来的，可以说是非常完备。在古代我们和别人见面，要么是拱手作揖，要么是跪拜，发展到后来，有些传统的礼节大大简化，现在实行的"礼"很多地方也借鉴了西方的礼制。其实孔子重视的"周礼"比夏殷两朝礼制更为完备，也就更为烦琐，但是孔子说他推崇这种礼制。《论语·为政》还有这样一句话："殷因于夏礼，所损益，可知也；周因于殷礼，所损益，可知也。其或继周者，虽百世，可知也。"可以看到"周礼"是在接续前面礼制的基础上建立起来的。

在《公羊传》中对此有句评述："孔子作《春秋》，损周文用殷质。"我们现代人去了解儒家思想，把"四书"看成是最重要和最可信的经典文本，在清以前实际上《春秋》的地位比"四书"更高。大家想了解孔子的思想，其中《春秋》是最重要的文本。在这么多儒家经典里面，只有《春秋》被视为孔子所作的，而《春秋》在古人那里被视为"礼义之大宗"，也就是说我们要了解作为大众的"礼"，可以在《春秋》里面找到答案。《春秋》为后世制定了一套礼制，和"周礼"是不一样的，而是"损周文用殷质"。这句话对研究《春秋》的人来说是最基本的、比较常识性的知识，如果不懂《春秋》，可能会对这句话比较费解，我给大家解释下。《论语》中说："文质彬彬，然后君子也。"这里要注意"文"跟"质"的区分。汉代的"春秋学"研究者认为周代的礼的根本的特点可以用"文"来概括，而殷代的礼的根本特点是"质"。在日常生活中，我们会说这个人非常质朴，这就是"质"，或者说某人比较斯文，这叫作"文"。对孔子来说，他要制定一套新的"礼"，需要把周礼中"文"的方面去掉一些，而增加一些"质"的东西，就是增加一些殷代的"礼"的东西。

"礼"的作用非常之大，在中国社会生活中发挥着极其重要的作用，这涉及"礼"的功能。对此，古代有很多种说法，我请大家看这两段文字。第一段出自《白虎通·礼乐》："礼所以防淫佚，节其侈靡也。"节俭是我们的美德，古人是通过"礼"来防止铺张浪费的，通过"礼"来使人富而不骄。第二段出自《礼记·曲礼》："夫礼者，所以定亲疏，决嫌疑，别同异，明是非也。"我稍微解释一下，我们知道中国社会是一个熟人社会，讲究远近亲疏。我从大学毕业到现在，离开湖南已经有三十年了，中间一直在上海生活，因为在上海的亲戚朋友、乡里乡亲比较少，所以人际关系相对比较简单一点。这一趟回湖南来，碰到了很多老朋友、老熟人，彼此聊天时就会聊到以前的很多事，很多以前没有见到的熟人也见到了。回到湖南，真正感觉到自己回到了一种熟人社会，这就是中国社会亲疏的特点。在古代讲远近亲疏是有一套标准的，主要的标准是按照血缘关系。父子之间的关系是最为亲近的，古礼规定当父母去世的时候，子女应当为父母守孝三年；次一点的亲人关系比如兄弟，彼此之间服丧只有一年；堂兄弟只有九个月，表兄弟只有三个月。还有比如说在我们这个时代，岳父岳母的地位是比较高的，至少是跟我们自己父母的位置差不多，甚至说比我们自己的父母要更高，可在古礼中是不一样的。自己的父母去世要守孝三年，但岳父岳母因为是第五等的亲疏关系，他们去世服丧只有三个月。可见古人按照服丧规定亲疏，自己的父母是最亲的，岳父岳母是第五等。

什么叫"决嫌疑"？好像这是一个现代词，不管你犯了什么事，只要被公安人员抓起来，你就是有嫌疑的人。但在古代，"嫌"跟"疑"是有区别的，其中"疑"代表疑问，如果我对什么东西不懂，怎么来理解我内心的疑问，就靠"礼"来决定。什么叫"嫌"？实际上跟我们现在讲的男女之间要避嫌是一个意思。我们现在提倡自由恋爱，比如一个女孩子没有确定男朋友之前，多少个男的去找她都没有道德上的问题，一旦这个女人确定一种稳定的恋爱关系以后，另外一个人还像以前一样老是有事没事去找她，我们会认为他是第三者。结婚以后，还跟别人的老婆怎么样，就是我们通常讲的"朋友妻不可欺"，这需要"礼"来决嫌的。这个叫作"决嫌疑"。

什么叫"别同异"？不是我们现在泛泛讲的同异，古代虽然讲男女有别，但是出问题的后果其实并不严重。我举一个例子，我们看古代爱情小说时经常会有这种场景，某小姐听说一个很有缘的男子到前堂来，她会躲在屏风后面，如果看上男子，就会要丫鬟传个纸条，最多是私奔而已。古代男性要跟两类女子处理好关系，一类是父亲的姐妹，一类是自己的姐妹、女儿，他们之间的关系受到礼法的约束非常强大。古人有一句话，叫作男女八岁不同席。我前两天跟陈明教授聊天的时候，说到一个地方有一个男子长到 10 多岁，还是他母亲给他洗澡，这是有问题的。还有本异而经同，本来跟我们不是一家人，只是嫁到我们家来，一类是叔伯的妻子，也就是我的婶婶，还有一类是我兄弟的妻子，也就是我的嫂嫂，还有一类是我儿子的妻子，就是我的儿媳妇。跟这三类人也要处理好关系，这些关系的乱伦在中国古代还是很常见的，如果触犯会有非常严重的处罚，常常会判死刑。我们现在虽然在道德上一般对这个也会谴责，但是法律处理上和古代有很大不同。"别同异"是"礼"的第三个功能。

第四个功能就是所谓的"明是非"。是非观念在任何一个时代，任何一个国家都有，只不过是非的原则和标准不一样。我们现在都有是非观念，比如两个人吵起架来，是非观念特强烈。我们现在讲是非，往往是以利益为是非，以亲疏为是非。比如这个人跟我的关系很好，我就要无条件站在他那边，或者说那个人跟我有利益关系，我也要无条件站在他那边。在古代是以"礼"为先，凡是"礼"认为对的就是对的，"礼"认为不对的就是不对的。古代的"礼"扮演着这样的功能，而在我们现在这些功能大大弱化了。

下面，我开始讲第二个大问题就是"礼的精神"。任何一个民族都有"礼"，任何一个时代也都有"礼"。那么在这些不同的"礼"里面，它们的基本精神到底体现在哪里？有三个方面：一是文与质；二是敬与仁；三是"尊尊"与"亲亲"。我在这里想讲最后一点，"尊尊"与"亲亲"。"尊尊"，前面一个字是动词，后面一个字是名词。"亲亲"，就是亲近跟我关系最亲近的人。比方说父母是跟我最亲的，所以我要把父母看得重，这个就是"亲亲"，"尊尊"也是同样的道理，地位最高的，我们应该更加尊重他。"尊尊"和"亲亲"，就是尊重那些值得尊重的人，亲近那些值得亲近的人。

我们首先看出自《论语·阳货》的一段话：

宰我问："三年之丧，期已久矣。君子三年不为礼，礼必坏；三年不为乐，乐必崩。旧谷既没，新谷既升，钻燧改火，期可已矣。"子曰："食夫稻，衣夫锦，于女安乎？"曰："安。""女安，则为之。夫君子之居丧，食旨不甘，闻乐不乐，居处不安，故不为也。今女安，则为之！"宰我出。子曰："予之不仁也！子生三年，然后免于父母之怀。夫三年之丧，天下之通丧也，予也有三年之爱于其父母乎！"

孔子的弟子宰我说我们为父母守孝三年，这个时间太长了。我们现代人可能很难接受三年之丧的做法，如果三年的时间都为父母守丧，不到外面去做事情可能会出现很多问题。我记得有一个人的父亲母亲先后去世了，一般人守丧只是在自己住的地方附近搭个草棚就行了，但是他比较过分，他是把草棚搭在他父母坟墓附近，在那里住了九年，远远超过三年治丧的规定。朝廷一看真是孝子，给他表彰，但是不久事情败露了，因为发现他在这九年时间里生了很多小孩。这个在现代是很合法的行为，但在古代不行。在孔子那个时代，即便是孔子的弟子都觉得三年时间太长了，他说改成一年就够了。孔子听到后就很生气，他说你父母去世了，你却穿着锦绣的衣服，吃着高级的粮食，你如果心安，这是不仁的行为。子孙出生后要过三年才能离开父母的怀抱，当父母去世的时候为他守丧三年，这是一种情感上自然而然的报恩行为。我们可以看到，儒家在讲三年治丧的时候，正是依据你跟父母的关系是如此亲近，所以要服三年的丧。在后人看来，这是一个最不符合人情的礼制，却体现了亲近之情。这就是"礼"的精神之一，就是"亲亲"。

另外出自《仪礼·丧服》的一段话说：

禽兽知母而不知父，野人曰：父母何算焉？都邑之士，则知尊祢矣。大夫及学士，则知尊祖矣。诸侯及其大祖，天子及其始祖之所自出，尊者尊统上，卑者尊统下。

我们人类是怀胎十月，但是动物怀胎没这么久，而且在怀胎和哺乳期间只知道母兽，而不知道其父亲，在人类最初的时候也常常是这样。比如说人类学家一般都会接受母系社会的说法。大家如果到云南丽江还可以看到这种生活方式，就有一点知母不知父的情况。我有个学生特地到丽江去玩，发了一张照片给我，上面有一个中年妇女带了四五个小孩，这几个小孩都是这个女的所生，但是都出自不同的父亲。我这个学生问这个女人，这些小孩知不知道他们的父亲是谁？这个女人说不知道，她说等他们长大以后就会告诉他们各自的父亲是谁。就说明这个母亲在怀孕以及哺乳甚至小孩成长期间，父亲都不在身边，对于这些子女来说，不知道父亲是谁是很正常的。在人类早期普遍经历过这样的时代，子女只知其母，不知其父。

第二句话说的是野人对待父母的态度是什么样的。按照古人的解释，他虽然知道父母，但是父母之间没有等级差别，父母对他而言都是一样的，都是抚养他，使之成长的亲人，这对野人来说知父知母没有很大的意义。不过对"都邑之士"来说，知道遵从父亲，也知道父亲高于母亲。我们现在看到《周礼》里面说为父亲母亲都是服丧三年，但是父亲是服最重的丧，称为第一等的亲属，而母亲是第二等的亲属。为什么父亲的丧比母亲要重？按照古人的解释，父亲是至尊，母亲称为私尊，这两者的区别在哪里？至尊是无所不尊，就是在这个家庭里面哪里都是最为尊贵的，母亲的尊不一样，仅仅是针对子女而言，而对丈夫而言是不尊的。我们从古人的这个规定可以看到，周文化有一个讲究父尊母卑的特点。后来说到大夫、学士、诸侯、天子等等，不同身份的人遵从的对象不同，地位越高的人所遵从的对象也就越多。这里面可以说到古人的神话，那些上古的帝王出生比较怪，有的人拿了一个鸟蛋，回来发现自己怀孕了，有的看到下面有个竹影，脚一踩，回来发现怀孕了。古代帝王的生育叫作感生，对于上古帝王来说，他的母亲是清楚的，但是他的父亲绝对不是法律上的父亲，而是另外一个人，当然一般都认为那是天、龙生出来的。像《史记》里面记载的刘邦的神话，有一天刘邦的父亲刘太公发现自己家里火光冲天，跑到家里一看，发现一条龙趴在他老婆身上，不久以后他老婆就怀孕了。用我们现在的话来说，在生刘邦的过程中，他的父亲完全是一个旁观者，看到他的老婆跟另外一个东西把刘邦生出来了。天子能够遵从自己的始祖，以及最初把他始祖生出来的那个"天"。古代贵族是分等级的，最开始是天子，然后是大夫，然后是士，他所遵从的对象是越到上面遵从的越高。对普通人而言，最高的必然是自己的父亲和母亲。我们可以看到古礼里面体现了"尊尊"的精神，还有些讲男尊女卑、天尊地卑等等。

我看到肖院长快要站起来，我就紧张了，我的演讲马上就要结束了。我原来安排的内容还是比较多的，但是我也知道肯定讲不完，也试着在有限的时间把有限的内容讲得更加好懂和生动一点。如果大家感兴趣，可以找一些古代的礼书来看。

下面还有关于古礼的具体内容，我还是抓紧时间简要说明一下。

古代礼的分类主要有三种说法。一种是五礼：吉、凶、军、宾、嘉，这是郑玄注《周礼》时的说法；一种是六礼：冠、昏、丧、祭、乡、相见，这是《礼记·王制》所说的；还有《大戴礼记·本命》中说到的九礼：冠、婚、朝、聘、丧、祭、宾主、乡饮酒、军旅。我们现在主要开展的是关于《仪礼》《周礼》与《礼记》

等"三礼学"研究。

最后，还有礼的具体内容。包括子事父母、臣事君王、夫妇之间、长幼有序、避嫌之节、朋友之道、居丧之礼、祭祀之义等方面的礼仪方式方法等。大家有兴趣，可以找这些礼学著作多看看。还有一些礼容、仪节等等内容。

今天由于时间关系，我算是给大家抛砖引玉，希望能够引发大家对"礼"的兴趣。谢谢大家。

🎙 会讲环节

主持人：非常感谢曾亦教授的讲座。不好意思，因为时间关系，中间打断了他，下一阶段我们还有会讲。今天讲座的主题是"儒学的宗教维度与古代礼仪"。首先是陈明教授讲述从儒教神学解读《中庸》，刚才曾亦教授讲了有关中国古代礼仪及其变迁。我最早看到今天的会讲题目，以及他们两个的讲座题目的时候，我在想这两个主题怎么放到一起的。虽然看上去比较远，但是仔细一想，这两个主题确实可以归到一类。首先是从文本来说，陈明教授解读的《中庸》，本身也是《礼记》的第三十一篇。此外，宗教和礼仪还有很多内在的联系。我们觉得在礼崩乐坏的时代讲礼，在宗教被恶名化的时代讲宗教，意义还是非常重大的。也许我们一下子还意识不到这种意义，但是我想随着时间的流逝，这种意义会慢慢地显现出来。下一阶段，我们马上进行会讲。刚才曾亦教授说他是邵阳人，陈明教授说他是长沙人。我们知道长沙人很会讲，邵阳人也很会讲，两个会讲的人在一起"会讲"，一定有很多值得期待的内容。我今天的角色是作为一个在长沙的邵阳人，为一个长沙人和一个邵阳人提供发问的机会。我们有请陈明教授和曾亦教授一起上台，请大家鼓掌欢迎。

刚才说到《中庸》，它是《礼记》中的一篇。在宋代以后，《中庸》很受儒者的推崇，尤其是朱熹这一派对《中庸》特别重视，把《中庸》作为理学非常和谐的内容，并且作为"道统观"的很重要文本。朱熹对《中庸》的解释，在中国思想史上留下的影响非常之大，又由于朱熹的思想与科举考试标准相结合，在很大程度上为此后几百年的中国士人所接受，而且接受度非常之高。但是，我们知道这些经典的魅力就在于它们是开放的，能够让不同时代的人从不同角度对它们进行诠释，从而使它们呈现出新的意义。今天陈明教授从儒教的角度，对《中庸》这样的经典文本进行了他自己的解读，我觉得这能给我们很大的启发，能够让我们了解朱熹对《中庸》文本解读之外的另外一层意义。我在这里，想向陈明教授提一个问题，也是代表我们在座的很多同学、嘉宾向陈明教授提的一个问题：你今天对《中庸》文本的采纳与朱熹在宋代对《中庸》的采纳，两者相比而言有什么创新，又对于今天的时代而言这样解读的意义是什么呢？谢谢。

陈明教授：谢谢永明，刚才我讲的时间太短了，我们是同道，我希望把我讲的东西和时代结合起来。我刚才讲完下来才觉得确实讲得太仓促了一点点，但是我觉得在座的朋友，如果对朱子的《中庸章句集注》熟悉的话，可以看到朱子对《中庸》的解读和我的解读有很大的不同。我先说二者观点的不同。

第一，讲"天命之性"的时候：朱子对"天"没什么注解，他主要是在讲"慎独"，而我把"慎独"作为一种宗教的情感或者是心理的活动去把握，就是说意识到"人"这种个体跟"天"即神圣的存在之间的关系的建立，是一种确认，是对"天"的重视，这是对"慎独"的理解。

第二，讲"喜怒哀乐之未发"的时候：朱子把"喜怒哀乐"作为一种情绪的问题，作为"七情"去理解它。我认为"喜怒哀乐"是"性"之发，这个东西很好说，没有问题。从性质简单来说，容易陷入"心性论"里面去，实际上"喜怒哀乐"可以说成"气"。郭店简《性自命出》中说"始者近情，终者近义"，就说明不能执着于"喜怒哀乐"的情感性或情绪性。与朱子等宋儒理解的"情"完全不同，我们可以把"喜怒哀悲"说成"气"，"喜怒哀悲之气，性也，及其见于外，则物取之也。"（郭店简《性自命出》）解为"气"是从"性"的"质料"方面说的，解为"情"则意味着个体性行为的情绪或情感之"已发""未发"之考察。我们觉得"喜怒哀乐"无论是作为"气"还是"情绪"来理解，都会进入一种片面性理解。实际上应该讲"天"赋予你的一种存在，而这个存在不能从"气""情"或者"性"去理解，而应该作为生命本身的活的生命体来理解。它是有能量的，有意志的，它像种子一样，是需要表达出来的，而这个表达是一种可能性，我们要从这个角度去讲。

第三，我们回到《中庸》的篇名，不同的人对此解释不同。郑玄解释篇名："名曰《中庸》，以其记中和之用也。庸，用也。"将"中庸"解为记"中和之用"，显然是以"中"为"中和"。程颐说："不偏之谓中，不易之谓庸。中者，天下之正道；庸者，天下之定理。"朱子作《中庸章句集注》沿用此解，另根据《尔雅》"庸，常也"，将"庸"定义为"平常"。"中庸"的"庸"，用也，不能只是简单地从动词之使用或名词之功用求解，不能简单地理解为"用"。"庸"的字形，上面从庚，有讲"种子"的意思，讲一个变更，也就是说"中庸"有变更的意思。"用"，也不是简单的用处，而指的是施行。如果不是按照郑玄解读来讲，这个"用"实际上并不是把它拿来做什么用，假设"中"是一种生命的可能性。生命是一个过程，它是一种可能性，同时是这种可能性的舒展、展开。"中庸"本身就是一种生命的展开，也是可以说通的。

虽然要转点弯，但是可以的。

第四，还有"致中于和"：在朱子那里解释是说情绪要得体，是说要孝敬父母，为人君、为人臣、为人子，它是一个简单的伦理行为，一个情感的表达。但是，在我这里，"喜怒哀乐"就相当于生命的春、夏、秋、冬一样，它是指你整个的生命过程的呈现，就是说你有春、夏、秋、冬。董仲舒是公羊学家，他是把阴阳的东西跟儒家结合起来，跟儒家的"生命论"结合起来。这种思路在《易传》里面是表现最充分的东西，我们已经讲了"天命之谓性""慎其独也""致中于和""中也者，天下之道者"等，只有把"中"作为生命本身的一种展开，或者作为一种蕴含生命可能性的种子一样的东西，才会说它是"天下之道"者。总之，在朱子那里它是一个规范、准则，我认为实际上应该有一个内在的节制以及外在的适度，不能理解成一定要是怎么样，好像是学校的规章制度一样，不是这样的。

对《中庸》的解读，有些人讲修身，有些人讲齐家，有些人讲治国平天下。我是"不在其位，不谋其政"，不会去讲治国、平天下的。还有"诚者，天之道"，朱子讲"诚"是从"诚实"去讲的，"天道"就是"诚实"而已，这感觉太土了一点。你如果说"诚实"就是"天之道"的话，那小人都成圣人了？如果说"天道"就是这样，圣人就是这样，这种想法不是太扯淡了吗？说实话，这是把儒家说小了。因为朱熹的名气比较大，所有人都跟着他走，就被洗脑了。我们今天说"诚者，天之道也。诚之者，人之道也"的时候，要回到《易传》里面去讲，"天地之大德曰生"（《易传·系辞下》）、"成性存存，道义之门"（《易传·系辞上》）、"乾道变化，各正性命"（《易传·乾·象》）等。我认为《中庸》的"诚"作为天道，其意为"生生"，而世界亦因此呈现为"大化流行"的生命形态，对此的体会和认同作为心理过程乃是知、情、意的综合作用之过程和结果，既需要敬畏的情感，也需要理念的执着，还需要经验感受的激活调动。我认为，从感通、领悟来理解应该更准确合适。

然后再讲人要成己，先要成就自己，有余力再成就别人。说到"成己成物"的话，就是《周易》所讲的"与天地合其德"。我这里面是从天和人、从天道和人道的关系去讲《中庸》，然后又从生生不息讲到创造和完成。当然也包括通过爱来讲天道，来讲性命，来讲这一切。我觉得无论是前面讲的"天命之谓性""致中于和"，或者是后面一节讲的"诚者，天之道"，从现代学术上来说都是神学的理论，是生命的理论，是创造的理论，是关于爱的理论，而朱子原来讲的是关于道统的理论，是关于心性修养的理论，这两方面的差别是很大的。你们自己去体会一下。我就讲这些，谢谢。

主持人：刚才陈明教授讲述，我觉得回答得非常好。我想听到的也是他这么清晰地把他和朱熹的不同进行阐述，然后对朱熹关于《中庸》着重对心性论进行评价。朱熹的心性论解读，确实大家比较熟悉和比较了解，甚至有层层相应的味道。听到陈明兄这样的阐述，一方面觉得他很有创造力，能够自成一说；另一方面我也隐隐觉得，他这种阐述应该是基于一种理论的预设，就是说儒学是儒教，是宗教这样的维度。

陈明教授：我早就发现肖老师是个很好的主持人，我听不出他对我的演讲内容到底是批评还是赞扬，反正我已经被他挑逗起来了，这就是主持的艺术。我觉得我讲的东西，首先是从文本出发，并且我不只是从理论的逻辑出发。如果《中庸》那么重要，你就用一个诚实，就说天道就是诚实，这行吗？咱们中国的核心概念是"天"，最高概念也是"天"。既然讲到"天道"，你说"诚者，天之道"，我刚才说孔子说的到哪里去了？《易传》说的到哪里去了？我当然是有一个预设的。说实话《中庸》按照朱子这样来解读，我是不满意的。因为《中庸》是非常重要的一个文本，按朱子讲它是我们心性修养的一个文本，我觉得这跟它的实际地位不符，就像宝马车不能当作拖拉机来用，我现在就是要把它还原。

主持人：好的，多谢陈教授的回应。因为时间关系，今天的会讲形式我们稍微变动下，我们把互动问答与两位会讲结合起来。在座的各位朋友如果在会讲过程中有什么问题，可以举手提问。好的，我们请这位听众提问。

互动问答

问题 1：陈老师，按照您的解释，请问您对"自诚明，谓之性"这句话的理解是什么？谢谢。

陈明教授："诚"就是天命的创造，"明"是从对天德的体会出发。至诚之圣，与天合德。把自己的生命表达出来，然后才能成己、成我，这样的人就是圣人。就是把你的生命自然而然地表达出来就是成己、成我，这样的人就是天然地与天地合德。"自诚明"就是通过你的行为能够做到，不要通过认知的行动，即知行合一。把握，就是一物本体。

问题 2：如何顺应天命？

陈明教授：你就慢慢地去学，好好地听，修行就行了。

问题 3：陈老师，你好。刚才听你讲儒家思想称为"儒教"，我的理解是基督教和佛教不仅仅是解释了人从哪里来，还要解释人到哪里去。佛教可能是去往天国，基督教是去往西方极乐世界，那请问儒教是去往哪里？

陈明教授：儒教不仅仅是能解释人从哪里来，还会解释人到哪里去。可是我要跟你说，我们的儒教还有一个非常久远的传统，就是关于政治的表达。其实也是最早宗教着重论述的，比如犹太教崇尚的就是一个政治目标，直到基督教的时候才关心起"死"的问题，这是作为宗教发生学的历史来说是这样的。还有一点，所有的宗教也要讲灵魂的归所，儒教和其他宗教的争议就在这里。我们从出土文物看到的，实际上人死了要到天上去，当然不是所有的人死了都到天上去，这不是灵魂的问题。"殡天"这个词就是指到天上去，它是有个归属的。你会提出这样一个问题来，这就牵扯到儒教早期的时候，在《诗经》《尚书》《礼记》里面都可以看到很完整的论述，但是秦始皇建立秦帝国以后"焚书坑儒"，对儒家进行打压，到汉武帝和董仲舒合作，靠"独尊儒术"重新使帝国稳定下来。这个时候儒教跟它本身的政治学意味一样，讲学问的东西比较多，讲理论的东西就比较少了。另外一个是作为宗教，本身也要不断发展，要对付人的这种不断追问，在这个时候，儒教关注人的去处就少了，所以对于这些问题的回答也就弱化了。这种情况下，这个问题由谁来回答呢？汉代就形成了道教，把道家的理论、儒教里面关于灵魂的东西接引过来形成道教。今天的儒教比较弱化的原因就是说它原来的东西是面向市场的，后来它是面向官府的，所以它这条生产线就荒废了。这是从历史学的角度来回答你的问题。

主持人：我想问曾亦老师，对于陈明老师刚才所说的内容，你有什么补充或者不同意的地方？

曾亦教授：如果说我对陈明教授所讲的有什么不同意的地方，好像也是对我自己的老师有不同意的地方。早在一两个月之前，我见到我的硕士和博士导师，复旦大学的谢遐龄教授。他特别看重"诚"，认为要从"诚"这个角度去看待中国人讲的"天道"。我当时就提出了好几点反对的意见，我觉得好像也可以在这里将这些意见用来反对陈明教授的说法。

第一个反对意见，虽然《中庸》里面"诚"这个概念确实很重要，但是真正得到重视还是宋以后的事情，也就是《中庸》被列入"四书"之后。在宋以前，《中庸》这篇文章并不是非常重要，那么宋儒为什么会重视《中庸》呢？其实这跟宋儒对《中庸》的评述有关系。这些评述中不是重点讨论"诚"，除了周敦颐比较看重"诚"以外，其他的儒者论述都跟"诚"没关系，前面陈明也讲到是和"中和"的讨论有关系。关于对《中庸》中"诚"的评述，在《二程集》中有两个文本材料："自性言之为诚，自理言之为道，其实一也。"（《二程集·程氏粹言》卷一）"至诚可以赞天地之化育，则可以与天地参"（《二程集·程氏遗书》卷十一）。从中可以看出"二程"重视"诚"的重要内涵便是"性与天道"，这是在中国思想史上把《中庸》里面的两个核心概念纳入宋儒的学术体系里面，后来讨论这个的问题就比较多了。无论是朱熹，还是我们湖南人知道的宋代湖湘学派，如胡宏及其张栻等弟子们都有很多论述。张栻与朱熹会讲的核心是关于"中和"的讨论，我们看到有所谓"中和新说"和"中和旧说"，还有朱熹与湖南诸公的讨论，还有一大堆材料都是讨论"中和"概念。《中庸》在宋学系统里面能够被列入"四书"里面，真正上升到这么高地位的原因，实际上是从"二程"这里开始注重借助《中庸》来言"性与天道"的问题，和重点谈"诚"是没有关系的。

第二个反对意见，"诚"作为一种价值，在中国儒家所讲的这么多价值里面更多的像是底线伦理。还有一句话，因为"诚"跟"孝"比起来，"诚"的人未必能"孝"，但是"孝"的人一定"诚"，所以"诚"是一种底线的价值。

在此意义上，孝悌、忠信更高，这是我当时对我的老师提出的不同意的地方。

陈明教授：我就帮你的老师辩驳一下，他也是邵阳人，肯定也是湖南人。他还是把"诚"作为一种德目来理解，只是以底线伦理给《中庸》的重要性作为论证，这种解读是我感到遗憾的事情。作为"诚者，天之道"，本身它是跟"天道"合在一起的，把所有的东西说成是"天理"，我觉得这个是不对的。"诚"本身的含义，《中庸》里面讲"诚者，成也"，这里的"诚"能够作"诚实"讲吗？肯定不行，接着还要讲成己、成物。虽然他也是提问，我要跟大家说，成己、成物中的"成"显然是个动词。另外还有一个论述，到宋代以后，《中庸》才变得重要，我承认这种说法，但是这不能以为"诚者，天之道"不重要。《中庸》在讲"诚者，天之道"的时候，本身就应该从它在先秦时候的思想库里面去找"诚"的定义，从它讲天道，从早期《易传》、孔子对于"天道"的论述里面去找诠释"诚"的钥匙，这才是正确的方式。怎么可能说你把它设定为"诚实"，这已经被朱熹带到沟里去了。我只是说回到孔子，回到《易传》，如果你们愿意跟着朱熹走，就跟着朱熹，因为朱熹的路就在那里，我只是给大家多提供一条路。

主持人：不同思路下，对《中庸》的核心内涵呈现方式也不同，我们可以看出其中的很多差别。还有哪位听众想提问？

问题4：我觉得陈明教授是来"踢馆"，但是我是支持陈明的。因为宋明理学是对佛教的回应，新儒家是对现代民主的回应，陈明教授是对基督教的回应。现在基督教也讲三化，我们现在也要进入儒家文明。我理解的《易传》是创世记，《礼记》是用心灵和诚实来祭拜的，对我来讲特别有意义。"天之道""自诚明""诚者，天之道"，"诚明"更多是一种由浅入深的概念，"自诚明"是一种教化，我认为这一观点特别有开创意义。包括儒家讲的"仁"，而基督教讲"敬心敬意"，包括你今天讲"礼"，侍天侍福，人与神之间的关系，就是人祭天。我觉得儒教跟基督教有非常相通的地方，它是一种容易让人堕入的神秘主义。能否请陈教授用儒教回应基督教的一些概念？

主持人：陈明教授的解读又被听众进一步发挥了，很有意思。

陈明教授：我跟你说实话，这个确实是很有意思的事。其他的事情就不说了，这是开放性的。我觉得只是要把朱子在解读《中庸》时遮蔽的东西，让它回到《易传》的脉络里面，以及《礼记》的脉络里面，这是我要做的工作。当然朱子的做法在他的时代有意义，但是现在时代变了，我觉得他的意义已经消耗尽了。我回答你的问题，准确地说应该是与"犹太教"的对比，这是最早的宗教，耶稣新教在保罗以后才发展起来，确确实实如此。我们今天如果有像犹太教一样的宗教，一个族群、民族宗教变为普世宗教，基于个体的宗教信仰，这是一个大问题。也许我们不必预设它一定要变成这个东西，当然这是另外一个问题了。现在犹太教在以色列以及世界其他地方能够活得更好，能够为安身立命、民族认同提供重要的资源，我觉得提供这种资源才是最重要的。我们要为中华民族伟大复兴提供文化资源，在国家的认同、建构上面发挥它的作用。你讲的东西，你有基督教的预设，我没有那个预设。我认为我们学校，我们的岳麓书院，我们的湖大、师大等高校师生确实要多读点这方面的书，因为宗教是纵向的东西，朱子只讲横向的东西，并且天和人的关系是基础性的关系。你说的这个问题，我回答你的是：不必过多去考虑理论上的东西，而应该考虑实际上功能性的东西。

问题5： 我刚才听到儒教后面有一部分是转向了道教的发展，我们是不是可以认为道教的源头就是我们的儒教？还有所谓的新的儒教，我们是不是可以认为，这并不是新的儒教，它就是中国人生生不息的灵魂归属呢？谢谢。

陈明教授： 怎么能说道教来源儒教呢？道教讲"道生一，一生二，二生三，三生万物"（《道德经》），这是非常有高度的理论。实际上"道"和"太极"有很大的同构性，这是儒、道两家的基本理论，共同孕育、生长于我们早期华夏先民的社会经验、土壤中，这是共享的理论。道教讲"归根复命"，这种思想是一种很冷的东西，实际上它讲"天地之大德曰生"。我们讲"慈爱"的"慈"，字面意义上来说，上面是表示草根，草从土地里面长出来，就是说"天"的雨露阳光，"神"是引出万物者。儒教是一个很温暖的东西，而道教是讲天地不能以万物为主导，它是没有爱心的，是一个很冷的东西。道教又有一种理论，讲人来自"道生一""三生万物"，它讲"归根复命"，也讲回到根本去，但是它讲的是一个肉身的问题。道教本身存在把早期的灵魂、生死的问题变为可能，这是从道家出发，是对于道家、儒家等学说理论收编后的一个产物。

你的问题是不要搞儒教，搞道教就行了，这是不对的。从魏晋南北朝开始，儒、释、道三教形成了很好的系统，对你从哪里来这种问题寻求解决，你到哪里去的问题的解决，还有你是谁的问题也有一个解决。他们共同为我们这个土地上的人提供服务。今天我们为什么讲儒教？因为儒教本身是这样的系统，按朱子说是伦理学，按牟宗三说是天人之学。其实跟天人之学最接近的是宗教，也许我今天说的这套，你们不完全能够接受，甚至理论本身也不完全周全，但是可以肯定，比把儒学说成完全是哲学和伦理学的理论要好很多很多。

主持人：谢谢陈明兄的解读，我看曾亦教授在旁边默默坐了很久。我想请曾亦教授再发表他的高见，虽然他没有把他的PPT讲完，但我们可以从中大概了解到他讲的内容。在他进行讲座的时候，我也在想一个问题。我在这里先提出我的问题，再引出曾亦教授对此的高见。我们常常说因时而变，你要随时间、具体的情况瞬易变化。在中国古代经典中的具体条文、具体规范，一定也是要不断地变化，才能适应时代的发展，但是"礼"是亘古不变的原则，一般认为礼仪是不会变化的。在时代变化与遵守礼仪的冲突过程中，我刚才听曾教授讲，周代的"尊尊"原则到孔子时代是用"亲亲"原则进行修正、补充的。"亲亲"和"尊尊"的原则，在我们中国古代的礼仪里面是基本的原则。我就想问面临时代变化，怎么样才能有一套适合我们现代社会生活的礼制呢？也就是现代礼仪建构的问题。如果古代礼仪需要修订，那我们的修订原则究竟是什么？古代所说的"亲亲""尊尊"的原则，我们是保留到今天作为基本原则不动，还是在修订的基础上对它的内涵进行一个扩充、补充或调整呢？这些问题我很想请教曾亦教授，谢谢。

曾亦教授：永明教授提的这些问题，我的第一个感受是头大了，因为这里面的问题太多了，我一下都不知道从哪里讲起。我之前想要讲的内容，比我今天给大家讲的内容实际上少了很多。刚才永明教授讲的这些问题是把我想要讲但又没讲的东西引出来了。那我借这个机会，再来补充一些内容。

"礼"的精神，我认为最主要的是"尊尊"跟"亲亲"。为什么这样说呢？对孔子来说，他生活在所谓"礼崩乐坏"的时代，崩坏的就是周礼。那周礼为什么崩坏呢？古人的解释主要有两种：一个是说一种制度再怎么好，用久了都会出毛病，需要更换制度办法，这是一种解释；还有一种解释是，好的东西永远是好的。周礼崩坏，这是因为子孙不孝，不能够谨守当初圣人所制定的那套"礼"，所以需要后期的圣人重新回到先圣的那套礼仪。也就是说重新制定一套东西，或者恢复以前的那套东西，这是两套不同的东西。对孔子来说，他认为周代的"礼"很完备，但是后来却崩坏了。究其原因，如果从公羊学家的角度来分析，孔子认为这是因为周代的"礼"中讲"尊尊"太多了。到春秋的时候，可以说当时的社会结构实际上已经发生了根本性的变化，也就是当时封建制度被破坏了。以前我们认为秦汉以后的两千多年的社会才能视为封建社会，按照古人的解释，严格意义上讲的"封建"实际上是秦汉以前的社会，尤其是西周时候的那套"分邦建国"的制度才称为"封建"。史学家跟儒家对"封建社会"划分的理解不一样。

当时封建制度被破坏了，导致的后果是对宗族的破坏。

从社会学的角度来看，我们现在的家庭实际上是"核心家庭"。什么是核心家庭？就是以父子两代建立的家庭。其实现在讲的核心家庭跟古代讲的不一样，现在是以夫妻为轴心，夫妻关系是最核心、轴心的关系，但在古代是以父子为轴心的。所以在古代，父亲如果死了，留下来的财产应该给自己的子女，主要遗产是给自己的儿子，部分财产通过嫁妆给女儿，但妻子在里面可以说从头到尾似乎都没有融入那个家庭，你带着自己的嫁妆到夫家来，离婚后你又带着自己的嫁妆离开了。有一句歌词就说明了这种现象，我不是文学家，记不住，意思是说妻子好像一片云一样，说明妻子并不占地位。现在不一样，关系到切身利益的实际上就是夫妻关系，很多夫妻问题都是由财产引起的。这点关键在于现在的轴心是夫妻，在法律上的财产分割跟传统方式是不同的，尤其是我们提出了共同财产的概念，也就是夫妻俩结婚以后，财产既归丈夫，也归妻子，或者是劳动所得的财产共有，如果夫妻离婚，各得一半财产。这跟古代社会不一样，在古代妻子只保留嫁妆。即便是一个很小的家庭，古今都有很大的变化。

如果我们把目光放在春秋那样"礼崩乐坏"的时代的话，那时宗族就是个大家庭。宗族的构成分为两种：一种是大宗，凡事从他的祖宗开始，世世代代生活在这片土地上的人称为大宗；一种是小宗，凡是跟高祖开始生活的那一类群体称为小宗。无论是大宗还是小宗，相对家庭来说是一个更大的血缘群体，而我们说核心家庭只有两代，相对于封建时代的血缘群体要小得多。我们有些同学或者有些朋友生活的家庭可能比较大，人比较多，但是你们会发现，越是大家庭，需要守的规矩越多，条条框框越多，尤其是逢年过节的时候，那一套尊卑上下的等级特别强烈。而小家庭，尤其只有夫妻两口，加上一个孩子，就会只讲"亲亲"，不讲"尊尊"了。

"尊尊""亲亲"的原则怎么来的？周人的社会结构是以宗族为基本单位，而宗族只有靠"尊尊"的原则才能够有效处理宗族内部的关系，所以要讲"尊尊"，以"尊尊"为主。但是对小家庭来说，"尊尊"并不是主要的，它只要靠"亲亲"的原则就足以处理家庭内部的关系。孔子生活在那样的一个时代，面临着宗族的崩溃，而家庭或者小家庭逐渐成为社会的基本单位，家庭中的原则，也就是"亲亲"的原则开始成为主导性原则。

我们可以看到周代"礼"里面有大量的说法，"亲亲"的原则常常受到"尊尊"原则的压抑，可是到春秋时发生了变化。对现代人来说，我们跟父亲的感觉，与我们跟母亲的感觉应该是一样的，因为在血缘上实际是一样的，不过我们从感情上，可能会觉得母亲更加亲一些，这是我们现代人的感受。对于古人来说，会认为子女跟父亲的关系是本源的，而跟母亲的关系是派生出来的，也就是跟父亲的关系是天生的，跟母亲的关系是后天生出来的。"亲亲"能够成为主导的原则，这跟当时社会的发展有关系。当父亲还活着的时候，你对母亲的感情要受到压抑，不能尽情表达对母亲的感受，当母亲去世、父亲还活着的时候，你对母亲服丧只有一年。过了一年以后，父亲已经不再表达对母亲的哀痛了，你怎么能超过父亲呢？即使明明你有对母亲的哀痛之情，也要克制，这是一个非常典型的礼仪上的说法。也就是说虽然子女对母亲的感情甚至更加自然、更加本源，但是在古代，这样的一种亲情要受到"尊尊"原则的压抑。可是到春秋中晚期以后，压抑"亲亲"原则的"尊尊"原则大大削弱，也正因此，孔子才把"亲亲"的原则抬得更高。我们后来讲的"孝"，实际上是从"尊尊""亲亲"的原则上脱胎出来的。里面的"尊尊"原则并不是没有，只是说远没有西周时期那样重要。实际上是把周礼里面强烈讲究尊卑的东西削弱了，而把更加能够体现人与人之间的"亲亲"情感提升了。

我觉得对于儒家来说，儒学是讲究要与时俱进的。孟子说孔子是"圣人之时者也"（《孟子·万章下》），意思就是说圣人之中识时务的人，能够适应时代的发展。有种观点认为孔子是落魄贵族的代言人，说他想回到周礼，代表的是即将被打倒的奴隶主、贵族的利益。实际上孔子是对周礼有所改造、有所损益的，有与时俱进的地方。因此到晚清的时候，康有为站出来宣扬孔子学说，他也是想要改造过去两千多年的旧制度。他怎么改造呢？就是借鉴西方的一些观念和制度，对中国固有的制度进行改造。康有为特别撰写出《孔子改制考》，他要效仿当年孔子改制的精神，把中国古老的"礼"跟西方的"礼"进行折中，从而建立一套新的制度。当时有人控诉康有为，就说他以及他的门人大逆不道，主要还不是说他"维新"，而是说他想凌驾于孔子之上。康有为的号是"长素"，这里的"素"自然指的是"素王"孔子，"长素"就是指他要长于孔子了，想要超越孔子。不仅如此，根据《革命逸史》记载，康有为还给他门下的"康门五哲"各取了一个外号，其中有个人叫作"超回"（指的是陈子秋）；还有一个叫"轶赐"（指的是梁启超），端木赐就是子贡；有个人叫"驾孟"（指的是麦孟华）。也就是康老师比孔子强，老师门下的这些弟子也要强于孔子的弟子。康有为效法孔子进行改制，从而制定出一些折中的制度。我就讲这么多。

问题6：按照曾老师讲的路线，可能会走向中国文化的糟粕。我想说的是如果按照"尊尊""亲亲"这条路线走下去的话，也就是强调儒家文明这种亲疏远近、血缘关系，按照五伦之外理解人与人关系的话，那么在"尊尊""亲亲"之外，怎么了解陌生人社会，以及现代与民主之间的关系呢？

曾亦教授：很显然你很推崇邓晓芒，他是批评儒家的，但是儒家群体中认可邓晓芒观点的极少极少。你刚才的说法也有道理，晚清的谭嗣同也有过类似的说法。他说儒家的"五伦"中有"四伦"是可以去掉的，唯独保留朋友一伦，或者是说朋友关系，这样就可以处理你讲的我们与陌生人之间的关系了，但是在自由派看来，这个做法还不够。自由派讲得比较多的是"公民社会"，实际上是把人与人的关系当作陌生人处理，但是你有时候可以把他们看作陌生人，比如我跟一般的朋友，或者跟一般的熟人，但是你能够把你的父母、兄弟、妻子当作陌生人吗？这个永远不可能。每一个人生下来都有父子、兄弟关系，这种亲密关系在我们这个时代还是能够继续生长的。

陈明教授：我曾经两次遇到这样的问题，他提的这个问题并不是想否定父母的关系，他的意思是怎么理解跟陌生人的关系，而邓晓芒讲的陌生人关系实际上是讲爱有等差，到了陌生人那里就没有了。儒家会讲这个事情，以血缘来讲有这样一种局限性。我想跟你讲的是，儒家本身有超越性，表现有两点：刚才曾亦讲到，孔子为什么要把"亲亲"放在"尊尊"之上，因为"亲亲"本身比"尊尊"更重要，实际上"尊尊"本身是"亲亲"衍生出来的。"亲亲"是为了更好地运作，更好地安顿生灵，它是技术性安排，而人是抽象的。儒家讲仁的时候，讲仁者所爱以及所不爱。人虽然是来自你刚才说的恻隐之心、来自亲近，但是它本身又是来自天道，分享雨露，而"天"本身是有超越性的。不要担心这个问题，在经验的层面来说，你爱亲人超过爱你的邻居，这是可以理解的，爱是有差别的。基督教本身也没有做到，实际上也没有谁能做到。你刚才说儒家本身暗含着这个逻辑，哪怕儒家有所不爱，这种不爱也不是讨厌，而只是居于亲情之后的一种爱，这类爱就是前面讲的陌生人社会。他说的好像是做减法一样，它这是平面的逻辑、机械的推理，这个本身的理解就有问题。

问题 7：我想接着他刚才的问题问，儒家礼仪文化跟我们现在的法律是什么关系？第二个问题主要是针对陈明教授提出来的，他主要是针对理学这一派，当时很多反对这一派的学派，像阳明心学等。请问您怎么看心学这派的观点？还有您提到牟宗三后来讲哲学，他是不是发展到了极端，跟他相对应的还有冯友兰，您怎么看他们的哲学系统？谢谢。

曾亦教授：我先回答你问我的那个礼法的问题。我们现在是把"礼"跟"法"分开，各自管自己的领域，但是在古代不一样。古代是"以礼入法"，也就是古人制定法律时，依据"礼"的原则进行制定，所以古人有一句话，凡是不符合"礼"的，一定要受到刑狱的制裁。现在不一样，你打骂父母，我们认为不合理，要受到道德、舆论的谴责，但是法律没有相关的条文说你打骂父母会怎么样。在古代这种行为是什么罪责？骂父母是绞刑，打父母是掌刑，可是我们现在的礼法是分离的。

陈明教授：应该怎么看阳明心学？实际上你把这个事情搞大了，很简单，王阳明他们有他们的一套理论反对朱熹的说法，但和我这个说法没有关系。我还想多说两句，现在阳明心学比较热，很多人都去学这个东西。心学虽然有它的作用，但是我在这里要说一句朱子的好话，理学还是有它的独到之处。朱子讲过"事皆天理"，事是天理，这是他自己非常看重的东西，后面又说"本心之德复全于我"(《论语章句集注颜渊第十二》)，这时候他又忘记自己的理本论了。阳明心学的那一套理论，实际上就像一个杠杆一样，它是一剂猛药，是一种催化剂，用得好就好，用得不好就会走火入魔。至于你说到牟宗三的理论，他在面对西方理论冲击的时候，要给古代理论的系统做一个知识的梳理，他的本心是要给中国的文化提供一个合法性的证明。他的工作是有意义的，但是文化的合法性，不可能通过另一个文明去跟它求同或者得到它的证明。一种文化的合法性，只能够通过它所属的社会、民族和功能承担得到证明。他那个工作是一个阶段性的工作，后来就做得更差了，不用说它了。

问题 8：那请问儒教跟基督教的关系是平行还是怎么样的？

陈明教授：既然是宗教，每个宗教的信徒都认为我的层次最大，伊斯兰教认为它的层次是最大的，连萨满教都认为它的教是最大的，这个问题是没有意义的。

问题 9：我个人的一个感受，我是学外语的，我们有时候会去了解基督教和儒教，我感觉当基督教徒受到困扰或者遇到无法解释的问题的时候，他们会托付给上帝，但是我们中国人觉得压抑，或者无法解释一些东西的时候，不知道向谁依托，向谁求助。请问如何从儒教的角度去解释这种现象呢？谢谢。

陈明教授：这个问题很有意思，我可以回答你这个问题。我刚才说了儒教在董仲舒以后贴合政治，有向国民宗教或者是政治性宗教的转变，它在一定意义上就像犹太教一样，更关心整个族群的命运。我们假设汉朝时儒教没有发展起来，而是党锢之祸之后儒生受到打压，迫使他们到民间求生存的话，儒教肯定会得到系统化发展，但是实际上没有发生过。我们讲儒教是敬天、法祖、崇圣，过去讲敬天、法祖就是效法先祖，崇圣就是尊崇孔圣，像中国福建、台湾等地方还有庙供，还会做这样的一些事情。儒教跟基督教不一样，儒教是依托于天，基督教更多是祷告，佛教是讲机缘等东西。我觉得儒教在今天要发展，肯定是要建立自己的社会组织，同时要能够以有效的方式提供给个体，如解决关于生命到哪里去的问题。这是一项工作，这项工作说难也难，说不难也不难。如果我们的制度、政策法规调整的时候，能够考虑给儒教一种身份，比如用注册制去激活它，我觉得儒教这套理论很快就可以恢复起来，是完全可以做起来的，我觉得不用着急。你提的这个问题跟他们提的问题不一样，我知道你是暗含期待的。我也关心这样的东西，因为我这个人的神性比较差，但是我觉得有"卡里斯马"（charisma）式的人物是很好的，我们可以去倾听内心的东西。也许大家都在等待的东西，它会出现，这个不用着急。

主持人：刚才陈明教授这一番话，我想作为今天讲座的结尾非常好。今天下午3个小时不知不觉地过去了，这是一个非常有意义的下午。我们聆听了两位教授的高论，他们治学路径有差异，观点也不完全相同，个性也有差别。我们领略到了他们各自不同的演讲风采，确实是一件非常荣幸的事情。他们也是我们所说的"大陆新儒家"的两位很重要的代表人物。同时在这里，我们也看到台上、台下和嘉宾之间有很多的互动、交流以及交锋。希望我们能够通过各种各样的讲座，营造一种学术交流、学术思想交锋的氛围，从而为岳麓书院的发展，也为我们时下学术的发展、儒学的发展贡献自己的一份力量。我们再次感谢两位嘉宾的精彩演讲，也感谢各位老师、同学的参与，接下来岳麓书院还有一系列的讲座，请大家继续关注岳麓书院讲坛，谢谢。

家风·家训：《颜氏家训》
与《曾国藩家书》

时间
2016 年 11 月 27 日

地点
湖南大学岳麓书院内中国书院博物馆报告厅

主持
朱汉民（湖南大学岳麓书院国学院院长、教授）

主题一
颜之推论教子

主题二
做读书明理之君子——曾国藩的教子之道

主讲
唐翼明　唐浩明

唐翼明，华中师范大学国学院院长，魏晋文史专家、书法家。曾任台湾政治大学教授，是赴台讲授大陆文学的第一人。1978 年考入武汉大学中文系成为研究生，1980 年毕业，成为新中国的第一位硕士学位获得者。随即赴美留学，于 1981 年进入美国哥伦比亚大学东亚语言文化系，师从著名华人学者夏志清先生，先后获得硕士学位、博士学位。学术专长为魏晋文学与魏晋思潮。著作有《魏晋清谈》《魏晋文学与玄学》《唐翼明解读〈颜氏家训〉》《魏晋风流》《论语新铨》等。

唐浩明，著名作家，湖南省作家协会名誉主席。

本科毕业于华东水利学院（河海大学前身），硕士毕业于华中师范大学，任职于岳麓书社至今；第十届全国政协委员、中国作家协会第六、七届全委会委员。获国家有突出贡献的中青年专家，中国出版政府奖·优秀人物奖等荣誉称号；获第一届、第二届姚雪垠长篇历史小说奖、国家图书奖、中宣部"五个一工程"奖等奖项。著有长篇历史小说《曾国藩》《彭玉麟》《杨度》《张之洞》等，整理出版《曾国藩全集》；《杨度》获国家图书奖，《张之洞》获中宣部第九届"五个一工程"入选作品奖，《曾国藩》被香港《亚洲周刊》评为20世纪中文小说百强。

　　主持人：尊敬的各位嘉宾、各位同道、各位朋友，尊敬的欧阳主席，大家上午好！今天尽管外面非常寒冷，但是在岳麓书院，我们这样一个学术报告厅里面却是热情洋溢。我对大家热情来参与这次岳麓书院讲坛，表示衷心的感谢！报告厅空间有限，只能容纳170多人，刚才工作人员告诉我，事实上今天来的听众有300多人，大家看走道上、地板上都坐满了听众，在此表示非常抱歉，好在我们即将有这样一场精彩的演讲，大家会感到非常值。

　　今天我们举办的这场岳麓书院讲坛，对岳麓书院来说，是一个非常有意义的事情，因为我们是以一种会讲的形式来举办讲座。岳麓书院讲坛有几种讲法，有一位学者的独立主讲，也有两位及以上学者的会讲，会讲其实是继承当年"朱张会讲"精神的。我们岳麓书院以前也举办过几场会讲，今天的会讲尤其有特点的就是唐翼明、唐浩明两兄弟的会讲，这不光是在我主持的几场岳麓书院讲坛中，大概在一千多年岳麓书院的历史上，估计也是第一次邀请两兄弟前来书院会讲。我在这里先代表主办方湖南大学岳麓书院、凤凰卫视、凤凰网，以及承办方岳麓书院国学研究与传播中心、凤凰网湖南频道、国学频道，以及凤凰鸣麓公司对两位唐先生莅临会讲，对大家的光临，表示衷心的感谢。

　　大家知道在中国的传统社会里，无论是朝野还是书香门第，往往都有一种特殊的尊重，一种精神理念，也就是我最近在几个场合都特别强调的"士大夫精神"。这种"士大夫精神"是靠家庭培养、靠社会教育出来的，不是天生的，特别是家庭的教育是非常重要的。传统中国，一个正派家族的风气与教养，往往会内化为家族每个成员的品行与气质，沉淀为代代流淌的文化基因。为保持优良的家风传承，家庭教育可谓是中国传统教育中不可或缺的重要部分，其中的"教子"观念于今仍有借鉴和参考的意义。唐氏兄弟能够共同到岳麓书院会讲，我想确实是跟他们的家庭教育，和他们的父亲唐振楚先生密切相关，还有和他们的母亲有关，他们的母亲是我们衡阳省立第三师范的学生。他们两兄弟出生在这样一个书香门第的家庭，他们两个人又同时从事中国传统文化研究，而且在家教、家训这个方面尤其有研究。这次会讲预告一经发布出去，就有这么多的人热烈响应，希望来听讲，我想是有其特殊原因的。

在正式开讲之前，尽管大家已经知道了（他们的情况），对他们都很熟悉，我还是简要介绍下他们两位。唐翼明先生，现在是华中师范大学国学院院长，从事的是魏晋文史方面的研究，也是一位著名书法家，曾经担任过台湾政治大学教授。1978年武汉大学研究生毕业后赴美留学，在美国哥伦比亚大学东亚系从事魏晋文学和魏晋历史等方面的研究。唐浩明先生，大家可能对他更熟悉些，他长期在湖南岳麓书社工作，现在是湖南作家协会名誉主席。他本人华中师范大学毕业，曾经担任过中国作家协会第六届、第七届委员会委员，获得了各种各样的奖项。他的代表性著作是长篇历史小说《曾国藩》等，整理出版了《曾国藩全集》等书籍，是一位很有影响力的作家。

我跟他们俩都很有渊源。唐浩明先生曾经推荐哥哥唐翼明先生来岳麓书院访学，唐翼明先生当时把我们岳麓书院和岳麓书社当成一个单位。唐翼明先生是研究魏晋玄学的，他的著作是我案头上必读的书，我对他十分敬仰。唐浩明先生就更不用说，我们两个的单位只差一个字，再加上都是做学术研究的，在岳麓书院及其他场合多次交流过。我在这里再把岳麓书院讲坛做一番简要介绍：岳麓书院讲坛是秉承岳麓书院"朱张会讲"精神，致力于打造立足湖南、影响全国、辐射海外的高端文化品牌，由湖南大学岳麓书院、凤凰网一起合作打造的公益性讲座。我们的宗旨是要"传中华文明，耀智慧之光"，就是以讲坛的方式，继承"朱张会讲"的传统，经常策划一些特别专题，开展线上、线下相结合的讲学活动，以彰显中华民族在新时期的文化自信，重建"斯文中国"。

今年正好是岳麓书院创建1040周年暨湖南大学定名90周年的特殊纪念年份，我们岳麓书院策划及举办了一系列活动，举办系列岳麓书院讲坛是其中之一。同时在这里还要特别强调下，岳麓书院讲坛有个独特的形式，就是和凤凰网合作举办讲学活动，打造"互联网＋国学"传播模式，线上和线下相结合推广国学。刚才唐翼明老师还表扬了我们，他说通过网络传播讲座是件非常好的事情。大家看虽然今天现场只坐了300多人，但是网络同步听讲座的听众有几十万人，应该说我们这样一个讲坛，对国学的传播还是做出了应有的积极贡献。今天的这场讲坛是岳麓书院和凤凰网合作主办的，凤凰网湖南站、凤凰鸣麓公司作为承办方。凤凰湖南曾雪封站长作为曾国藩曾氏的后裔，对两位唐老师十分敬仰，他要说两句敬仰的话。让我们掌声有请曾总上台致辞。

凤凰网湖南站站长曾雪封：尊敬的欧阳斌主席、唐翼明先生、唐浩明先生，以及各位听众朋友们，大家上午好，我是凤凰湖南的站长。岳麓书院讲坛是岳麓书院和凤凰网合作的公益讲学活动，凤凰湖南作为今天这场讲坛的承办单位之一，我感到非常高兴。我今天的心情也特别激动，一是因为是两位唐先生联袂演讲，这是一次非常难得的学习机会。二是我姓曾，是曾国藩家族的后裔。唐浩明先生当着我的面说过：小曾，我是帮你们老曾家打了半辈子工。我一直记得这句话，所以今天特别申请，希望能代表凤凰网、凤凰网湖南站、我个人以及我父亲还有我儿子表达感谢。我们家三代都是两位唐先生的忠实粉丝，在此对两位唐先生表示深深的敬意，也感谢大家的光临，谢谢大家！

主持人：好的，我们今天的会讲正式开始。首先请唐翼明、唐浩明先生分别讲述自己的主要观点，再请两位唐先生和我一起会讲，大家有什么问题也可以一起交流和讨论。今天唐翼明先生的演讲题目是《颜之推论教子》，让我们以热烈的掌声欢迎唐先生开讲。

主题一：颜之推论教子

唐翼明教授：尊敬的朱院长，各位来宾，还有各位年轻的朋友，大家上午好！今天看到这么多人参加讲座，我觉得湖南的学风还是不错的，真的是"惟楚有材，于斯为盛"。湖南人在中国近现代史上起了很大的作用，今后仍然"任重道远"，要发挥更多更大的作用。

今天的会讲是谈家训家风的问题，我讲的是颜氏家训家风，我弟弟等下要讲曾氏家训家风。颜、曾两个家族之间有关系吗？有非常大的关系。大家知道颜氏是颜回的后代，而颜回是孔子最优秀的弟子；曾氏就是曾参的后代，而曾参是孔门当中传承孔子学问最得力的一个弟子。孔、孟、颜、曾在儒门中地位是最高的，旧时孔称"至圣"，孟称"亚圣"，颜称"复圣"，曾称"宗圣"，还有一个孔子的孙子子思称"述圣"。儒门中称圣的就这五个人，属于四个家族。这四个家族关系密切，谱系相通，传承了两千多年的历史，代代有名字可考，而且得到了全中国人的尊敬。今天我们谈家风家训的问题，将颜氏和曾氏并列作为讲述对象，这太对了，也太有意义了。谈家训首先谈颜、曾，我觉得这确实具有典范性的意义。

中华民族跟世界其他民族在文化层面上有一个重要的区别。我们今天可以看到世界大多数文明国家基本上还是有宗教崇拜的，也就是一种"神灵崇拜"的模式，比如说基督教里面崇拜耶稣，伊斯兰教里面崇拜穆罕默德等等，而中华文明在2500多年以前，就已经开始逐渐摆脱"神灵崇拜"。大概从周朝以后，特别是秦汉以后，中国文化就不再是"神灵崇拜"，而是"圣贤崇拜"。从人文的角度看，这或许是一个进步，但到底是不是进步，对于这个问题学界还有很多争论。在由"神灵崇拜"转为"圣贤崇拜"的过程中，孔子是一个关键性的人物。

中国近代相对于西方来说是落后了，中国传统文化的高峰是唐宋，大概从元朝以后，中国基本上都在走下坡路。而西方在同一时期却一直在走上坡路，于是我们跟西方的差距就越拉越大。清末民国初，中国人在屡遭列强侵略之后，深自检讨，决定要向西方学习。近一百多年来，中国实际上都是处在西化的浪潮之中。

在这个西化的浪潮中，不少中国人对自己传统文化失去了信心，认为中国文化处处不如西方文化，对此我从来不以为然。虽然我自己在美国留学了十年，看到美国的许多好处，我也读了许多西方圣贤的书，觉得他们也讲得很不错，但是我并不认为他们就比孔子高明。我终身崇拜的只有孔子，没有第二个人。你要问我是什么信徒，我很明确地告诉你，我是孔子的信徒。

我觉得我们今天的中国想要复兴，首先要复兴的就是文化。决定一个民族兴衰存亡的因素，最重要的是文化，而不是经济和军事。大家都知道汉朝的时候，我们北方有匈奴、突厥，魏晋南北朝时候有匈奴、鲜卑、羯、氐、羌，唐朝的皇室就有鲜卑血统，李世民的妈妈和老婆都是鲜卑人。这些少数民族的军事实力都很厉害。可是我想问一下大家，这些强大的匈奴、突厥、鲜卑现在到哪里去了，历史上那些兵强马壮的马背民族如今安在哉？他们一部分迁徙到西方，一部分则融入中华民族这个民族和文化共同体中了。可见文化才是决定一个民族存亡的根本，唯有文化能令一个民族长存。我们今天谈中国复兴，要实现中国梦，我觉得首要目标就是要复兴中国文化。我刚才讲，一百多年来，中国人都在学西方，这有它的必然性，也有它的必要性，但是如果我们老是跟在西方人的屁股后面跑，而把我们自己的文化忘记了，我想中华民族就没有办法复兴。

中国的传统文化，尤其是落实到政教层面、文化伦理层面，其中核心的理念还是儒家思想，这个不需要辩论，而儒家思想的核心就是孔孟思想。五四以来很长一段时间里，我们一直在批儒家思想，现在看起来不能这样，这是挖自己的祖坟，这是挖自己的根。中华民族的文明已经存在了五千年，这是世界上没有一种文明可以比拟的。这棵大树已经生成了五千年，无数的根系已经伸到社会、伸到家庭，伸到我们每一个人的根子里。如何可能拔去？为什么要拔去？这些问题都应该值得好好思考。在文化上，别人家有好的东西，我们可以借鉴，但是只能嫁接，不能简单移栽，不管是美国还是其他国家来的都不可以简单移栽，嫁接过来是可以的。

我们要复兴我们中国的传统文化，我觉得非常非常重要的一点，就是要从家庭做起。普及和培养文化应该要从家庭教育做起，因为家庭是社会的细胞，是我们每个人成长的摇篮，每个人的性格基本是在家庭中养成的。民间有句俗话：三岁看八十。最能决定一个人性格养成的关键年份可能就是3岁以前、5岁以前或7岁以前。你受的什么样的教育，你受的什么文化熏陶，这些都对一个人的发展具有重要影响。遗传对一个人的发展至关重要，这不是迷信，但我们无法改变遗传，所以我们暂且不谈。我这里要强调的是家庭教育这个环节，家庭教育，尤其是儿童和少年时代，一个人在家里所受的教育，对他一生的发展都非常重要。家庭教育传统上就称之为"家训"。

在当代提倡家训的学者中，我说一句不太谦虚的话，我们两兄弟可能是讲得最早的。浩明很早以前就一再推荐大家看曾国藩的家书，我是2008年从台湾回到大陆后就发表了好多文章，呼吁继承家训传统。2011年我就在央视讲过"颜氏家训"，上海有个出版社知道我在央视讲学，他们就跑来跟我说：唐先生，能不能把你的讲稿出版出来？后来这本书于2012 年出版，书名叫《唐翼明解读〈颜氏家训〉》。我在这本书中讲到《颜氏家训》是一部很了不起的书，它是中国百代家训之祖，是中国最早出现的，又最为系统、最为详尽的一本家训，至今也没有第二本。我们中国流传下来很多家训，如《朱子家训》《了凡四训》等等。《颜氏家训》之前也有过一些简单的文本，像已经失传的《太公家教》等，但是迄今为止最系统的、最早的家训文本还是《颜氏家训》。写这个《颜氏家训》的人是颜之推，他是魏晋南北朝时期的人，后面我们还会详细来介绍这个人，我们先来谈谈当时的时代背景。

魏晋南北朝是中国士族阶层形成的时代。在中国历史上出现士族阶层，是一件极其重要的事情。从汉末魏晋最早的少数大士族，到唐宋变成的许多中小士族，再到明清遍布全国的"耕读之家"。中国的士族实际上一直是社会的中坚力量，社会各方面的管理人才都是这个阶层里面出来的，就好像水泥墙中的钢筋一样，他们是支撑传统社会的基本力量。直到晚清近代参与现代社会变革的先进人物，也都是从这样的家庭里面出来的，共产党里面像周恩来就是典型的士族子弟。我自己的父亲和母亲也出身于这个阶层。我的大舅王祺曾经跟孙中山他们一起筹建同盟会、创建国民党，他后来是孙中山的秘书。我的父亲也是这样的，刚才朱院长讲过他的经历。这一批先进分子也都是从这样的家庭教育中走出来的。

魏晋南北朝的时候，大家族的势力很大，那个时候社会的经济、文化、政治基本上都掌握在百来家士族手上，这些士族对如何维持自己的门风，如何教育自己的子弟，以及如何管理好大家族等问题，都在积极寻求解决之道。当时的大家族可以达到几千人，倒不是有这么多亲戚，真正的亲戚大概那么十几个、几十个人，而是加上大量的仆人、佃客，有很多农民也会自动加到这些家族里面，因为可以免税，这样的家族有的规模可以到几千人。如何管理这样庞大的家族是一门大学问，所以颜之推就写了这本书，用来告诫自己的子孙应该怎么做事，如何做人，如何处理跟朋友、社会的关系，如何读书，如何治学，等等。

我们再来介绍下颜之推。这个人很有意思，他生于公元531年，当时是南朝的梁朝，出生地是现在的湖北荆州。那时北魏已经分成西魏、东魏，而且西魏的军队已经在攻打梁朝，还把颜之推等一大堆梁朝的官员都俘虏到西魏去了。后来颜之推想取道北齐去江南，到北齐之后发现去不了江南，只好留在北齐。北齐看到他是大家族出身，学问还这么好，就留他在北齐做官，任黄门侍郎。黄门侍郎没有多少实权，但是个高官，他做了20年。北齐后来被北周灭掉了，他又进入北周当官，北周后来又被隋代替了，他又入了隋。他一辈子从梁、西魏、北齐、北周再到隋，一共经历了四五个朝代，人生阅历非常丰富，他的思考都写进了《颜氏家训》里。《颜氏家训》这本书，我劝朋友们一定要读。

《颜氏家训》一共二十章，首章是序言论，末章是遗嘱，中间十八章讲了许多他的人生经验。限于时间，我不可能跟大家详细介绍《颜氏家训》的内容，我今天只想简单讲讲《颜氏家训》的《教子》篇，以期引起大家阅读这本书的兴趣。

凡人都很关心子女的教育，可怜天下父母心，没有哪个父母不希望自己的孩子好，大家都望子成龙、望女成凤，但是什么是龙、什么是凤，人们的看法就不一样了。一种人眼中的龙凤是当官，另外一些人眼中的龙凤则是发财。但是我想说一句，这都不是龙凤，官就是官，不是什么龙凤；有钱人就是有钱人，有钱人更不是什么龙凤。人中龙凤是顶天立地之人，是上不愧天、下不愧地、中不愧人的人。如果我们扪心自问，觉得自己就是这样的人，那么你就是龙凤；如果我们扪心自问，自己不是这样的人，那么无论你在外面混得怎么样都没有用，你都不是龙凤，顶多是假龙假凤。

颜之推在《颜氏家训》第二章专门讲到教子的问题，怎么使自己的儿女成为龙凤？他说了很多，我归纳一下，有五个主要原则。

第一个原则，教育子女要趁早，越早越好。教育要在胎教时期，也就是还没有生下来的时候就要教育。颜之推曾说，古代"圣王有胎教之法"，王妃们"怀子三月，出居别宫，目不邪视，耳不妄听，音声滋味，以礼节之"。这里说到"胎教"的问题，如情绪影响、饮食影响等，即使以今天的科学知识看来，也是有道理的。孔夫子讲过"少成则若性也，习惯成自然也。"（《孔子家语·七十二弟子解》）从小就培养的东西，往往对人一生影响很大，尤其是人格方面。现在有的奶奶、爷爷辈看到自己的儿女管一下孙子，总是说"孩子还小"。小孩没读幼儿园之前还小，上了小学还小，上了中学还小，上了大学还小，那什么时候才不小？我这次到长沙来，要坐一段车去火车站，途中经过一个中学，刚好是放学的时间，马路上停了好些汽车，全是接儿接女的。我看到后很感叹，想起自己小时候在乡下读书，无论学校离家里多远，大家都是走路上学。我上中学的时候，学校在哪里都不知道，也没人带我去，最后还是靠自己，跟着一个做小生意的人，一天跑了一百多里地，两条腿都跑肿了，才到了学校。为什么现在的孩子就这么娇贵呢？

第二个原则，教子要从严，不能只爱不教。我们今天有些父母不是这样做的，当然这跟独生子女有些关系，家里只有一个小孩，出点事的确不得了，但这也不是全部因素。主要还是我们的理解有问题，你想你的儿女成龙成凤，你知道龙是怎样的吗？龙在水里、龙在云里。你的儿女应当成为这样的龙凤，可是你的培养方式却只能把他们培养成泥鳅。据说有的妈妈还专门租个房子去陪读。有的有钱人家，孩子去国外留学，首先想到的是在国外买房、买车。母亲去陪读，这简直就是皇太子的待遇！这样只能培养出纨绔子弟，成龙成凤是没有希望的。

世界上凡是不孝之子，不孝敬父母的，不成器的人，都是过于慈爱的父母造成的，不是严父严母造成的。岳飞的妈妈在儿子背上刻上"精忠报国"四个字，现在哪个母亲敢狠心在自己儿子身上刻字？欧阳修早年丧父，他的母亲用芦苇秆子教他在沙滩上练字，后来他成为大文豪。近代著名的学者胡适，妈妈生他时才十九岁，爸爸已经是五十一岁，后来他爸爸去世时，胡适才三四岁，他从小就是被寡母带大的。你去看胡适的自传，叫《四十自述》，我推荐大家有时间去看一下这本书。在这本书里面说到一件事，胡适有一天说了句轻薄的话，他的母亲叫他在床前跪了几个钟头。胡适说我今天如果还有一点好脾气，还有一点待人接物的礼貌，知道该怎样做事做人的话，全都是我妈妈教的。

如今很多父母因溺爱自己的子女而失去了是非准则，如颜之推所言："饮食运为，恣其所欲，宜诫翻奖，应诃反笑"（《颜氏家训·教子》篇），他们对子女的饮食起居、言行举止，任其为所欲为，本该训诫的，反而加以奖励；本该呵责的，反而一笑了之。等到孩子懂事以后，"骄慢已习，方复制之，捶挞至死而无威，忿怒日隆而增怨，逮于成长，终为败德。"（《颜氏家训·教子》篇）子女骄横轻慢的习性已经养成了，这时才去管教、制止，即使将他们鞭抽棍打至死，也难以树立父母的威信，而子女与父母之间的怨恨也会越来越深。这样的子女长大成人以后，必然是一个没有道德的人。

第三个原则，父母跟子女要保持必要的距离，不可以过分亲密。颜之推说："父子之严，不可以狎；骨肉之爱，不可以简。简则慈孝不接，狎则怠慢生焉。"（《颜氏家训·教子》篇）父母与子女保持一定距离是为了更好地实施教育，可是我们现在很多中国父母不懂这个道理。我有一点主张，不同于前人，前人老是讲父严母慈，我主张反过来，要母严父慈。母亲严点不要紧，你打儿女骂儿女都没关系，因为子女是你生的，不会因为你严一点就变得生疏。而父亲则不是这样，儿女不是从父亲身上出来的，父亲天生跟子女之间的关系就不如母亲跟子女那么密切，所以父亲反而要慈爱一点，如果不慈爱的话，可能会造成父子之间的代沟。

第四个原则，对子女要平等对待，不可偏爱。如果你有几个孩子，一定要平等对待，不要厚此薄彼，尤其在钱财上。要父母对儿女们一点偏心都没有，那一定做不到，这也是人之常情。就像有三个孩子，一个孩子最聪明、最乖巧，父母就特别爱，这不稀奇；另外一个孩子比较愚顽，父母免不了不那么喜欢。但是不能在行为上明显表现出来，尤其不能在钱财方面表现出来,不能这个孩子给一百,那个孩子只给五十。这不行,这样的话,就等于从小给他们灌输了一个不平等的观念,还可能造成兄弟之间的不和,甚至成仇。

第五个原则,他讲到最重要的教子原则,还是要先教育好我们父母自己。这一点也常常被我们忽略。我们现在有些父母很奇怪,自己没有实现的愿望,就推到儿女的头上,希望儿女将来成为一个科学家,成为一个文学家,成为什么什么大人物,等等,因为自己很想做,但是没有做到。这样你给儿女的压力就太大了,要知道儿女不是你的私有物,你要让他们自由发展。你希望儿女好,首先要把你自己搞好,你自己如果是个正人君子,你的儿女一般不会成为一个小人,你自己如果克服了你生命当中的种种挫折,战胜了你生命中的种种挑战,相信你的儿女也会效仿你,把你作为他们的榜样。如果你有成就,你本身就是儿女的标杆。教育子女先要教育自己,而且"言教"不如"身教"。东晋有个大宰相叫谢安,有一天他老婆对他说:"我怎么没有看到你教育孩子?"他说我怎么没有教,我天天在教,我天天以身作则,应该怎么为人、做事,我儿子难道看不到吗?[1] 我们做父母的,如果一天到晚打麻将,而让你儿子不要玩手机;如果别人向你行贿,你大大方方就接了,而去教育儿子要廉洁;如果你一天到晚不摸书,而去教导儿子要去努力读书,请问你的孩子会怎样想?

颜之推在《颜氏家训·教子》篇里面说的这些原则,在今天还有用吗?是不是已经过时了?我看没有过时,其实古

1　出自《世说新语·德行第一》。

代圣贤的很多话在今天都没有过时，因为人性没有变化。

主持人：多谢唐翼明先生的演讲，他围绕《颜氏家训》中的《教子》篇来谈论颜之推教子的主张及方法，主要有五点原则，值得我们去深思、去借鉴。颜之推是古代梁朝人，在近代湖南有一位著名的历史人物，他就是曾国藩。曾国藩在其日记、书信、诗文里面也有很多教育子女的主张及方法。颜之推与曾国藩两者的教育方法有什么不同，又会给我们带来哪些方面的启示呢？让我们带着这些问题，掌声有请唐浩明先生开讲，他的题目叫《做读书明理之君子——曾国藩的教子之道》。

主题二：做读书明理之君子
——曾国藩的教子之道

唐浩明先生：感谢岳麓书院举办这样一次会讲，感谢各位朋友的热情参与。刚才我老哥讲了《颜氏家训》中的一些教子方法。《颜氏家训》是古代关于家庭教育的经典，在中国的家庭教育领域里有着重要且深远的影响。在我们中国近代，也有一个很杰出的家庭，它基本上也跟《颜氏家训》那样的家庭教育有关，强调要把自己的孩子教育好，而且它还打造了一种良好的家风。在这种良好的家风影响下，这个家族长盛不衰、人才辈出，一连五代都有非常杰出的人物。古人说"君子之泽，五世而斩"（《孟子·离娄章句下》），现在这个家族到了七代、八代，仍然是人才济济。如果我们搞家教、家风的教育，在我们湖南确定的就有两个家族，其中有一个家族的家风创建者，就是180多年前我们岳麓书院培养出来的，可以一直作为使岳麓书院骄傲的一个人物，他就是曾国藩。

曾国藩关于家庭教育的论述，不像颜之推一样，他没有写一部很具体的有关家训的书。他曾经有这样的想法，就是他刚刚到北京进入翰林院的时候，就想做这样一件事情，但是后来因为很多种原因，尤其是他后来带兵打仗，写家训这样一个宏大的愿望没办法实现。但是无论多么艰难的时刻，甚至面临着生死存亡时分，他还始终坚持给他的家人写家书，总数达一千多封。借助他这一千多封家书，我把他的家庭教育思想的发展历程及内涵梳理出来。通过一字一句地整理他的家书之后，我感到非常震撼。我在写了几部小说之后，第一件事情就是评点曾国藩的家书。我希望通过我的评点，让我们更多的当代读者能够知道我们中国的家庭教育是什么样子。我当时还想继续文学创作，继续写其他的历史小说，但是断然截止，我觉得做这件普及家庭教育的事情意义更大。

总的来说，曾国藩的教子之道、持家之道非常好。具体地说，他有哪些教子之道、持家之道呢？我想通过我对他说的一些话的研读来谈谈，今天因为时间关系（现在已经十点半了），没有时间允许我讲得很详细，我大致讲如下几点内容：

第一点，就是孝友。曾国藩有一段很有意思的话，他说："吾细思凡天下官宦之家，多只一代享用便尽，其子孙始而骄佚，继而流荡，终而沟壑，而庆延一二代者鲜矣。商贾之家，勤俭者能延三四代；耕读之家，勤朴者能延五六代；孝友之家，则可以绵延十代八代。"（《唐浩明评点曾国藩家书·致诸

弟 道光二十九年四月十六日》）在曾国藩的读书经历中，他从头到尾都是很认真的，其中用了一年的时间足不出户地读"二十四史"，那个时候叫"二十三史"，所以他对历史深有研究。通过对历史上家族繁衍的研究，他得出这样的认识：官家子弟的荣华富贵大概一代就没了，很少有传到二代的，很多子弟到二代以后都下沉了；如果商家是勤劳简朴的，还可以传个二代、三代；耕读之家，也就是说我们今天的普通人家还可以传得更久一点，可以传到五代、六代；如果是孝友之家，那么就可以传到八代、十代了。孝友之家，什么才是"孝"呢？就是对长辈的态度一定要恭敬、顺从。我们现在讲孝顺，"顺"才是重点。人如果到了七八十岁，你还要跟他讲道理，这是不对的，你应该要顺着他。孝顺孝顺，要以"顺"来体现。什么才是"友"呢？就是要善意仁爱。如果一家人都有这种对前辈的态度，有仁爱、友善之心，那么这个家庭的和谐、祥和就会世世代代地传下去。所以家庭教育中的教子方法，第一点就是要做到"孝友"。我的老哥刚才也讲了很多这方面的意思，"孝"其实是世界普遍的真理。一个人生活在这个世界上，你最大的恩是父母给你的，我们要学会感恩，孝顺父母。

第二点，勤俭。我们打开曾国藩的家书，扑面而来的就是"勤""俭"两个字。他反反复复、不厌其烦给他的儿子，包括他的弟弟的家书中出现最多的两个字就是勤与俭。不像我们一般的兄弟关系年龄相差1岁、2岁，他的四个弟弟与他之间年龄相隔比较大，最大的弟弟比他小9岁，最小的弟弟则比他小17岁。曾国藩很年轻的时候身份就很高，在弟弟们面前很有权威，弟弟们都很听他的话。他在教子、教弟的书信里面讲得最多的就是勤俭，他说："历览有国有家之兴，皆由克勤克俭所致，其衰也则反是。"（《唐浩明评点曾国藩家书·谕纪泽纪鸿 同治九年六月初四日》）一个家、一个团队、一个军队甚至一个国家要想兴旺，都是以这两个字——勤、俭为依靠，如果行为相反，那一定搞不起来。他还说历史上甚至大奸大污的那些人也很会勤，所以你要做出事业必须要勤。至于俭，曾国藩也是在我所接触的这些大人物家训中，他是谈这方面最多的那个人。他特别提倡俭朴的品德，他的秘书就记述过他当年很多的俭朴事例，让人非常佩服。所以他教育子弟时，谈了很多勤、俭方面的要求，甚至做了很多硬性的规定。勤劳成就事业、创造财富，俭朴则能葆珍惜之心、养清正之身。勤的反面是贪图安逸、懒散堕落，俭的反面是贪图享受、奢侈淫靡。

我们是从四五十年代过来的人，当时生活确实很艰难，中华民族的俭朴多是因为物质的艰难，但这不是唯一的原因，如果是唯一的原因，我们今天就没有必要再谈俭朴。今天的物产很丰富，很多东西基本供大于求，但是我们还是要非常提倡俭，一个原因就是人类的资源总体上是有限的，你如果任意挥霍、浪费的话，消耗的是人类的资源。地球的形成是50亿年，人类的进化是50万年。人类进化到现在这段历史，就把地球的资源消耗了一半，再这样用下去的话，再过几十万年，地球资源就会消耗尽。现在我们大力发展航天航空，努力寻找地球外的人类之地，也是考虑到这方面原因，想着再给我们人类谋求另外一个居住地。我们人类要做到勤俭节约，首先要对资源有一个大的认识。还有一个更为重要的因素，生命其实不需要奢华。奢华对于生命而言，其实并没有真正的意义。生命需要什么？生命需要的是充实，我们要有光彩、饱满、充实的人生。鸟在天上寻找安身的地方，不可能占有整个天空；人到了黄河、长江边，看到滔滔江水，想要喝水，也只能喝上几口。而极度的奢华，不但不会有助于自己的生命光彩，而且是在摧残自己的生命。皇帝的生活条件最奢华，然而历史学家统计过，真正活过 80 岁的皇帝只有 5 个：梁武帝、武则天、忽必烈、赵构、乾隆皇帝，其他的皇帝能够活过 60 岁的都很少，难道他们没有很好的生活条件吗？那是一种穷奢极欲的生活，但这往往导致了他们短命，所以我们要勤俭。大家应该要有这个认识。

第三点，他希望子弟做读书明理的君子。曾国藩有一段很有名的话，就是在他写给二儿子的一封家书里面说的："凡人多望子孙为大官，余不愿为大官，但愿为读书明理之君子。勤俭自持，习劳习苦，可以处乐，可以处约。此君子也。"（《唐浩明评点曾国藩家书·谕纪鸿 咸丰六年九月二十九夜》）当时曾国藩已经是湘军统帅，普天之下都听到他的名声，让人感觉到有很强大的威力。他这个儿子还只有 9 岁。一个湘军统帅，面对年纪这么小的一个孩子，很耐心地、很认真地给孩子写一封信。信中说别人都希望自己的子孙做大官，我却不希望，我更愿意子孙做个读书明理之君子。这是曾国藩对儿子的教育，在民国这句话还被收录进中学的教材。我在很多场合呼吁，我们完全可以把曾国藩的家书收进我们的家风家训里面，内容很短、很通俗，甚至在小孩上小学时都可以用来教育，老话讲小孩要从小开始教育。我对我的子孙的教育，就是希望他们做个"读书明理之君子"，这七个字有很丰富的内涵。大致有如下三层内涵：

　　第一层内涵就是读书。一定要读书，不过现在我们对读书的理解可能有一些片面。现在很多人认为读书就是学知识、学技能，当然这是一个很重要的方面，但是读书还有更加重要的一些内容，比如曾国藩讲的一个人胸襟的开阔要靠读书。他经常要他儿子读这本书、读那本书。他有一个儿子性格比较弱一点、软一点，像妈妈的性格多一点，他就经常要那个儿子读那些阳刚之气比较浓厚的诗文。曾国藩说人生在世胸襟开阔非常重要，他说一个人的知识和能力是次要的，胸襟开阔才是第一位的。他是个办事的人，而且办了很多大事。他给儿子说的这些话，一定是切身的体会。我非常希望把这句话告诉我们在座的年轻朋友们，希望大家明白人在这个世界上，在做事之前，知识、技能固然很重要，但是最重要的是胸襟的开阔，就是要看你有多大的内心、多大的胸怀、多大的气度。曾国藩还告诉我们读书可以改变一个人的气质。我们过去认为人的气质是天生的，而后天的改变比较难。其实人的气质包含两个方面，有天生的，也有后天的，由这两方面组合而成。他当军队统帅时仔细研究了望远镜，用几块玻璃片打磨再组合，就可以把肉眼看不到的东西通过望远镜看到。他说学习也是一个打磨和重新组合的过程，通过读书，你的本性慢慢发生改变，气质也可以发生改变。气质这东西从读书而来，读书可以教你明理、懂得道理，并在懂得道理的基础上进一步把书读活了。

　　第二层内涵是做个君子。读书的落脚点就是要做个君子。我们现在很多人读书就是为了求学位，今后能有好的工作或者赚大钱、当大官。读书明理最后的落脚点是落在君子身上。什么是君子？我们在中国古代的典籍里面经常可以看到一些表述君子内涵的语句，一般认为君子就是好人。那么君子有些什么具体的内涵？曾国藩在家书里面或在不同场合讲话时，对君子做过一些解释、界定。我现在把他的家书里面关于讲述君子的主要内涵方面拿出来跟大家说一说。

刚才引用的曾国藩教育儿子的那段话中，他要求他的儿子做读书、明理的君子之后继续讲"勤俭自持，习劳习苦，可以处乐，可以处约。此君子也"。强调君子要勤俭自持、勤劳简朴、自力更生，要靠自己的能力生存在这个世界上，要懂得吃劳、吃苦，就是要习惯于劳累、习惯于吃苦。如果你活得太过安逸，只想享受好的日子，这样的人不是君子；如果你处于顺境或者好的境遇中能够安然相处，但是还要注意你在不顺的境遇中也能够很好地生存，也感到自己很快乐，这样的人才是君子。要勤劳、自力更生，能够过好日子，同时也能够过苦日子，这就是君子。

第三层内涵是君子八德。曾国藩曾经强调"君子八德"，具有八种道德品质，主要是性格习惯方面的品质：第一是勤，第二是俭，这两个刚才已经说了；第三个是刚，第四个是明，就是要明白、明理、明情；第五个是忠，要忠诚；第六个是恕，待人要厚道，不能很刻薄；第七个是谦，要谦虚；第八个是浑，这是曾国藩的特色表述方式，在我们今天看来，这个"浑"就是处事待人要模糊，不要过于精明、精细。你如果太精明、精细，精到刻薄程度，就不是君子。还谈到君子要不忮不求，"忮"就是看不得别人好，"求"就是贪婪。其实在不同层面上，我们每个人都有这种想法，但是如果这种想法多了的话，心地就会变得很卑劣。你完全看不到别人的好，嫉妒别人，或者非常贪婪，贪得无厌，你会心地不纯净，我们需要明白人世间有好多事情都是不可求的。做到不忮不求，心地就会干净起来。

曾国藩教子之道的第四点，就是他遗嘱中的四条内容。曾国藩在他的遗嘱中还给他的儿子写了四个方面的东西，希望他的子子孙孙做到这四点。

第一点是慎独则心安。不要心存邪念，要做个好人。

第二点是主敬则身强。我们今天讲的敬重、敬爱都是从儒家学术里面而来，儒家以这方面的内容作为自己的思想，对人要有恭谦的态度。

第三点是求仁则人悦。求仁就是仁爱，人的心里面要有爱心，要仁厚。

第四点是习劳则神钦。不怕劳累，习惯于比较劳累的人生状态。

刚才我们讲到的这些方面，如能够过苦日子，也能够过好日子，具备八种君子品德，不去嫉妒、眼红别人，也不过度贪欲，能够自己管住自己，严格要求自己，存在仁爱心，对人对事有恭谦的态度，以及习惯处在一种繁忙的状态，等等，这样的人都是君子。曾国藩希望他的子孙做这种君子。我们可以从中看到君子与权力无关，与财富无关，与名声无关，也与地位无关，所以曾国藩讲他不要子孙去做那些世人都追求的东西，如有很多的财富、很好的名声、很高的地位。这些东西固然好，但是这些东西不是说你想去做就可以做到的。曾国藩讲："凡办大事，半由人力，半由天事。"（《致沅弟　咸丰十一年四月初三日》）我们古人说这些字眼出来，表达了人类的一些思考，讲天命、讲运势、讲时机。在古人看来，我们的人生有很多自己掌握不了的东西，能自己掌握的东西其实是其中很小的一部分，比如说我们生长在什么样的家庭里，就不由你自己掌握。不能由自己掌握的东西就是天命，就是时也、命也、运也。你如果以为什么东西都能控制，全世界都听你的，那是最大的唯心主义。办大事情，一半是来自你自己的原因，你去努力就可以；还有一半原因，你再努力也没办法，有天命控制。你要做很大的官，你要有世界财富，要像影视明星那样有很高的出场费，不是你想就有的。但是你要去做一个君子，这是你通过自己努力就可以做到，你不需要去做很大的事或者赚大钱，你需要的就是好好做个君子，而且是你可以通过自己努力就可以做到的，君子是个很好的人。

刚才我的老哥讲了，君子就是龙凤，真正的人中之龙、人中之凤就是君子。人格力量非常强大，有很高的境界和追求，这个才是君子。曾国藩说，我不要我的子孙做大官，通过读书、明理做一个君子就很好。与学业相比，心灵和身体的健康更重要。当年读书和我们今天一样，都是很苦，曾国藩也知道他是这样走过来的。他对儿子说，你考取功名不是第一位的，不要把自己弄得很苦，读书是一件很快乐的事情，心中不要太苦，要把心养得有生机。最重要的是身体和心灵，心灵活泛，要靠健康的身体才能支撑。所以他对两个儿子的要求，并没有说你一定要考取进士，一定要背多少书，一定要写多少好文章、好诗，而是你背不出来就不要背了。他在军队做统帅，甚至亲自给自己的两个儿子画了一条路线图，读了一两个小时，累了就走出去，所以他画了一条路线图。这个老爷子很有趣，为他的儿子想得很周到，这里可以看山，那里可以看水，这里还可以看竹子，还有长辈，可以趁着机会到长辈家去坐坐，休息一下，不要弄得心里很苦。这一点，我们今天的家长没有这种认识,我们现在的孩子都很苦。现在有一句很流行的话,叫作不能输在起跑线上,在学校里已经苦得不得了了,还有各种培训班,比上班还辛苦,但是没办法,这是一个系统,最后还是以分数取舍,所以要家长完全跳离,完全不可能。但是我们的家长要心里清楚,学业、心灵,重要的是心灵,我们做父母的要有这样的认识。

第五点,世家子弟要有寒庶风。曾国藩的家族不是一般的大家族,他是掌握军队的,整个湘军全盛时期有将近40万人。曾国藩对这个大家族的要求是要有寒庶之风。体现在两个方面:一个就是贫寒。他家里是不愁钱的,尽管他是清官,但是还是有钱的。曾国藩一年的年终奖,他后来做到总督,有两万银子,应该是不缺钱的。老九曾国荃就更加富有了,后来老九打南京,不知道搞了多少财产到家里。但是曾国藩希望家里面的子孙要像贫寒家庭的子弟一样,不能穿光鲜的衣服,不能过于奢华,嫁女花费不能超过两百两银子。他规定没有出嫁的女儿和媳妇要自己种小菜,每个月要给他做双鞋,要亲自做,丫鬟做的不算数。再一个就是寒庶。就是要像普通老百姓,不要有特权,就是不要仗着家里面的长辈有很大的特权。他的太太欧阳夫人,从湖南到安庆去。那时候曾国藩常年是自己一个人带兵打仗,后来到安庆稍微安定一点,曾氏夫人带子女去跟丈夫团聚。他就说你沿途不要有任何响动,不要惊动沿途任何一家人,别人请吃也不要接受,你就是静悄悄地一路走来。还有船上有一个"帅"字旗,我不在船上,你不要摇,你一挂起来,别人以为是我曾国藩坐在船上,太招摇,你要静悄悄地来。还有一个例子。在同治三年,曾氏兄弟6月份打南京,他的老二曾纪鸿在长沙考取举人。曾国藩说你考前不能递条子，不能拉关系、开后门，也不能去拜访别人，要求别人关照，你考完之后马上回到乡下住，不要在长沙住。结果这一年，曾家二少爷没有考上。我感慨，如果这个事情发生在今天，有好多人会主动地去拉关系，很抢眼球，这个官会想到帮忙的话前途有多大的好处，那时候有一些古风，但是曾家二少爷没有考上。

寒庶家风是曾国藩提出来的，他苦心研究社会人情得出来的一个重要认知：世家子弟就是有钱有势的子弟变坏，主要是依仗家里面有钱、有权，就没有忌惮，就可以乱来，出事了，有家里背。有这些东西，这个孩子就有依恃之心，然寒士之心就可以打掉了小孩子的依恃之心。你出了事，我不会去拿钱帮你，该杀头就杀头，该坐牢就坐牢，他想打掉子弟的依恃之心。

第六点，不留财产给子孙。曾国藩早年在北京，他后来官位做到侍郎，工资就多了。那时候他跟家里写信说，我今后的钱多了，不留给我的子孙。如果太多了，就把它全捐献出来买义田。他后来做了湘军统帅，手里面白花花的银子每天都是上千万两，绝大部分是自筹的。湘军是地方武装，湘军是朝廷没有想要组建的军队，因为情况特殊，临时组建的军队，朝廷没有拨钱，很多湘军都是发国难钱，后来起屋买田。湖南出现了很多有钱的人，他如果搞什么几千两、几万两银子在家里很容易，但是曾国藩一定要公私分明，不把财产留到家里，不给子孙留财产。

当年有很多有见识的一些大官，跟曾国藩一样的想法，比如像左宗棠、林则徐还有趣一些。林则徐是清贫出身，他说如果我的孩子跟我一样，自己有饭吃，自己可以求功名，如果子孙不如我，留钱干什么？这是在古代一些精英的认识，他们看透了人情世故，钱留多了给子孙，不但对他们不好，反而还害了子孙。首先会消磨他们的志气，所以当时的伟丈夫很少，他们不需要拼搏。我们好多人的视野、成就，是因为改变自我起来的，然后就成就了一番事业。曾国藩说有所激，有所成，你如果有钱，儿孙就不必拼死拼活的奋斗。本来有很多钱，意志也消磨了，而且很多人诱惑你；你如果是贫民子弟，没有人诱惑你，一个好端端的孩子因钱都会改变。所以财产多留给子孙，并不是一件好的事情。同时你要为子孙留很多钱，自己会很辛苦，贪官就是这样的。我们有很多经商的父母要给子孙留很多钱，他可能会过劳而死。你留很多财产，不单对儿女不好，也对自己不好。民间有句话说得好，儿孙自有儿孙福。

第七点，家庭教育要有温情。家庭是一个温馨的港湾，是充满温情的。家庭的教育也要充满温情，尽管曾国藩是军事统帅，我们读他的家训，他对孩子，尤其是对儿子，对弟弟也是一样，写信充满着爱心，循循善诱，苦口婆心地教育。他曾经讲过非常欣赏老九的一句话，就是家人之间不说厉害话，不说伤感情的话，家人就是打通骨头连着心，不可说令人伤心的话，不可说厉害的话。我们有时候父母会说儿子，让他滚出去，你不是我的儿子，你是个杂种，这些话非常伤感情。两夫妻吵架也是这样，女的说我瞎了眼，我找了你这个没出息的人，这也很伤丈夫的心；男的说你这个扫把星，你到我家，我家很背时。无论是夫妻相处之道，还是对儿女的教育，要充满温情。家庭没有什么大事，都是小事。曾国藩很信奉朱熹讲的一句话，他说："绝大学问即在家庭日用之间"，绝大学问就存于家庭琐事，所以要注重小事。曾国藩说我教儿子要诚，不说假话，我教儿子勤快，教他稳重，就从走路教起，经常跟儿子讲走路稳重，就是步伐要稳重。而且孩子从小事养成良好的习惯，今后就养成他的性格，性格决定命运，他今后的命运就基于小事的培养。

第八点，为人要有大的规划。尤其是像我们今天的孩子还不是很独立，孩子的内心也不像过去那样强大。当年曾国藩为孩子制订了大的规划，他那时候就看出来，今后外语的重要性。他在他的儿子20来岁的时候，曾经请过一个英国传教士教他的儿子英语。后来老大曾纪泽担任外交大使，最后做外交家。人家不明事理，认为是高干子弟才会这样，其实不是的。曾纪泽除了口语不是很标准以外，20来岁时他的外语读写就达到一流水平。做父母的，不能事事为儿子考虑到，但是大规划可以为孩子考虑到。比如今后孩子考大学，考哪个方向，大学毕业后是否出国深造，还是留在国内，等等，今后也有一些大的方面也要为孩子考虑。

曾国藩的教子之道主要有上述几个方面。最后，还要说明一下，这种家庭教育要以学校教育为辅。曾国藩有很多值得我们重视的方面，我们不能说今天把小孩教育交给学校了，其实社会也有很多教育，家庭教育中有很多东西可以弥补今天学校教育的缺失。当前以学校教育为主的整个社会教育，明显出现三重三轻局面：第一就是重知识、轻素质，看重知识的传授，轻视人格的培养；第二是重功利、轻德行，看重就业谋生，轻视道德品行养成；第三是重形式、轻内容，看重高分数、高学历及看重各种各样的奖状，轻视真才实学。受制于学校教育的这些影响，家长对子女的教育，也出现了相应的三重三轻：第一是重成龙，轻成人；第二是重言教，而轻身教；第三是重五子及第，而轻言道。

其实一个爱子女的家庭，应该多为子女的立身之本考虑。什么是立身之本？立在品质，诚实、善良、勇敢、顽强、上进、有恒心、敬业等等，这都是很好的品质；爱在习惯，勤奋、俭朴、专一、有规律、善阅读、善于与人沟通等等，这都是好习惯。习惯很重要，有两句诗说得好，良好的习惯带来性格的收获，良好的性格带来命运的收获。这就是人们常说的：性格来自习惯，性格决定命运。这些品质与习惯，就是我们中国古人讲的德。对于这个德，我们过去有些片面的理解，以为德就是品质，其实我们古人讲的"德"里面，还有一个很重要的部分，就是习惯。比如说君子八德，前面四德是性格、习惯，后面的四德才是品质。这个品质和心性以及习惯、性格，共同组成了德。我们讲"德"，这就是德。这个"德"的教育、培植，主要是靠家庭、靠父母。我们要用极大的爱心，抱着为子女的一辈子着想的目的，点点滴滴让他在家庭里受到培植、熏陶，让他从小就具备一个良好的德。我们现在的社会教育、学校教育，所忽视的、所轻视的部分，要靠我们家庭教育来弥补，靠我们的父母来承担起来。这个就是我们中国传统的家教在今天的社会能给我们最大的启示。谢谢大家。

主持人：谢谢两位唐老师，今天两个小时的时间应该是一场文化大餐。岳麓书院邀请了两位从事中国的家训、家教研究最有权威的学者，而且最有深刻体会的学者，对中国的两个家庭教育经典做了解读。大家知道中国文化最大的特点就是以家庭为本位，其中家教、家训有丰富的内容，可能在世界文化史上，只有中国才有，这是一个巨大的宝库。刚才唐翼明先生解读了我们中华的家训之祖——《颜氏家训》，唐浩明先生又从曾国藩日记中谈论其教子思想。曾国藩应该说是在中国历史上，在家教的理论和实践上都是做得最好且最深刻的人物。唐翼明先生从中华文化复兴如何通过家教、家训实现，以及他对《颜氏家训》的几个关键点的解读来进行讲解，唐浩明先生梳理了曾国藩在家教、家训方面非常丰富的思想，以及如何用这种理念培养自己的下一代等内容。大家知道很多世家、大家到了第二代、第三代就不怎么样了，曾氏家族这么旺，跟他的家教有关系。在座的听众们中，有未来要做父母的，也有正在管幼儿园、小学、中学、大学的，还有在管孙子的爷爷奶奶们，我相信一定会在今天这两个小时的时间里得到非常丰富的营养。我代表大家向他们两位先生表示我们衷心的感谢。我们还留了点时间，既然叫会讲，就要一起来讲。我们稍微休息5分钟，5分钟之后，会讲开始。大家有什么问题，可以一起来请教两位先生。谢谢大家。

会讲环节

主持人： 会讲环节现在开始。刚才已经听了两位大家对家训、家教做的非常深入浅出的解读。我们知道，刚才唐浩明老师也讲了，曾国藩有一句话，叫作读书可以改变一个人的气质。我刚才听他们两位讲的时候，发现他们两人读的书好像不太一样，虽然他们是两兄弟，但是在气质方面，我发现还是略微有一点点差别。比方唐翼明先生是研究魏晋玄学的，我多少感觉到他身上有一点魏晋风度，那么唐浩明先生长期从事曾国藩研究，确实曾国藩的思想影响了他，我也在他身上感受到了曾国藩的思想和风度，所以我非常惊奇这种文化熏陶的力量。我们在开展会讲之前，大家有很多问题想请教两位老师。我利用做主持人的机会，首先想到一个问题。因为我在听唐翼明先生讲到谢安教子的时候，主张的是"身教"，但是在听唐浩明先生讲曾国藩的时候，大家知道曾国藩对子女花了很大的心力，甚至在散步的时候都这么关心，教训、培养子女成为他一个非常重要的事情。我想到一个问题，到底是谢安的这种以身作则、无言之教的效果更好，还是像曾国藩那样，认认真真把自己做人、做事的一些经验言传身教下去好些呢？我们讲家训、家教，这个"训""教"就是用语言，甚至用一套规矩去告诉子女，所以我又想到一个问题，正好是唐翼明和唐浩明两兄弟，假设你们培养子女，在过去是培养子女，现在可能要教孙子了，你们更乐意采用身教，还是要去好好地教和训呢？我想听听你们结合自己的经验的想法或者做法，大家很关注这一点，首先我们还是听唐翼明先生讲一讲。

唐翼明教授：如果你问我，愿意采取哪一种？我当然采取谢安那一种，其实这个问题跟气质有关系，跟学习也有关系。人不可能是一个普遍的模式，天下的君子，性格不一样，气质也不一样。就我个人来讲，我是从我的母家那边传过来的性格，弟弟是从我们父亲那边传过来的性格。我们的母家就是有名的王谢家族，还真的是那个王家，就是王船山的后人，王船山是王羲之的后人。谢安这个人是玄学的代表，玄学就是在儒家的基础上吸收道家发展起来的。道家特别主张自由、自我，儒家是主张名教，道家是主张自我，这两家主旨有不同。实际上从魏晋以后，中国的文化性格是儒道融合。中国的知识分子有许多是外儒内道，不过有的人身上"儒"这个部分明显一点，有的人身上"道"的影响大一点，我本人是后一种。所以我对儿子从来不管教，他们到了美国，我就说把你们带到这块地方，可以自由竞争，怎么搞是你们自己的事，各人自求多福。我自己的性格比较外向、活泼，教育子女重自由，重"身教"。我弟弟性格内向，喜欢"谆谆教诲"。

唐浩明先生：我还是主张言传身教中言传更重要，或者说"言身并重"。除了刚才老哥讲的之外，我觉得言传还有一个好处，文字写出来更好，不单是你这个家族有影响，还对社会有重要影响。潜移默化固然重要，但中国文化同样注重立言。如若没有言传的传统，像《颜氏家训》这么重要的文献大概也无法流传下来。比如我们今天没有言传，怎么看待《颜氏家训》，哪来这么多叫家训的宝典，没有这些家书，我们怎么知道家训内涵呢。所以中国古人，像颜之推、谢安、曾国藩这样的，他们都在苦苦思索、艰难探索，这些东西都是要说出来的。如果光是语录，后代尤其是孩子，他们也看不到，更加不知道。所以曾氏家族能够一直绵延下去，这里面曾国藩家书有不小的贡献，而且惠及了我们今天千千万万的家庭。言传比身教更重要。

　　主持人：谢谢，我们现在发现他们两兄弟的差别了。其实我刚才提的这个问题，我是在听他们演讲的过程中想到的，因为它确实帮我解答了一个非常重要的疑问。我们在座的每一个人可能都会有这一问，到底是学习谢安那样的无言之教，还是像曾国藩那样的一步一步教，而且留下了那么多家训、家教文字。刚才讲了人有先天的因素，有后天的因素，特别是唐翼明先生讲了有父系的遗传基因，有母系的遗传基因。大家如果有两个儿子或者两个子女的话，你到底是言传还是身教，不要纠结，就按照孔子说的因材施教，就是按孩子的资质特点，有的资质严就可以，有的要一步步教。后来唐浩明老师讲到一点很重要，正是因为有这样具体的教育方法，留下来这么宝贵的家训，我们今天才可以跟两位唐老师在一起分享家训，这点非常重要。因为时间有限，我想把提问题的机会留给在座的各位朋友，你们有问题可以举手提问。谢谢大家。

互动问答

问题 1：尊敬的两位唐先生，我来自湖南溆浦，昨天晚上赶过来，非常感恩有这样的分享机会。三年前，我都不知道《弟子规》，偶然接触了，居然发现有这样的经典，越读越发现自己无知。我的问题就是说，当下的家庭教育中能不能传承像湖湘文化经世致用这样的理念呢？

唐浩明先生：其实刚才我讲到最后的时候，已经讲了我们学校的教育忽视了人的道德品行、习惯性格的培育。我觉得家庭教育最重要的，就是要从这方面弥补，即人格方面。我觉得这个东西不是家庭教育的问题，而是整个社会教育的问题。大家比较公认的湖湘文化的几个基本精神，如心忧天下、敢为人先、坚韧不拔、经世致用等，这是整个湖南精神的概括。这些东西在家庭教育当中就可以教育给你，不要讲到很多大道理。湖湘文化讲到心忧天下，就是你不能只顾自己，还要顾及整个社会，要有社会担当，关注整个社会、整个人类世界的发展。也就是说你不能太自私，不能只是想自己、不想别人，自己吃的东西，还应该分享给别人。除了家庭，还有社会，而且自己的好，是要在大家都好的基础上才叫好。只有整个国家都好，家庭才好，比如抗日战争，国家受难，个人的家庭就不会好。小孩子要从这些小事情方面受教育，要有公心，不能只围绕自己。这些大的、宏观的东西，都可以细化在家庭教育中，主要是从小的事情入手教育。所以朱熹或者曾国藩老是讲学问，世界都是大的学问，从小培养他的意识，他今后就能担起天下的重任，一旦有事了，像曾国藩他们那样能够挺身而出，更主要的是在家庭这些小的方面做起。

问题2：我想问一下唐浩明老师，您之前说过曾国藩讲凡人都想做大官等等。曾国藩作为晚清的重臣，他写的信，皇帝可能监视。有些人认为他写的这些话，可能不是真的让他的子孙为官，而是让皇帝看到之后，做一做表面文章，我想问您对此怎么看？

唐浩明先生：不要钻牛角尖，尤其是我们现在有很多误会：第一，曾国藩写的家书，皇帝也不会看到，而且曾国藩当时写这封家书，没有你想的这么复杂，我教子弟做大官就是跟朝廷过不去吗？其实朝廷希望你做官。还有朝廷笼络的一个手段，朝廷靠什么来笼络，还不就是你做官，给你高官厚禄？其实这些都不是事实，不是像你想的这样，他是从心里面认可的。第一个他知道做大官不是那么容易的，他也经历过，不要有太大期望，半由人力、半由天命，做个君子就很好，这是他心里的一个追求。第二，他有一个更高一点的要求，比如他自己的追求更高，就是追求圣贤，但是圣贤更难，有几个圣贤？我们通常做君子就好，主要是做君子，自己容易做。第三，做君子，可以推及到全社会，大家都可以这样。大家都做官，谁来做老百姓？没有老百姓，哪来的官？如果大家都是亿万富翁，那么亿万富翁就不值钱了，钞票就贬值，你也亿万，我也亿万，有什么意义？但是你也做君子，我也做君子，我们这个社会就和谐了，世界就和谐了，至少没有战争。战争主要是谋夺财富，争取更大的权力，这不是君子所为。君子可以放到四海之内，推及整个社会，推及全人类，我们还要把这个观念推及欧美，在欧美都要做君子。

问题3：两位老师好，我特别好奇，也特别想问的一个问题，就是令尊唐振楚先生对您两位的家学、家风、家训的影响，谢谢。

唐翼明教授：这个问题倒是问得很好，我个人觉得我父亲对我们兄弟，其实在精神上的影响比具体的教导要多。当然第一包括遗传，感谢父亲母亲，他们把一些优秀的性格因素遗传给了我。我是相信遗传的，我认为这是科学，唯物主义，因为我们都承认 DNA，很多东西都写在你的 DNA 里了，连你这辈子会生什么大病都在里面。第二，他们的存在以及他们这辈子的奋斗和成功，就是对我们精神上的激励。即便我们不在父母身边长大，但是知道我们父母是如何努力，如何奋斗的。我的父亲是耕读之家中长大的一个小孩，完全是一个农村的小孩，我知道他怎样一步步长成后来的样子，还做了蒋介石的秘书。我刚才讲谢安"身教"的故事，我父亲对我就是"身教"。我一想到他是怎么"身教"的，怎么奋斗，怎么力争上游，那么我自己怎么可以懒惰，怎么可以自甘下流呢。这种"身教"的影响很大。

唐浩明先生：我哥哥刚才讲的是精神上的，我讲的是灵魂上的影响。我后来有机会生活在父母身边，虽然不是很长，但对我来说，我很珍惜那个时候。对我来说，父母从小就是偶像，他们说的一些话，做的一些事情，我都认真听、认真看，努力向他们学习。我父亲是说话不多的人，我哥哥很清楚，他很遵从孔夫子的教导，注重身体力行，但是他讲的话都很有分量。他说你现在是作家了，经常写文章，我跟你说为人切记要注意"笔下当从仁厚"，我始终把父亲这句话记住，不能轻易去伤害，由此可以看到我们父亲内心深处有儒家的仁厚之心。我前几个月出了一部随笔集《冷月孤灯：静远楼读史》，是自己读历史的一些感悟，我在里面说到两篇文章，这点可以跟史连接上。其中有一篇《父亲的两次流泪》是写父亲的，关于父母方面的文字我写得很少，这里完全是一个真实例子，完全真实的记录。我在台湾的时候，亲眼看到我父亲两次落泪：一次是谈他的家世传承，因为我们没有常年生活在他的身边，对家世了解得很少。父亲对家世很珍爱，他4岁的时候，他的父亲就死了，寡母带着6个子女，很贫困，这样的一个母亲，居然不放弃儿子的学习。我父亲后来居然读了大学，而且是最好的政治大学，他的母亲付出了多大的代价。父亲牢牢记住他母亲的教诲，但是就在父亲大学毕业要参加工作的前夕，他的母亲突然去世了，然后父亲的心里很难受，他在跟我们说这段经历的时候，老泪纵横，我们现在听了都很难受，这就是感恩、孝道，我始终铭心刻骨。

第二次落泪，是我在谈曾国藩的时候。我的父亲不读小说，他不喜欢读与文艺有关的书，但是他读了我的小说。我父亲还联系了出版社，从手稿读起，还因为曾国藩是他的偶像，父亲很崇拜曾国藩。所以我们父子有时候会就曾国藩和湖南的一些先贤们谈谈话。打下南京以后，（曾国藩）两兄弟见面，老九的军队打南京，他是前线的主要势力，老大到前线去看望弟弟。这种大胜不是一般的胜利，曾氏兄弟的见面与世人想象的不一样。当时老大见到老九说，你把衣服脱下来，那时候天气很热，是7月份，他要亲眼看看九弟这些年带兵打仗时身上留下的伤疤，他每一处都用手去摸，问这个伤是在哪里受的，什么时候好的，老九就一处一处的回答，最后问得九弟号啕大哭。哥哥说你哭，这些年来，你受了很大的委屈，遭了很大的罪，别人记不住，我这个做哥哥的清楚。当时我也很大声对父亲母亲说这件事，我突然发现坐在对面的老夫妻泪水直流。我被父亲这个神态震住了，当时老父亲80多岁，男儿有泪不轻弹，何况一个身处高位的人，而这些情感都来自骨肉亲情，都是来自他的感恩之心，来自情怀。世上有很多值得他感激的人，尤其是他的哥哥，还有一个是他的堂兄，曾经对他资助过，所有对他有恩的人，他都想报答。这种深厚、浓重的骨肉之情，这种仁慈之情，就是父母带给他的，我们要把它传承下去，这是我们中华民族世世代代传递的。我要评点曾国藩家书，因为他的家书里面把我们中华民族优秀的东西用日常的话娓娓说来，充满着情感，而这种情感不是一般的情感，是父子情感、兄弟情感。他是用家书作为媒介，不是用高头讲章进行说教型教育，说很多的道理；它的媒介就是情感，用很平实的语言，把绝大多数学问传给子孙。我作为华夏儿女，要把我们中华民族优秀的东西，把自己对人生的体验传达出去。

主持人：非常感谢唐翼明先生和唐浩明先生对这些问题做了透彻的解答。今天三百多人坐在这里，一起来学习中国传统的家风，而且通过唐翼明先生、唐浩明先生对这些问题最权威的解读，从他们个人到家庭，再到国家、民族文化，一步一步，我们确实是感受到了中国传统家风的伟大。特别是我们最后谈的一个问题，一谈家训、家风，当然是和父母有关系，要么你是为人父母，要么是用这个去教育子女。我今天还想谈一下，确实有重大的原因，我们一到生日就会想到父母，特别是想到母亲，这是母亲的受难日，因为是父母把你带到这个世界上来的。浩明先生经常在岳麓书院这里讲学，我在这里透露一下，浩明先生今年是78岁，他们两兄弟专程到长沙，我赶快利用这次机会提出希望请他们两位一起来岳麓书院演讲的想法。有一次请唐翼明先生的时候，正好他身体不适，没成功，是个遗憾，没想到这次两兄弟一起来，而且是谈家训、家风，又在浩明先生生日的时候谈论父母的教育，真是一件非常有意义的事情。我们在这里一起祝他们身体健康、生日快乐。

唐浩明先生：我特别想讲几句，既是家风，也是我们做人的观点，处世的观点。关于做生日，我的父母他们从来不做生日，哪怕是他们很高龄了，后来我母亲90多岁也不做生日，也可以说是一种低姿态，或者说是很淡泊，或者是他们为别人着想，因为要麻烦别人，或者是他们本身，我父亲本身做高级官员，清廉，他们对人性和人生有很深的理解。我们现在一些庆生都走了位，且不说利用做生日收钱财、收受贿赂，这是对部分官员来说的；老百姓不少是收回钱，很多人借这个做生日，他就很快乐、很愉快。我告诉你，其实我们真正地研究生命，不应该这样做，生日这天不是快乐的日子，生日这天是母难日。我们在生日这天，且不说搞很大的场合庆生，你就是自己感觉到很愉快，我觉得不少是自私的表现。生日这天是很沉痛的，是要怀念母恩。我每年的生日没什么快乐，从来都是想到生命来得多么不容易，多么艰难，父母年纪到了，来日苦短，我一点也没什么快乐。我哥哥也是这样的，我记得在台湾的时候，他尽孝道，我没有做到。每年父母的生日，是他出面请大家在一起聚聚，来的人都是至亲，都是有血亲的人，或者是有特殊的交往，也就十来个人，绝对不会惊动社会上的人。老哥前几年过七十大寿，我从长沙到武汉，就我们两兄弟，餐馆也没去，随随便便表示一下。我希望在这一点上，我们家的家风，我也很愿意接受，我们就绝对不要庆生，尤其不要搞得很豪华。我们在这天共同怀念给我们生日的母亲，最伟大的人是我们的母亲。

主持人：确实能感到唐浩明先生的君子风度。今天的话题就到这里，由于时间关系，就说到这里。今天的讲坛结束了。多谢大家的到来。

中国式家庭教育：从传统走向未来

时间
2017 年 4 月 18 日

地点
湖南图书馆主楼一楼多媒体演示厅

主持
陈仁仁（时任湖南大学岳麓书院副教授、院长助理）

主讲
郭齐家　郭齐勇

郭齐家，男，1938 年生，湖北省武汉市人，北京师范大学教育学部教授、博士生导师，享受国务院特殊津贴。曾任北京师范大学珠海分校法政学院教授，兼任中华孔子学会副会长，国际儒联理事会顾问。长期从事中国传统文化教育的教学与研究，主讲"中国教育史"。2011 年 9 月被评为"全国优秀社会科学普及专家"。主要著作有《中国教育思想史》《中国古代考试制度》《中国古代学校》《中国古代教育家》等。

郭齐勇，男，1947 年生，湖北省武汉市人，武汉大学哲学学院及国学院教授、博士生导师，时任国学院院长，享受国务院特殊津贴。2006 年被评为国家级教学名师。曾兼任国际中国哲学会（ISCP）会长、中国哲学史学会副会长、中华孔子学会副会长等职。主要从事中国哲学与文化的教学与研究。主要著作有《中国哲学史》《中国儒学之精神》《中国哲学智慧的探索》《中华人文精神的重建》《儒学与现代化的新探讨》等。

主持人：尊敬的两位郭先生，各位来宾、各位朋友，下午好！"家"在每个人的心中都是特别温馨和美好的字眼。家，不仅仅是一座为我们遮风挡雨的房子，更是我们获得慰藉和力量的精神港湾。不仅仅是对于个人，对于我们民族和国家而言，"家"也是极为重要的。孟子说："天下之本在国，国之本在家，家之本在身。"（《孟子·离娄上》）我们的传统社会是家族型社会，我们传统文化的主流呈现为一种伦理本位型文化，其核心是家庭伦理。有学者认为"家文化"是"西方人的盲点"，是我们区别于西方文化的一大特色。虽然我国当前的社会结构已经不再是以家族为主体，但是不管社会怎么变，"家"作为社会的一个基本构成单位，是不会变的。所以，传统深厚的家文化及其价值，值得我们深入挖掘。而传统家庭教育中的优秀理念及其转化和发展，正是其中一个极为重要的问题，值得我们深入思考和践行。

当今学界，亲兄弟在各自的研究领域取得丰硕成果者不多，在一起会讲同一话题更属罕见。2016 年 11 月 27 日，岳麓书院邀请了华中师范大学国学院院长唐翼明先生、著名作家唐浩明先生首开岳麓书院讲坛"兄弟会讲"，主题也是家风、家训。今天，我们非常荣幸地请到了北京师范大学郭齐家先生、武汉大学郭齐勇先生会讲"中国式家庭教育：从传统走向未来"。两位郭先生也是亲兄弟。兄弟会讲，必将成为学术界的佳话。同时本次讲坛也是岳麓书院讲坛和湘图讲坛首次合作，今后岳麓书院、湖南图书馆、凤凰网还会继续合作，为社会公众带来更多精彩讲座。下面让我们以热烈的掌声有请郭齐家先生、郭齐勇先生同台会讲。

郭齐家教授：尊敬的岳麓书院的领导和同仁，尊敬的湖南图书馆的领导和同仁，凤凰网的编辑朋友们，在座的各位朋友、各位同胞，还有很多年轻的同学们，大家下午好。今天我们兄弟俩有幸参加"中国式家庭教育"这个课题的讨论，我们愿意谈谈自己的看法，可能谈得很肤浅，也请大家批评指正。我先谈一下我们自己家庭的情况，以及我们从小受到的家庭教育情况。

我们是在湖北省武汉市武昌区长大的，家里是个小儒商，我爷爷、父亲都是做小生意的。我们家也有耕读传家的传统。据说五六代以前，我们的祖先从江西挑着担子沿江走到了湖北武昌。我们家住在湖北省武昌（现在是武汉市武昌区）巡司河畔武泰闸到新桥之间的板厂街，门前是一条河。我们家做的生意可能跟湖南有关系，从湖南贩一些木材、木炭等，用木筏子和毛板船运，经过洞庭湖再到湖北武昌。到湖北以后，这些木筏子、毛板船就被拆掉，拆掉以后就卖木板子，连同运的木材和木炭，或者把木板子做成棺材（寿木），我们家就做这件事情。这大概是从高祖父、曾祖父就传下来的，到我的祖父的时候就读了一些书。我的祖父年轻的时候读过湖北省武昌高级商业学堂（清末时叫"武昌甲种实业学堂"）。这在当时来说是比较高的学问，等于是高中程度，相当于现在的中专。但是当时的中专真的很少，所以他曾经做过湖北美术高等专科学校总务科的负责人。为了养家糊口，他也回家帮着家里做木材、木板、寿木生意，在我们武昌新桥、八铺街、板厂街一带很有声望，可以称为社会贤达。当时我们当地有一个"至善堂"，很多商人都募捐，我的祖父是"至善堂"的负责人，曾经用这个钱（做木材生意赚的钱）救济过很多穷苦的人。特别是灾荒的时候，水灾、旱灾的时候，祖父在"至善堂"里做了很多救济群众的事。祖父还当过保甲长。祖父是一个爱国的人士，抗日战争的时候武昌沦陷，日本人要他当武昌市的商会会长，因为他有一定的名气，但是我祖父坚决不干。我父亲就把我的祖父藏起来了，藏在汉口的法租界。藏了很长一段时间，祖父过着隐居的生活，没有当日本人的商会会长。

我父亲兄妹 8 人，父亲排行老大，没有读过多少书。小学毕业时，正好是 1927 年大革命运动，武汉是中心。我父亲很活跃，参加了很多学生运动。但是家里怕过激的运动影响他，就把他送到汉口一个布店当学徒。父亲十四五岁在汉口当学徒、店员，他后来跟我说，看到长江却回不了家，特别想家。汉口跟武昌隔了一个长江。学徒这三年除了过年过节的时候偶尔能回家看一看父母，其他的时间都是在店里。后来当了汉口一家小布店的副经理、经理。父亲虽然没有读很多书，但是他也坚守儒家的思想。我们把他叫作小儒商。因为儒商思想就是主张诚实不欺、公平守信，而且热心公益事业，经常帮助别人，乐施不倦。在我们的成长当中，我的祖父、父亲起了很大作用。

按我们郭家的家谱，上下五代的辈分，应该是"正修齐治平"，"正"就是正心，"修"是修身，"齐"是齐家，"治"是治国，"平"是平天下，这是《大学》八条目里的，我们家的辈分是按这个排列的。祖父是"正"字辈，父亲是"修"字辈，我们这一辈就是"齐"字辈。我祖父本来是按"礼义廉耻"的顺序给我们兄弟起名字的，我大哥叫"郭齐礼"，二哥叫"郭齐义"，本来我是老三，应该叫"郭齐廉"，后来因为二哥"齐义"不到一岁就夭折了，我的祖父说不好再接着叫，"齐义"没有了，我再叫"郭齐廉"也不合适，干脆就叫"齐家"吧，所以我就叫"郭齐家"。我三弟出生时，正好我祖父50岁，家人都热烈庆祝。过去50岁是一个大寿，所以我祖父说干脆就叫他"齐庆"，后面还有两个弟弟，一个叫"郭齐智"，一个叫"郭齐勇"，取自《论语》的"智者不惑，勇者不惧"。我还有两个妹妹，大妹妹叫"郭齐娴"，小妹妹叫"郭齐淑"。我们是五男二女，七兄弟姐妹。过去讲一家有"五男二女"是最有福的。

我是在抗日战争初出生的。大家知道1938年10月25号武汉沦陷，我是10月18号，正好是沦陷前一周出生的。当时日本大轰炸，武汉几乎没有一寸土地是安静、安宁和安全的，所以我的父亲就把我的母亲弄到法租界，在法租界租了一间小屋。生我时，我的母亲大出血，一脸盆、一脸盆的血往下流，生命垂危，后来还是用一些民间的偏方止住了血，保住了母亲的生命。两岁左右的时候，我又突然得了一个病。先是吃桃子得了痢疾，后来转成伤寒，当时没有钱去看病，也没有什么医疗条件，就躺在地上，靠我的曾祖母、祖母、母亲轮流用小勺往我的嘴里一点一点地喂水，喂了40多天。当时小棺材就放在旁边，如果一断气就装在棺材里埋上。但是40多天以后，我居然慢慢活下来了，就是靠水这么活下来了。

那时祖父当老师教育我们，我们郭家的小孩，包括我的小叔叔、小姑姑、哥哥等，一起围着一桌读书、写字。祖父规定每一个人每天要用毛笔写一张大字，一张大字是多少呢？一共4行，一行是4个字，有时候是8行，32个大字；还要写一张小字，小字一行是20个字，要写10行，共200个字；然后做10道数学题，再读书，读书开始也是读《三字经》《百家姓》《千字文》。四五岁时开始认字块，祖父把它们写成四方块的字，我们认识了几百上千字以后就开始读书。稍微大一点后，祖父就从《古文观止》、"四书"或者唐诗宋词里找一些篇章让我们读。祖父是一位有威严、有经验的家庭教师，我们十分敬重他。如果他老人家外出了，就临时指派一个人，或者我的叔叔、我的姑姑，或者我的哥哥来教导我们。后来他们上中学了，我也长大了，有时候也有了机会能够当祖父的助教来管我的弟弟妹妹们，也让他们学习。比如说，我也给弟弟妹妹出题目、做算术、看字，看哪些字写得好。当然这主要还是祖父来判断。

我父亲忙于汉口经商，十天半个月才能回来一次。即使这样，每次回来他都孝顺他的奶奶，就是我的曾祖母，每次一进门首先第一个看奶奶。第二看他的父母，即我的祖父和祖母。最后才回到我们这儿，跟我们亲热。我的父亲特别孝顺，给我们很大的影响。我们家里有个神龛，神龛的前面是观音菩萨，有"天地君亲师"的牌位，神龛的后面是我们郭家祖宗的牌位。每月的初一、十五，祖父就带领我们向祖宗的牌位，向观音菩萨磕头，过年、过节都是这样。我记得小时候我们除了向祖先的牌位磕头以外，还得向长辈磕头，曾祖母、祖父、祖母……挨个磕头，同辈人之间就相互作揖，初一、十五，过年、过节都是如此。父亲有时候也把我们带到汉口去玩，但是这种情况很少。记得有一次把我和三弟带到汉口去玩，我头一次坐了黄包车，头一次吃了冠生园的面包和点心，还到民众乐园（新市场）去玩了，非常的快乐。父亲就教导我们说："一个人最怕的是沾染了嫖娼、赌博、抽鸦片这些恶习。"当时旧中国这些恶习很多，不到十岁我们就受到这样的教育。有时候我写大字写得不好，我就把纸一卷丢到厕所里，被我父亲看到，父亲狠狠地批评我说："这个字是多么神圣的东西，你怎么能够把它丢到厕所里呢？我们中国的汉字是天给的，是神给的，所以从小就要对汉字有一个敬畏之心。"从那以后，地上掉的书纸，我绝对不会去踩，包括报纸。"敬惜字纸"是对文化、教育的尊重。爱惜每一张纸，爱惜每一个汉字，对每一个汉字都怀着敬意，这是父亲教导我的。

我的母亲出生于名门，读过两年书，也缠过小脚，但是民国就放开缠脚，所以她没有完全变为小脚女人。母亲伺候了五代人。她过门时大概 20 岁，我的曾祖母 60 多岁，她就伺候曾祖母；40 多岁的时候，她就伺候我的祖父母。我父亲是老大，底下很多弟弟妹妹，她对弟弟妹妹也特别地关怀，这是三代。第四代就是我们七个兄弟姐妹，都是她一针一线地给我们缝衣服、一汤一水地喂我们，养育我们长大。后来她又照顾我哥哥两个孩子，特别是我的孩子。因为那时我病得很重，不能照顾孩子，又在北京，母亲当时 60 多岁抱病到北京，帮着我护理孩子。后来还把我一岁多的孩子从北京带到武汉，在武汉培养了几年。所以我的父母的恩情太大了，很了不起。我今天能在这里跟大家讨论，完全是父母的恩德，我们每一个成就都离不开父母的恩赐，还有我的家庭的培养。每次我去做报告也好，讲课也好，经常会看着星空，觉得我的父母、爷爷奶奶、曾祖父母都在天上看着我。

我的母亲看到乞丐来了，哪怕家里只有一口饭，她都会送给讨饭的人吃。家里有一点好的东西，她都要送给爷爷奶奶先尝。我们每一次深更半夜突然醒来，总会看到母亲还在油灯底下给我们缝缝补补。特别是我1956年上大学，父母特别是母亲给我缝补衣服、鞋子、袜子，劳累了好几个通宵。那时候武汉还没有长江大桥，60多岁的祖父、40多岁的父亲带着我的兄弟姐妹，当时五弟不到9岁，从武昌走到江边十几里路，然后坐船到汉口，又走十几里路到汉口火车站，把我送走后他们再原路返回。所以我上大学是全家的希望，不仅仅是一两个人的希望。我到了北京以后，每一封信都是写好几页，有时候达到十几页，家里都问到。有的信父母和爷爷会读十几遍，然后又给弟弟妹妹们看，让他们知道这家书非常的珍贵。我到北京看了故宫、颐和园等，当时第一个想法就是我一定要让我的爷爷奶奶和爸爸妈妈到北京来。北京太好了，北京的古迹太多了，太值得看了。

我的祖父跟我们说过很多话，当时我们小，听不太懂。我的小叔叔当时比较大了，已经高中了，大概是1947年左右，他就在记日记的时候，把祖父的一些话记录下来。前几年我的小叔叔去世了，小婶婶就从小叔叔的日记里把爷爷跟他的一些谈话整理、总结出来，起名叫"修身格言"。其实这些"修身格言"来自民间习俗，类似于坊间流传的《古德箴言》《醒世篇》等，也是我祖父继承了祖上的传统对我们全家的教导，也可以说是我们郭家的家训。现在我每天早上起来给祖先磕头，同时也会把爷爷的这个谈话或者家训念一遍。我现在念给大家听一听：

大丈夫，成家容易；士君子，立志何难。进一步，自是平安；

让他三分，何等清闲。青山不管人间事，绿水何曾说是非；有人问我红尘事，装聋作哑总不知。须交有道之士，莫结无义之友。饮清净之茶，戒色花之酒。开方便之门，闭是非之口。恃富欺贫之人，不可近他；反面无情之人，不可交他；不知进退之人，不可说他；说谎行骗之人，不可信他；轻言寡信之人，不可托他；酒后无德之人，不可请他；时运未来之人，不可踩他；不识高低之人，不可理他；来历不明之人，不可留他。但凡世人说我、羞我、辱我、欺我、毁我、笑我、量我，我将何处之？我只好容他、避他、怕他、恐他、随他、尽他、由他，待过几年看他。

太上老君曰："福祸无门，惟人自招，善恶有报，如影随形，天神共怒，国法难容，近报自身，远报儿孙。"不孝父母，修什么道？不遵圣训，读什么书？不惜光阴，勤什么学？不敬长辈，教什么子？不勤耕作，种什么田？不讲道德，做什么人？心肠不好，念什么经？大秤小斗，吃什么斋？暗计害人，朝什么神？奸诈虚伪，求什么福？不忠不孝，求什么名？急不相济，是什么亲？困难不扶，交什么友？识破乾坤，认什么真？行善是福，作恶是祸，种瓜得瓜，种豆得豆，这是天然的道理。今天不知明日事，人争闲气一场空。看仔细，深悟彻，既能免罪消灾，也能益寿延年。

这段话我觉得对我们郭家的子孙来说还是很深刻的。

羊年春节团拜会（2015年2月17日）上，习近平主席说："中华民族自古以来就重视家庭、重视亲情。家和万事兴、天伦之乐、尊老爱幼、贤妻良母、相夫教子、勤俭持家等，都体现了中国人的这种观念。'慈母手中线，游子身上衣，临行密密缝，意恐迟迟归。谁言寸草心，报得三春晖。'唐代诗人孟郊的这首《游子吟》，生动表达了中国人深厚的家庭情结。"我每次读到这，就想起我母亲给我们做的衣服，到现在，我们还留着母亲给我做的丝绵袄。每年春节的时候我还会把它拿出来穿一穿、看一看，纪念我的母亲。"家庭是社会的基本细胞，是人生的第一所学校。不论时代发生多大变化，不论生活格局发生多大变化，我们都要重视家庭建设，注重家庭、注重家教、注重家风，紧密结合培育和弘扬社会主义核心价值观，发扬光大中华民族传统家庭美德，促进家庭和睦，促进亲人相亲相爱，促进下一代健康成长，促进老年人老有所养，使千千万万个家庭成为国家发展、民族进步、社会和谐的重要基点。"这一段话我觉得讲得格外亲切。对于我们弘扬中华传统美德，立德树人，树立良好的家风和民风，促进社会和谐有重要的意义。这是我讲的第一点。

郭齐勇教授：齐家老师是我的二哥，他上面还有一个大哥，下面还有一个三哥，前面三个哥哥是我们弟弟妹妹们做人的楷模。除了父母亲之外，前面三个哥哥在家里承担的义务和责任都很重，他们也是我们学习的榜样。那个时候和现在独生子女的小家庭不一样，在大家庭里我们学习怎么样做人，学习怎么样和人相处，兄弟姐妹一起成长。三个哥哥在前面给我们做了很多带头的作用。那个时候家里生活困难，二哥、三哥同一年，就是1956年考试，三哥考中师，二哥就考北师大。因为读师范不要钱，吃饭不要钱的。他到北京读书，有时候暑假不回来，在北京打工，漆油漆、漆地板，赚一点点钱来补贴家用。那时候回来，车票一二十块钱，所以很少回来，一两年回来一次。寒假回来的时候，在路上就吃窝窝头。

他们省吃俭用，就是为了我们弟弟妹妹的成长。所以在我们弟弟妹妹的身心健康方面，除了我们的祖父母、父母，还有就是我前面三个哥哥，他们做出了榜样，是我们的楷模。

郭齐家教授：1953 年我考上了高中——武昌实验中学，第一年每个月的伙食 7 块 5，第二年就涨到了 8 块 1，除了伙食费，还有学费，还有书本费。每年一到这时候全家都发愁，因为交不起这么多钱。后来我的父亲对我说，你能不能跟老师说伙食费半个月一交。我就去找老师，老师说可以。所以，我半个月回家一趟就取 4 块钱，大家知道吗？4 块钱就是我半个月的伙食费，我们熬过了这样一个困难时期。我的几个弟弟妹妹确实都了不起，像齐勇当时上初中住校，困难时代粮食不够，而他正好是长身体的时候，他居然每一顿饭省一口，到星期六带回来一个像拳头大的饭团。他一回来，我妈妈眼泪直流，这么小的孩子，那一口饭就是吃进去也不是很饱，另外一个没有油水。我的四弟也是这样，早上学校里发给他一个小饼，大概就不到一两，配着腌菜吃，而他偷偷带回家，晚上回到家里跟父母一起分着吃。兄弟姐妹就在这种环境下成长。

我的大哥曾是国家科委培训干部管理学院院长，正厅级，三弟是武汉大学附中的校长，四弟是洪山中学的校长，我们两人是大学的教师，大妹妹在郧阳的粮食部门，还被评为湖北省的先进个人，小妹妹叫郭齐淑，在沙市的一个单位，也是很正直的。我们兄弟姐妹几个之所以能这样，都是因为受到父母的教育熏陶。所以，我们感恩，感恩父母，感恩这样一个温暖的家庭。第一部分我跟大家汇报这些。

第二部分我想谈一下中国式家教的特色，我想谈五点，不对的话请大家批评指正。我认为这五点是我们中国式家教，或者说中国式教育的一个特色。

第一，家庭和谐，促进社会和谐。我做一个简要的说明。中华文化强调人伦之道，重视家庭内部各成员之间的关系，比如说夫妻、父子、祖孙、母女、兄弟、姐妹，这些关系建立于仁义基础之上，父慈子孝、兄友弟恭、夫仁妻义。孔子说："父子笃（父子相亲），兄弟睦（兄弟相睦），夫妇和（夫妇相和），家之肥也。"（《礼记·礼运》）"肥"就是健康、和谐、融洽的意思。在孔子看来，家庭中虽有尊卑、男女之别，但发表不同意见是允许的。这些关系也有矛盾的时候，是需要协调的。协调得好，成为一团和气，大家都能心情舒畅，同心协力，发展事业，发财致富，培养子女健康成长，这就是所谓"家和万事兴"或叫"和气生财"。家庭中每个成员都是一个角色，每一个角色都有自己的分工、责任、权利和义务。所有角色互相配合，组成团结协作的整体。这就是家庭的和谐，它是社会和谐的基础。

孔子还有一句话："君子和而不同，小人同而不和。"（《论语·子路》）所谓"和"，即和谐、融洽相处；所谓"同"，就是与别人完全相同，没有自己的见解，没有独立性。孔子坚持"和"的原则，做到与别人和谐相处。这就需要认真做到以下三个方面：第一，要独立思考，敢于发表自己的意见，有自己的个性、特点，胸怀坦荡；第二，要允许别人有自己的个性和见解，尊重别人意见，与别人以人格平等的方式共存；第三，人人都有不同的看法，要心平气和地摆事实、讲道理，认真进行沟通与交流，取长补短，相互启发，逐渐取得共识。如果一时难以取得共识，就要采取求同存异的办法处理矛盾，协调关系，这就是"和"。只要大家都有君子之风，都能坚持和而不同，那么大家都可以在和谐的环境中生活，家庭就是一个温馨的港湾。如果家庭要弹奏出和谐、和睦的乐章，那么基调就是尊重，主旋律就是友爱。家庭的慰藉、温暖不仅在于感情的满足、生活的协调，更在于临危前的忠告、深渊边的劝阻。家庭的和谐，必然促进整个社会的和谐。

第二，人伦之道始于夫妇。《周易·序卦传》有一段非常精彩的话："有天地然后有万物，有万物然后有男女，有男女然后有夫妇，有夫妇然后有父子，有父子然后有君臣，有君臣然后有上下，有上下然后礼义有所错。夫妇之道不可以不久也，故受之以'恒'，恒者久也。"动物也有雄雌，但是动物没有如人类的夫妇。《易经》有六十四卦，咸卦象征夫妇之道，接着就是恒卦，象征夫妇关系的恒久。《礼记·中庸》也说："君子之道，造端乎夫妇，及其至也，察乎天地。"认为君子之道，首先体现在夫妇关系之中，至于讲到究竟，就能洞察天地并贯彻到天地之间。所以人伦之道始于夫妇，是中国家庭文化中的一个很重要的特色。《诗经·周南》也讲"文王之化"熏陶出"后妃之德"，而"后妃之德"又是"人伦之始""王化之基"。人类的一切良好的政治、历史、文化、社会、家庭都建立在夫妇关系必须符合"正道"的基础上。夫妇关系一好，一切都好；夫妇关系一坏，一切都坏。"好"字就是男和女，一个"女"一个"子"，男女和谐就叫"好"。

现在大家都在讲风水，我们往往说讲风水就是讲外风水，是外在的环境；而忽视了内风水，就是人本身。人和人的关系，男是风，女是水，风风水水是男女和谐，这是最重大的风水，最佳的风水。每个家庭都有孩子，现在好多人都说孩子不要输在起跑线上。北京市有一位中学老校长姓刘，写了一篇文章说，我们搞过很多竞争，始终出现不了真正的人才。我们折腾了很久，都以为要抢到起跑线，但是人生的跑步不是百步，是马拉松。所以，抢跑几秒钟没有用。孩子健康成长真正重要的是夫妇的和谐、家庭的和谐。假如夫妇有裂痕，出现了问题，孩子的成长就成了问题。我们特别强调这一种"正道"，正道就是人类必须遵守的普遍道德原理。所以夫妇的和谐比什么都重要，这是我想讲的第二点。

第三，家庭和谐融洽的孝道。中国人很重视"孝"，专门有一个《孝经》。《孝经·开宗明义》就讲，"先王有至德要道，以顺天下，民用和睦，上下无怨。""夫孝，德之本也，教之所由生也。"孝是一切道德的根本，所有的教育都是从孝道产生的，"孝"字加一个反文旁就是"教"。所以，"身体发肤，受之父母，不敢毁伤，孝之始也。立身行道，扬名于后世，以显父母，孝之终也。夫孝，始于事亲，中于事君，终于立身"这是孝子。我还读过佛教的"孝经"——《地藏经》。《地藏经》有一句话给我很大的教育，《地藏经》说，读7遍《地藏经》，其中有1遍有利于你的长辈，比如说我的父母去世了，读1遍就对父母有好处；其余6遍是培固你生命的根基，对你自己有好处。我的父亲活了91岁，于2004年故去，我的母亲活了94岁，2006年故去。我就在这段时间读了1500遍《地藏经》，不但是在怀念我的父母，也是在培固我们兄弟姐妹的根基。因为，我每读一遍都会回想我的家人、亲人，包括我的兄弟姐妹。

孝道为什么这么重要？大家知道孝道的基本内容是父

慈子孝、兄友弟恭。孝，不是单方面的，不是儿子孝顺父亲叫孝，父亲也要慈爱孩子；哥哥对弟弟爱护，弟弟对哥哥恭敬，这也叫孝道。所以，它的作用是形成一种浓烈的家族亲情，对家庭关系，也对中国社会的稳定起到了极为重要的作用，孝道是民族团结的基石。中华民族之所以形成坚韧的伦理实体并经久不衰，与这种孝悌之德的弘扬及其所形成的稳固的家庭关系有着不可分割的联系。每个家庭讲孝道，每个家庭是稳定的，整个社会是稳定的，中华民族也就是稳定的。但是，每一个家庭破坏孝道的时候，中华民族是一盘散沙，这是其一。

其二，孝悌之情的扩展就是"忠恕之道"。"忠恕"是由"仁"派生出来的，是"仁"由家族之爱走向泛爱的中间环节。孔子认为"忠恕之道"是"为仁之方"，其基本要求是以诚待人，推己及人。在此基础上中国人形成了"四海之内皆兄弟也"（《论语·颜渊》）、"不独亲其亲，不独子其子"（《礼记·礼运》）、"老吾老以及人之老，幼吾幼以及人之幼"（《孟子·梁惠王上》）的宽广情怀和安老怀少的社会风尚，形成了中华民族大家庭社会生活中浓烈的人情味和生活情趣。在中国传统社会中既出现了无数孝子慈父、仁兄贤弟，也培养了许多为民请命、杀身成仁的仁人志士，这是我们中华民族非常可贵的地方。

其三，传统的孝道珍重生命的价值，不仅珍重活着的生命，也珍重死去的生命，还要求子孙继承祖先的志向、理想及其崇高的事业，继承祖辈的积极精神和意志，这使家族乃至民族不断兴旺发达、后继有人。同时，中华文化还重视"知恩思报"，中国人早就有"投之木瓜，报之桃李"的道德教训，孔子把"孝"的准则诉诸回报的情理，"滴水之恩，当涌泉相报"；中华文化强调要报父母养育之恩、师长提携之恩、朋友知遇之恩、国家培养之恩等。与此相反，与"忘本""负义"同义的"忘恩"，必然会受到严厉的道德谴责。在漫长的文化积淀中，"知报"已经成为中国人道德良知和道德良心的重要组成部分，是中国古代道德质朴性的重要表征。

关于孝道，最后一点，我是在一本有关道教的杂志上看到的，不仅儒家重视孝道，佛教重视孝道，其实道教也重视孝道。道教是从这个角度来探索孝道的意义的：人的先天之命在最近这一阶段上是直接由父母孕育的，虽然人出生后就独立于父母之体，但人的根还扎在那里，"数"还存在那里。"数"就是遗传密码、生命密码，大家不要忽视。虽然我们离开了父母，但我们的遗传密码、生命密码还在父母身上，故而孝敬父母实际上也是在培固自己生命的根基。

中华文化强调孝敬父母不仅有人道、家庭伦理层次上的意义，它还包括更深刻的生命意义。因为一个人的生命是由大自然和祖祖辈辈等诸多的时空因素演化而成的，它不是孤立的，它是一条前因后果长线中的一段，一个诸多因素联系网上的一点。我上课的时候讲孝道，会请同学们画一张图。比如说这是我，这是父亲，这是母亲；那么父亲上面还有父亲、母亲，母亲上面还有父亲、母亲，就这么画下去。画30代就到了宋朝，我们的祖先可能是朱熹的朋友；画40代就到了唐朝；画60代就到了汉朝；画80代就到了孔子的时候，我们的祖先可能是孔子的学生或朋友。从这个意义上来看，这个根是很深的。如果我们不孝，就是把这个根切断了，我们还能够长成参天的大树吗？根深才能叶茂，孝道就是赋予我们生命的根、生命的网络，这个根和网络越深，我们这个树才长得越大，这是我讲的第三点。

第四，家训和家庭教育。家训是中国的特色，中国古代重视家庭教育，家庭在把自己的子女送入社会之前，要把道德准则、社会规范、价值观念以及社会角色所需要的知识经验等，传授给自己的子女。从某种意义上说，中国古代的青少年、儿童的教育主要是在家庭中完成的。中国自古以来是一个重孝道、重亲情的国家，其治理、安定主要依靠家族、家庭的维系力量。家族是一个"大家庭"，它不仅有族规、族法、族田、族产，还有族训、族学等等。在中国古代人们多把"名垂青史"作为自己的人生目的，因此光宗耀祖是一种普遍的价值取向。教育出一个好子弟，家庭可以"与山俱高，与水俱长"，长久地存在下去，并享有盛誉，国家也会因此兴盛。如果把子女培养成贤人君子，就可以彰显祖功宗德。所以，家训是很重要的。南北朝的时候有"颜氏家训"，宋代的朱熹也留下了家训。我有一年到福建朱熹的老家去，家家户户都挂着朱熹的家训。

家训的形式有很多种，有训诫、遗言、遗训、书信、诗歌、格言、警句、著作等等。如诸葛亮的《诫子书》说："夫君子之行，静以修身，俭以养德，非淡泊无以明志，非宁静无以致远。"把修身、养德、明志联系起来，认为只有宁静、俭约、淡泊才能有君子之行。也就是说，首先要在个人的内心世界营造一种宁静、淡泊的氛围，不为外部世界的物欲所迷惑，这样才能达到"淡泊以明志，宁静以致远"。这样的训诫力量是十分深刻的。又如《曾文正公家书》有三四百封，是历史上家书保存最多的。家书写得辞意恳切，语言简练明畅，苦口婆心，娓娓道来，肺腑之言跃然纸上，令人感奋。

由于曾国藩的子弟有不少成为国家的栋梁之材，所以人们都认为他"教子有方"，《曾文正公家书》也就格外受到推崇。近代汤用彤先生的家也是一个大的家族，汤用彤先生在教育他的儿子汤一介先生时，曾经说过这么一句话："家风不可中断。一个家庭应该有他的家风，如果家风断了，那么这个大家族也衰落了。"我们是汤一介先生的学生，经常跟汤先生谈到他的家庭，他也跟我们讲他的父母对他的教育。

所以我们应该重视古代的家训家教，重读古人经典家训，树立今人家教观念，培植家风、修身齐家。故曰：家和万事兴、子孝人伦正。家风看世风，此淳彼亦淳，这也是当代家长和教育工作者们应关注的，因为家训家教对子弟个性、人格的形成起着至关重要的作用。所以从某种意义上说，家训家教也是中华文化的一大特色。

第五，最后一点，家庭教育和儿童读经。中国古人将儿童称为童蒙，即不大懂事的孩子。《易经》中有蒙卦，讲童蒙的启蒙教育。蒙卦，下坎上艮，象征"蒙稚"。《序卦传》："物生必蒙""蒙者，蒙也，物之稚也。"蒙卦下坎为水、上艮为山，《象》曰："山下出泉。"童蒙好像是安静的、如不动的青山下清澈的渊泉，山静、泉清，象征着童蒙的天然善性，是极为宝贵的资源。那么如何去启蒙开发呢？《象》曰："蒙以养正，圣功也。"意即童蒙时应当培养纯正无邪的品质，保持其天然善性，这是造就圣人的成功之路。《象》曰："君子以果行育德。"意即君子因此果断决定自己的行动来培育美德，需要坚毅的心志和长期的过程。童蒙等待君子去启蒙，君子将他们引上正道，所以给童蒙以正心教育，即用最好的思想培育他们的德行，这即是"正心育德"的道理。

用什么内容对儿童正心育德呢？中国古代的蒙养教材有《三字经》《百家姓》《千字文》《千家诗》《弟子规》等。联合国教科文组织将《三字经》列为"儿童德育教科书"向全世界推广，还有《弟子规》也对我们做人有很大的启示。现在家庭教育也要注意"多读古诗文，扎好中国根"。从"三、百、千、千"、《弟子规》开始，然后到"四书"、《古文观止》、《老子》、《庄子》，让孩子在记忆黄金期之前（据说15岁之前）先背下来再说，使其未来有一个发展的宽广平台，以后自能慢慢"反刍"，一生受用不尽，即所谓"腹有诗书气自华"。当然现在家庭教育还要配合学校教育、社会教育，还要注意"扎好中国根，学做现代人"，可以中外儿童文学经典为主，广泛涉猎童话、寓言、科学、故事、实用文等，注意民族性、人文性、工具性与现代性等的和谐统一，从而真正造就一代新人。

以上几点，我觉得是中国式家庭教育的几个特色，谈的不对的地方请大家批评指正。

郭齐勇教授： 谢谢各位领导，女士们，先生们，各位同道，刚才我的二哥齐家老师，以他的亲身经历，讲述了中国式家庭教育的几个特色。他是教育学的专家，长期在高校里教书。他是我的同胞兄长，但在高等学校这个范畴里面，我们其实是两代人。他1956年上大学，我1966年高中毕业，1978年才上大学，我晚他22年上大学。他当大学老师的时候是1960年，我当大学老师的时候是1984年底，中间有24年的光阴。我们78级的同学进校的时候，当时的老师就是他这一代人，所以在高校里面我们算是两代人。

刚才齐家老师讲到了我们家，也讲到了中国家庭教育传统的特点。祖父一生坚守"诚实不欺，公平守信，热心公益，乐施不倦"的信条，以"仁义忠信"教育子孙。父亲告诫后人："一要诚，二要清。诚心、诚实、诚朴；清廉、清白、清净。"大哥教育我们："寿本为仁，乐生于智；勤能补拙，俭可养廉。"感恩我的先祖，感恩我们的家风、家教，这是我们成为健康的社会人的基础。

关于中国的家庭教育这个话题，我跟二哥有分工，我侧重讲家庭教育从传统到现代的转化。由于时间关系，我就简单说一下当前的一些问题。

第一，我从传统家庭教育的流风余韵谈起。比方说梁启超（梁任公）先生这个家庭，梁启超先生是近代启蒙的大师，他有两任夫人，一共9个孩子，9个孩子中有3个院士，当然我们不以院士论英雄。他的长女梁思顺是诗词大家，长子梁思成是建筑学的院士、大家，梁思庄是图书馆学的大家，梁思礼是火箭控制系统的专家，也是院士。我们可以看到梁先生家培养了很多的优秀子女。还有植物学家吴征镒先生，他是2007年"国家最高科学技术奖"的得主，他的祖父这一支和外祖父这一支都是名门。他外祖父是扬州宝应的刘氏，他的妈妈对他影响很大，妈妈来自"五之堂"。他外祖父家号称"五之堂"。"五之"就是《中庸》的"博学之、审问之、慎思之、明辨之、笃行之"。吴院士家也是兄弟姐妹很多，老大吴征铸是教育家、剧作家，老二吴征鉴是昆虫学家，老五吴征铠是化学家、院士，吴征镒是老六，是植物学大家。

还有大家都熟悉的李昌钰先生，他是神探。他爸爸在他妈妈40岁的时候就过世了，40岁的妈妈手把手把13个孩子培养成人，他们后来都在美国成长。几任美国总统，像布什总统都给他们家庭授予了很多的荣誉，而且是在白宫受到表彰的。他们是一个模范的家庭，13个孩子都成人了、成才了。布什总统在美国的母亲节写信表彰他妈妈是一个伟大的母亲。他妈妈只说了15个字（她说话很少），这15个字就是"待人要好，做事要专心，少说话，多做事"。刚才齐家老师讲到我们的母亲，我们的母亲话也不多，经常让我们读"黎明即起，洒扫庭除"的朱子家训，然后教我们要"将心比心"。而李昌钰先生的母亲以"待人要好，做事要专心，少说话，多做事"教育她的孩子，兄弟姐妹13个人（8女5男）都成才了，其中3个人获得了美国"十大杰出青年"的荣誉，这是不容易的。

其实我们中华文化是靠一代一代的母亲、一代一代的家庭传承下来的，母亲是我们儒家文化传承的重要纽带。所以杜维明先生说，儒家文化是靠一代一代的母亲把它传下来的。我们也不是什么名门之后，母亲对孩子的言传身教的确是非常重要的，身教胜于言教。我们在家庭中所受到的父母、兄弟姐妹的这种教育，还是从身教得到的。特别是我们的哥哥们，我们的长辈们，他们的身教非常重要。所以家风家教对于个体道德、社会道德都有非常重要的意义。

但是现在我们看到，家庭方式已经发生了改变。20世纪以来，中国的家庭发生了重大的改变，家庭成员的关系发生了重大的转型。大家庭、大家族逐渐解体，核心小家庭成为主要的形式，家长的权威旁落，家庭关系和家庭生活逐步民主化，多子女变成少子女或独生子女。这样一些生存方式的改变，无疑会带来父母、子女在家庭地位中的改变、育儿方式的改变，家庭教育方式也发生了改变。但现在出现了一些问题，如上海出现的"海归弑母案"。一个单亲家庭的母亲在上海打几份工，培养她的孩子在日本读书，孩子不在日本好好读书，妈妈让他回来，在浦东机场，他用水果刀捅了妈妈十几刀。这是前几年的事情，当时舆论一片哗然，讨论我们的孩子留学出国的问题。现在还有很多"熊孩子"，我们武汉市就出现了这样的"熊孩子"，在网游平台上打赏，一次就是几千块，几万块，结果把爸爸妈妈的血汗钱都给挥霍掉了。

这些教育的问题可能是来自家教的缺失、中小学教育的缺失、社会教育的缺失。刚才家兄讲到家庭教育、社会教育、学校教育要配合起来。家庭教育是根、是本，是培养孩子的性情、根本心性的教育，还有做人的基点的教育。家庭不仅是我们的第一个学校，而且是终生的学校。所以，孩子在成长过程中发生了一些变化，3岁、9岁、13岁，这些都是很关键性的年龄段，要让孩子学会自理自主，家长不要过多地包办代替，让孩子学会去和人交往，接受小伙伴。

和传统的家庭教育相比，现代家庭教育发生了一些改变。比方说，现在我们强调亲子，一些家长把孩子扔给祖父母、外祖父母来带，虽然很方便，但是也给孩子的培养带来一些问题。因此，我们父母和孩子要多加强联系，比如爸爸妈妈要和孩子一起修玩具，一起游山玩水、走遍天下，跟孩子讲人文地理，跟孩子一起去行万里路、读万卷书。另外，还要和孩子一起进行体育锻炼，家长和孩子在一起成长，要有更多跟孩子接触的机会。现代的家庭教育已经不是传统的权威式、家长式的教育，这种情况之下，我们的家庭教育也会发生一些改变。有的家长，特别是隔代的培养，有很多溺爱孩子的情况，还是父母亲独立带孩子比较好。刚才我们讲到家庭是孩子的第一个学校，也是终生的学校，影响孩子成长的主要还是家庭，在健康和谐的家庭成长的孩子，心理、性情都要好些，成长也顺利一些。

刚才家兄的报告里面特别讲到夫妻这一伦的关系。夫妻关系对孩子的影响最大。孩子是学习爸爸妈妈的行为习惯的，身教胜于言教，爸爸妈妈无形中的一言一语、一举一动都会影响到孩子的成长。孩子尊不尊重人？孩子是不是善待身边的人？善待陌生人？家长的行为、语言方式的细枝末节都影响着孩子，最后变成孩子待人接物的方式。所以，我们做爸爸妈妈的要有很好的性情，要有生活情趣，不要贪小便宜，不要嘲笑社会的弱者，做人要厚道。另外要有健全独立的人格，要能和他人共事，这都会深刻地影响到孩子。实际上，今天我们看到孩子在大学里面出现了很多心理的疾病。过去我所在的国学院很少面临这样的问题，现在面临很多这样的问题。性情的培养、心理健康的培养成为非常重要的问题。这个问题有的是孩子的问题，有很多其实不是孩子的问题，是社会的问题、家教的问题、家庭的问题、夫妻关系的问题等等，这些问题都会影响到孩子们的成长。

第二，我们要回归。现在家庭教育如何从传统教育中吸取营养？比方说梁启超先生教子的一些经验，他给大女儿梁思顺写信时说"莫问收获，但问耕耘"。他说，我平生最服膺的是曾文正公的两句话"莫问收获，但问耕耘"（《曾国藩日记》）。将来成就如何，我们且不要去关注它，现在就一点一滴地从当下做起。他不赞成填鸭式的教育，也很少过问子女的学习。但他很重视写家书，家书抵万金，他在家书中说，我不要像装罐头那个样子，塞得越多越急，不见得会使你们受益。他在家书里面给孩子们最多的是安慰的话、劝解的话，并不提很多学习的具体目标。另外，他和子女做朋友，有童趣，他说作为家长要有童趣。作为父亲，他亲自给孩子们写信交谈，孩子们的恋爱生活问题他都参与，而且娓娓道来，不把自己的想法强加给孩子们。他以自己的童趣童心，培养孩子们的趣味。梁思成和林徽因要去欧洲度蜜月的时候，梁启超先生给他们写信，告诉他们到欧洲的每一个地方，要有目的地考察，哪一些地方有什么经典的建筑，要写好日记。所以，他非常关注孩子，也是非常能够指导孩子的。他有童心，他说我们有两种孩子气，一种是任性耍小孩子脾气，另外一种就是童心童趣，做爸爸妈妈的要有童心童趣。孩子的功课做得怎么样，他绝不责备。他认为，孩子要有通达健全的人生观，保持乐观主义的态度，这是梁启超先生教子的一个启示。

今天的家庭教育面临着一些中庸之道，改变了一些尺度的把握。比方说今天孩子们的厌学、焦虑、失衡、心理脆弱、抑郁症等都在挑战我们的家庭教育和社会教育，挑战我们的学校教育。家庭教育所面临的问题，如我们既要教孩子懂规矩，又要鼓励孩子生动活泼地发展；我们既要教孩子尊重长辈，又要培养孩子的平等意识；我们既要鼓励孩子的自由发展，又不要骄纵和溺爱他们；我们既要严格地要求孩子，又要有宽松的家庭氛围；我们既要夯实孩子们的科学文化等基础知识，又要启发他们的想象力和创造性；我们既要培养孩子独立的意识，又要培养他们善于乐群、有合群性；我们既要培养孩子的智商，又要培养孩子的情商；既要孩子们接受压力，有一定的抗压力，又不要让他们压力过大；我们既要培养孩子的阳刚之美，也要培养孩子的阴柔之美……所以，在中庸之道的尺度把握上，我们要非常注意，今天培养孩子和我们传统培养孩子是不一样的。

今天的孩子再不是那样唯唯诺诺地，臣服于一个家长式的教育，他们有很多天性的发挥，不经意之间他们的创造性就出来了。我们不要抹杀他们的这种天性，他们的创造。尽管今天培养孩子出现了一些新的问题，但是我们还是可以从传统中吸取一些营养。南开中学的前身是天津中学堂，他们培养孩子也还是从"三、百、千、千"里面吸取营养，如他们有40字的"容止格言"，培养孩子怎么规规矩矩做好师生之间关系的处理。

此外，还要注重培养他们的气象，不要有暴戾之气，勿暴、勿傲、不怠惰。我们现在网上有网络暴力，这是民间的暴戾之气在网上的反映、在青年中的反映。在培养孩子心性的时候，要培养孩子宽和的心态，要做到亦和亦静亦庄。这一点我们要向蔡元培先生学习，蔡元培先生强调，要将传统文化的资源进行转化。蔡元培先生是前清的翰林，也是留学喝过洋墨水的大家，还是民国政府的第一任教育总长。可是他在民国初年还曾为中学生亲自写修身教材，为在法国打工的华工写夜校教材。现在我们很多所谓的大学教授都不屑于给打工者写教材，不屑于给中学生写教材。他在修身教材里强调的，就是刚才家兄讲到的孝亲。有很多人认为孝子是私德，就是爱家人。其实不是，它是要培养我们的爱心，这种爱可以通过"亲亲而仁民，仁民而爱物"（《孟子·尽心上》），推己及人，（把对亲人的爱）推广到对陌生人的爱，对社会他人的爱，走向他者。所以，蔡先生强调孝心是美德。他说："国之良民即家之孝子"（蔡元培《中国人的修养》），"求忠臣必于孝子之门"（《后汉书·韦彪传》）。传统的这些话都有一定道理。因为，在家里都不孝顺父母，不尊重兄长，不懂孝悌，怎么会爱陌生人，爱其他人，克己奉公呢？

郭齐家教授：家庭是人生最初的学校，良善之家是社会人生之本。我有一次在北京开会，有一位女士，是搞设计的，她讲了一句话，我到现在印象很深。她说："岳飞的母亲没有什么文化，但是她在儿子背上刻了'精忠报国'4个字。在座的各位，哪一位都比岳飞母亲的文化高。可见，不一定是你读多少书，有多高的文凭，有多么了不起，关键是要有家国的情怀。"岳飞的母亲不认得几个字，也就是一个家庭妇女，但是她能把"精忠报国"刻在儿子的背上。我们在座各位想想，每一个人比她文化高，但你能不能在你儿子、孙子背上刻上这几个字？当时，我觉得触动很大。

郭齐勇教授：说到国学，现在国学很乱，到处都是国学大师，有赚钱的国学、风水的国学等各种各样的国学，但是我们真正讲国学还是从基础讲起，从做人讲起。国学中的确有很多精华，但是国学需要创造性地转化，包括孝亲的"孝"也不是那种愚孝。二十四孝图我们非常反感，因为二十四孝图有的不近情理，如"王祥卧冰"等故事就极其夸张。即便爱父母、爱兄长，讲孝悌，也不应该那样去做，损伤自己。《孝经·开宗明义》就讲，"身体发肤，受之父母，不敢毁伤"。所以，我们觉得孝道也要创造性地转化、扬弃。当然国学中大量关于修身、培养君子人格的论述，都强调的是仁爱之心的培养。"老吾老以及人之老，幼吾幼以及人之幼。""积善之家，必有余庆；积不善之家，必有余殃。"（清代王永彬《围炉夜话》）这些都是我们培养人才最基本的一些东西。

在现代，国学经典教育和社会公德培养有一定的联系，我们培养孩子们琴棋书画、诗词歌赋，再通过诗教、礼教、乐教陶冶他们的情操。我觉得今天对孩子的培养最主要的是要有性情的教育，要有德性的培养，要多一点教养、少一点暴戾之气；要有养成教育，培养温良恭俭让的国民，要在诗书礼乐中来加以培养。比方说《朱子家训》《朱柏庐治家格言》里面其实有很多涉及公德的内容，《朱子家训》强调："勿损人而利己，勿妒贤而嫉能，勿称忿而报横逆，勿非礼而害物命。见不义之财勿取，遇合理之事则从。诗书不可不读，礼义不可不知，子孙不可不教，童仆不可不恤，斯文不可不敬，患难不可不扶。""人有小过，含容而忍之；人有大过，以理而谕之。勿以善小而不为，勿以恶小而为之。"朱熹的家训其实讲的已经不是私德，已经是从私德到公德的一种过渡了。我们过去讲五伦关系，今天五伦关系已经要进行创造性转化了。独生子女时代就没有兄弟这一伦了，但现在又恢复过来了。除了君臣、父子、兄弟、夫妇、朋友这样一个五伦关系之外，我们今天还有同事这一伦也很重要。发展同事这一伦的伦理，要从朋友这一伦进行创造性转化。还有群体关系的伦理，即个体和群体的关系。所以，今天我们要培养"六伦"或者"七伦"这样一种创造性关系。那么我们培养孩子，就要重视群体关系的把握，从小就培养孩子对同学、同事关系的处理能力。

我们从朱子家训强调的这些中就可以看出，私德如果不健全的话，我们也就很难有健全的公德。所以对于家庭和社会、私德和公德，梁启超先生后来讲，这个在于"一推"，推己及人，把私德推到公德上来。他吸取了福泽谕吉的思想，并进行反思，认为福泽谕吉对于私德和公德讲得不够。因此，他强调私德，即"仁义礼智信""孝悌忠信""礼义廉耻"等都是个人做好君子的一个私德，而不是私利。私德转化为公德，有一个转化的过程，包括我们刚才讲的五伦关系发展为七伦关系。因此，注重对孩子进行事务性的锻炼，培养孩子的责任意识、自我担当的精神，戒除依赖的心理，学会尊重别人，尊重社会，培养敬畏之心，培养他们善于和小朋友、和他的同龄人的相处能力，都非常重要。

国学中有大量的修身成德，培养君子人格的内容，培养仁爱之心的内容。过去是在礼乐射御书数、在孔门诗歌的内容之下来培养的。今天的社会发生了改变，现在社会不应当只是强调公民的权利，更要培养公民的责任和公民的德行。公民的德行是什么？如西方的社群主义、自由主义、共和主义三大思潮，都讨论到公民的责任的问题。我比较欣赏社群主义所强调的人性的尊严、认同感、尊重别人的隐私、自主性、关心他人、关心社会、包容性、公民的服务、主动的参与等。现代社会我们不仅需要好人，还需要好公民。公民的德行是一种公共的精神。每一个公民都具备一些潜力，发挥这样的潜力，就能够使公民支持、维护并且达成社群的公共善，公民的自由也才有保障。

在公民社会里面，如何来培养公共善是非常重要的。所以，今天我们家庭教育、社会教育、学校教育还要强调公民道德的培养。我们的教育应当包含教养的教育，不只是我们今天讲的知性的教育。"家教"这个词，我们讲，是家庭教育，是知性的教育，是成才的教育，不是成人的教育。所以我们要有教养的教育，教养的教育是广博的文化修养、高雅的审美情趣的教育。还有德行的教育，德行的教育就是追求人生的意义，培养崇高的道德情操的教育。还有公民教育，培养奉公守法、有正义感、负责任、有公民意识的公民，要有社会所需要的各种制度化下的公民道德的建构，法治社会下公民的道德教育。所以教养教育、德行教育、公民教育都是非常重要的。

今天的家庭教育发生了一些变化，我们要提倡家长和孩子们一起成长。同时，要强调培养孩子分辨是非的能力，在性情教育上多下功夫，多和孩子交流，关注心理健康，了解他们的情感情绪，做正确的引导。家风家教的现代重建不是回到过去，而是面向未来。我们在反省西方教育的失败和问题的时候，也要吸取西方教育的成功经验。日本教育有一些成功的经验，比方说他们的孩子很早就能够自立，不依赖家庭，不像我们现在的富二代、官二代，太过依赖家庭，一般的孩子也是这样，家长包办、代替过多，包办太多太多。因此，家长和老师怎么样以身作则，兼顾身教和言教，面临一个很重大的挑战。另外，今天的社会也面临一些重要的挑战，比方说有很多打工者，夫妻都难得团聚，家人不在一起，亲情缺失，使得留守的儿童只靠留守的老人，是很有问题的。因此，我们怎么样呼吁我们的政府、我们的社会保障一个完整的家庭，保障每个孩子得到亲情，也是要社会和政府来做的一个事情。这也是我们每每谈到家庭教育无不感到尴尬和遗憾的一些问题。当然，这需要全社会来做。所以，我们今天谈到的家庭教育的问题，是一个非常重大的问题。因为时间关系，我今天就讲到这里，不对的地方请各位批评指正，谢谢各位。

主持人：感谢两位郭先生的精彩讲述！两位郭先生的讲述既有分工，又有交融。郭齐家先生讲了自己的亲身经历，在怎样一个家庭的氛围当中成长起来，然后讲到中国式家庭教育有些什么内容、什么特点。郭齐勇先生则着重讲如何从传统走向未来，在我们当前的社会当中，家庭教育有些什么样的缺失，传统的家庭教育有些什么样的资源可以供我们现在的家庭教育利用。所以说今天的会讲相当地系统，既有经历、情感体验层面的东西，也有非常深入的理论上的思考。这跟两位先生的身份、职业是相关的，因为他们不仅仅是从传统的家庭当中成长起来的，而且做的研究也是与传统文化、教育密切相关的。所以说他们的这种讲述对我们是非常有启发性的。

讲到中国式家庭教育的核心问题，齐家先生特别讲到了孝道。可以说，"孝"是孩子对父母的孝顺，这是一个含义，但是不能是全部的含义。讲到"孝道"的话，其实就已经涉及整个家庭，涉及整个家庭的氛围，这种氛围将影响一个人一生的成长，并且推广到社会，推广到政治。所以说，"孝"能够成为一种"道"，是可以推广出去的。"孝弟也者，其为仁之本与。"中国式的家庭教育重视孝道，其实也是重视情感教育。儒家讲的"仁"的一个核心观念就是"爱"，它表现为一种情感，从这种情感出发，培养起来，然后再推广出去。所以应该重视孩子的情感教育。

儒家讲"爱有差等""施由亲始"。从对自己父母亲的这种爱开始，推广出去，"老吾老以及人之老，幼吾幼以及人之幼"。这种家庭里的爱，对于父母的爱，通过培养之后，再推广出去，就成为一种道德。这种情感发展为道德，我们讲的道德就植根于这种情感，这种情感就成为一种道德情感，我想这是我们中国式家庭教育非常核心的一个内容。由此，我们的教育就绝对不仅仅是知识上的教育。刚才两位郭先生也都讲到了，教育绝对不仅仅是讲知识，还要讲德行。但是，在当代社会，我们偏重于知识教育，这种道德教育、道德情感培养的缺失，带来了一些很严重的问题。

两位郭先生的会讲，一个是非常系统和深入，谈到了我们中国式家庭教育非常核心的内容；另外一个就是很有批判性和现实性，指出了古今家庭教育的一些区别，传统家庭教育的有些理念需要创造性转化才能适用于当今社会，才能解决当前的一些家庭教育、社会教育问题，甚至一些社会问题。我聆听两位郭先生的会讲受益匪浅，相信各位也深受启发。让我们再一次以热烈的掌声感谢两位郭先生。下面留点时间给各位朋友向两位郭先生请教、互动。

讲座互动问答

问题1： 讲到"孝道"，前段时间有一个"儿子刺死辱母者"事件，我想请教一下两位老师，特别是郭齐勇老师，这个儿子杀人的行为，肯定是犯罪行为，但他是为了维护母亲，他这种行为是孝？还是不孝？我们从儒家的角度应该怎样看待这个儿子的这种行为？

郭齐勇教授： "辱母案"这个事件传播很广，我了解得却不太完整。但是，我们想一个法治社会，如果出现了杀人事件，还是要按法治来办事。但是为什么这个事件引起这样大的一种舆论上的关注，我想一个原因是中国社会特别强调亲情。如果一个孩子看到母亲被地痞流氓侮辱，在这种情况下，他有一些反应，我想是可以理解的。当然，在法律上他是不是属于防卫过当，这个只能由法庭来审议。杀人者偿命，在这种情况之下是不是要偿命，这也是要由法律来判断的。我记得民国的时候有一个沸沸扬扬的案子，天津有一个大军阀被一位女士枪杀，因为这个女士要报父仇。当时的舆论也是一边倒地支持这位女士。法庭最后也是判她无罪。但从法律专家的角度来看，又有一些不同的意见，如果是由舆情来制约法律的话，这也会带来一些问题，所以这个问题非常复杂。当然，"辱母案"还没有最后了结。我们当然很同情他，也很理解他在他的母亲遭到严重侮辱的时候，所做出的这样一种过激的行为。但是法律上怎么处理，我们还是听从法官们的判断比较好，因为法是一个普遍性的东西。不知道这样回答你满不满意，也谢谢你的提问。

问题2：儒家向来重视伦理，重视亲情本位和家庭本位，由此也提出了"亲亲相隐"的观点。请问郭齐勇教授如何看待"亲亲相隐"的观点？孔子表扬叔向不隐于亲，肯定叔向"古之遗直"，是否与"亲亲相隐"的观点相矛盾？另外孔子的"直"与"隐"的判定标准是什么？

郭齐勇教授：《论语·子路》有这样一个故事：孔子带着他的"亲亲相隐"的观点周游列国，到了楚国的时候，叶公有不同的看法，他说鲁国强调父子之间如果有矛盾的话，不要把它对簿公堂，不要上报给官府或者宣扬出来。而我们这个地方的人（楚地的人）比你们纯洁，如果父亲有什么问题的话，孩子就会把它公开出来，或者把父亲告上官府。他举了个例子，"吾党有直躬者，其父攘羊，而子证之"。"攘羊"是有原因而把羊留下来，不是刻意去偷。而孔子则说："吾党之直者异于是。父为子隐，子为父隐，直在其中矣。"（《论语·子路》）在《论语》或者在其他材料中，孔子讲了很多关于"正直"的话，如"举直错诸枉，能使枉者直"（《论语·颜渊》）等。孔子提倡如果父子之间有一些小矛盾，不要去告官府，不要闹到父子感情破裂的地步，其实他还有深长久远的一个考虑，只要不是杀人放火或者大的问题，一般的小事情，不要把父子的感情弄得很严重，尤其是不要让孩子去告发父亲。

儒家资源非常丰富，儒家是从多面的具体生活中讲正直的。如叔向的例子。晋国的邢侯与雍子争田产，雍子贿赂当时的法官——叔向的弟弟叔鱼，将女儿嫁给他，叔鱼就把罪责推给邢侯，邢侯非常生气，杀了叔鱼和雍子，后来叔向说三个人都是死罪。孔子赞扬叔向"治国制刑，不隐于亲"（《左传·昭公十四年》）。类似的还有周公杀管叔、流放蔡叔的例子。也就是说，在国家利益、国家安全的大问题上，如果发生了问题的话，儒家强调公私关系，公德和私德之间非常分明，应该以国家利益或者群体利益至上；在小的问题、小的矛盾上，不要上纲上线，影响父子的关系，因为父子亲情是一个很重要的关系。我们不要把一些小是小非的问题上纲上线，因为容易造成夫妻反目、父子相残，造成社会伦理的坍塌。

孔子的"隐"和"直"是大可研究的一个课题，儒家面临一些具体问题的时候，它有具体的理性，我们怎么去对待它，要分场合，儒家、孔子不是只维护亲情和私德，不是把亲情当作一种偏私，儒家还是强调公私的分辨的。当然，现在的法律，我们也通过彭富春代表提出了我们的议案，并且得到了回应，我们的刑诉法有了一些修改，当然修改得还不够。现在我国刑法规定"亲人有拒绝出庭作证的权利"，这是法制建设的一个进步。而且，西方的法律也非常保护亲情，这是非常重要的。保护亲情不是偏私，保护亲情是保护我们伦理大厦的一个基础。谢谢你的提问。

主持人：我们新中国建立以来，有一次大的伦理学方面的讨论，就是关于"亲亲相隐"问题，郭齐勇先生就是主辩方的一位旗手。这方面的研究有很多，要深入了解，可以看一看郭先生和其他相关学者的文章。

问题3：现代社会我们应该如何处理家文化和现代商业文化之间的关系？另外，有些企业出于某些考量采取裁掉中年员工、不招聘女性员工的企业策略，您对此有什么看法？

郭齐家教授：我对企业不太了解，我想我们现代化企业要发展，不能够完全只看经济增长、看财富，还要看对人的关怀。如果企业对人没有起码的关怀，经济再增长也不会受到人们的尊重。企业当然需要考虑自己的利益，但对妇女怀孕或者是有孩子以后，采取的不是男女完全平等的一些方法，我觉得还是不太合适的。日本有些企业对家庭还是很照顾，比如提拔一个中层干部，不是完全看他在企业里的表现，还看他在家里的表现，要访问他的夫人，访问他的孩子，访问他的邻居。因为企业觉得一个人家里处理得很好，很有灵性，很有亲情味，才能在企业里被提拔当中层干部，甚至高层干部。所以，企业不能完全靠经济的增长，人的关怀才是最根本的关怀。换句话说，我们将来，是不是也可以把企业当成一个家来对待。你是董事长，你是总经理，你就是企业的家长，员工就是你的兄弟姐妹，你能不能像一个家庭对兄弟姐妹一样关爱你的员工。如果你能做到这样，我觉得你的企业会很快发达，因为它得人心。我觉得只要得人心，经济肯定也会上去。

最近我在北京了解到，有一个"致良知四合院"，很多企业家在一起学习王阳明的"致良知"。其中有一个浙江的胡姓大企业家，有一百多亿的财产，他听了"致良知"以后很震撼，他觉得最重要的是良心、良知，还带领员工一起学习王阳明的"致良知"。最后，他还跟员工说："各位，我浪费了你们宝贵的青春，你们这么多年为我的经济去拼杀，是不值得的，我们要找回自己丢掉的心。"所以，良心、良知非常重要。"致良知"现在已经在北京产生了非常好的效果，很多企业家带着员工去学，中小学老师现在也已经动起来了，北大、清华一部分老师也动起来，如我们北京师范大学继续教育学院的一批老师就动起来了，三五个人组成一个小组，每天读"致良知"，读一篇，然后交流，心心相印。

什么是教育？教育就是心灵和心灵的沟通，教育就是灵魂和灵魂的感召，教育就是生命和生命相托，这样才能使我们拥有高尚的德行、大爱的胸怀、善念的种子。善念非常重要，我们家庭教育要特别重视孩子的善念。《说文解字》这样解释"教育"："教，上所施，下所效也；育，养子使作善也。"中国文化是引人向善的文化，中国教育是引人向善的教育。所以，对儿童来说，对家庭责任来说，其他的身心活动不一定称为"教"，把你引向善道的这种活动才称为"教"。我这样回答不一定对，谢谢大家。

主持人：很多日本人都特别喜欢把传统文化跟商业结合起来，日本企业之父涩泽荣一就写了一部著作——《论语与算盘》。他们很重视我们传统的这种思想，并把它放到企业的文化当中来建设。所以，现代的企业也不是说跟我们传统的这种文化是格格不入的，并非都是完全西化的那种形态。

郭齐勇教授：松下公司就有很多这样成功的经验。

问题4：请问郭齐家教授，为什么《地藏经》被称为佛教的孝经？您在诵读《地藏经》的过程中有什么感悟？

郭齐家教授：我40多岁的时候身体特别不好，那时候我得了梅尼埃病，经常眩晕，甚至晕倒，怎么也治不好。后来，北师大工会组织学气功，我就学了郭林的慢步行功。他这个动作特别简单，但是效果特别好，就是把脚翘起来，配合呼吸，把肾经调动起来，把肺部打开，就这么一个简单的动作救了我的命。我的身体也慢慢恢复，能讲课了。后来我读儒家的经典、道家的经典、佛家的经典，我觉得每读一遍经典都有用，就像牟宗三先生说的，读一遍经典就存一分钱。所以，读经典不吃亏，儒教、佛教、道教都非常有用。牟宗三先生说："开辟价值之源，挺立道德主体，莫过于儒。"读儒家经典，就是要了解生命的目的是什么，为什么要活着，活着有什么意义。开辟生命之源、价值之源莫过于儒家。"察世变莫过于道"，关照事物发生、发展的变化、因果，那是道。"察业识莫过于佛"，"业识"就是精神活力。（牟宗三：《中国哲学十九讲》）所以，读儒、佛、道都不吃亏，读一遍就存一分钱，读一遍就自然有一股力量。大家看我说话，就是读经的力量。就是一句话，培固自己生命的根基非常重要。

生命是最重要的。齐勇也写过《大学》的讲义，他说我们学四书、学经典是生命对生命，真诚对真诚。儒家思想是生命的学问，是学问的生命。我在北京师范大学讲经，从副校长到院长到老师听了之后，都很受感动。我们把它放在生命的角度去学习，就有用；把它当知识去学习，那就没有用。所以，我建议各位家长，你既是老师又是家长，你可以跟孩子一起读《大学》《中庸》《论语》《孟子》《老子》《道德经》《六祖坛经》《地藏经》等经典。去年7月份我在珠海退休，我在珠海教了12年的《大学》《中庸》《论语》《孟子》。回到北京，我看到儿媳妇在教我的孙子读《大学》，当时就很高兴。我孙子5岁半时，我就拿一本《大学》跟他一起读，他跟我一直念下来，1700多个字，他读出了1600多个字。5岁半能够把《大学》读下来，将来肯定比我强得多。孩子6岁以前，就要陪孩子读些书，9岁以前还要背一些，13岁以前一定要孩子读几本书，读几本经典。这是人生的制高点，要把这个制高点占领了。15 岁以前，把这些书读了，肯定有好处，家长跟他一起读，家长也受益，全家都和谐，全家都光彩。经典是穿透时空的，不仅两千多年前有用，现在还有用，两千年以后也还有用，因为它叫经典，是不变的。

抗日战争的时候西南联大的成功就是因为通识课讲经典，好多学生就是读"四书"，读《老子》《庄子》等。大家看，出了多少科学家。所以，我建议大家读经典，一定要跟生命联系起来读。每一个家庭如果能够读几本经典，那么这是一个家庭的福气。什么叫传承呢？这就是传承。如果我们每一个家庭都把经典传承下来，我们民族的面貌完全可以变化。中国的变化说难也难，说容易也容易。你读一下经典，体会一下经典，体会一下生命，就像刚才我讲的那位企业家，他就是心转过来了。如果我们心都转过来，中国就好了。所以，习总书记讲文化自信，我特别相信。经典要进入培养的各个阶段，从幼儿园、小学、初中、高中、大学都要读经典，我想这就是我们家庭教育最重要的东西。谢谢大家。

问题5：请问两位老师如何看待当前社会男权的问题？

郭齐勇教授：中国的传统是男主外、女主内。其实中国古代的妇女地位还是很高的。如《红楼梦》中就写到，贾政在外面办公，回来要去拜贾母，贾府最高、最有权威的还是老太太。因为家庭是女主内，男主外，所以从来不存在一个单独的男权的问题。当然，传统社会的三纲有它的弊病，我们要扬弃三纲，要创造性转化五常。为什么要扬弃三纲？传统社会是夫为妻纲，也就是通常所说的男权的社会，的确会带来一些问题。现在民主的社会已经发生了转化，我相信如果有家暴，特别是丈夫对妻子的暴力，赶快要找司法机关，赶快报警。现在社会应该保护女性，保护家庭的关系。所以，您讲到的男权的问题，我们相信这个社会男权会受到一些限制，同时也希望女同志尊重男同志。谢谢。

问题 6：今天非常有幸听到两位教授的精彩讲座，很多观点我非常认同，我也认为父母的"言传身教"是给孩子最好的教育，孩子教育的成功 80% 来自家庭特别是父母的教育。我在家也跟孩子一起读经典，孩子在上学之前就读背了不少经典。今天向两位老师请教两个问题，第一就是家长怎样陪孩子有效地去学习传统的经典？第二个问题，请问开始读书的孩子如何平衡学校学习与课外经典阅读的关系？请教授推荐一些 8 岁这个年龄阶段适合孩子和家长一起阅读的必读经典。

郭齐家教授：谢谢您的提问。您的孩子在上学之前就读背了很多经典，而且是您跟孩子一起读，我觉得这个效果最好。因为孩子一个人读，他可能就容易厌烦。假如有一群孩子跟他读，会好一些。所以要一群孩子读，或者是家长陪他读，他就有兴趣。过去的私塾，五六岁读经典，就是读，就是背，老师基本上不讲，到了稍微大一点再讲。一开始就讲，第一，影响他读；第二，讲了他也不一定完全理解。我也访问过很多老先生，比我岁数大的老师，他们上过私塾。他们也是说，当时都不懂，但是后来随着阅历的增加，慢慢无师自通，都懂了。像我认识的一些老师，从小就读了四书，后来到了抗日战争，经过颠沛流离，经过国难和家族的一些挫折，慢慢都懂了。所以，开始不要跟他讲什么，就一起读，一起背，时间长了自然就消化了。通过他的阅历、经历，特别是遇到挫折、遇到困难以后，他自然就理解了。

至于 8 岁的孩子功课很多，怎么办？我觉得，平常就复习一下过去读过的东西，或者是现在有录音带，就跟他一起听录音带，巩固一下。到了寒暑假的时候，再跟他一起背一些新的。所以，平常学习很忙的时候，复习旧的；寒假、暑假有时间的时候，再读一些新的。比如文天祥的《正气歌》、老子的《道德经》，这都是非常好的经典。过去有个围棋高手叫吴清源，他打败了日本所有的高手。后来日本人就很奇怪，说这个人也并没有什么了不起的，怎么他的围棋就下得这么厉害呢？吴清源当时也就 20 岁出头，他下围棋把日本的 7 段、8 段、9 段的高手都打败了。而当时正好是九一八事变之后，中国节节败退，但是只有一个人打败了日本人，就是吴清源，他打败了日本围棋的高手。后来才知道，他每次跟日本人下围棋之前，都会背老子的《道德经》和文天祥的《正气歌》。文天祥的《正气歌》，充满正能量，老子的《道德经》是道家的智慧，这两个一结合，不得了。如果我们的孩子，每个家庭的孩子都能够这样，我们的智慧就打开了。读经不是去追求知识，是追求它的智慧，打开它的智慧、人生的智慧，这是非常重要的。

所以，古人讲 15 岁（虚岁）以前是人的记忆力的高峰，在高峰上，你不训练，他就会被埋没，所以一定要训练他，让他背一些东西，包括唐诗宋词，他会终身不忘。杨振宁先生用一个半暑假把《孟子》全背了，他说《孟子》跟了他一生，现在 90 多岁了还在背。陆定一同志坐了 13 年牢，他说我坐牢我就背《古文观止》，这就是一种精神的力量。陆定一是一个共产党员，英文好，斯诺的讲话就是他翻译的，还曾任中宣部部长，而他身陷囹圄的时候，还在背《古文观止》，可见《古文观止》支撑了他一生。台湾有一个朋友对我说：我有四个孩子，前几个孩子我还不担心，最后一个孩子我很担心他智力不行。有一天，我突发了一个奇想，我能不能跟孩子一起读老子的《道德经》。他说，这是我一生下的最大的决心，每天跟儿子一起背两章《道德经》，40多天81章都背完了，智慧打开了，三个月以后孩子的功课就从班上最后跨到班上的最前面，后来又到了全校的最前面。高考的时候，台湾几个大学都要招收他。他说，我们浪费了多少"40多天"，这"40多天"多么重要。各位，跟孩子一起读经典，让我们共同成长，这就是我的理解，谢谢。

问题7：非常感谢两位郭先生精彩的分享。家谱在中国的传统文化中历来是非常重要的一部分，但近代以来受到的破坏非常大，我想请教两位老师如何看待我们当今社会修家谱的现象以及修谱应该要注意的事项。

郭齐勇教授：盛世修典，盛世修谱，修谱很重要。家谱，其实不只是一个血缘世系的排列，重要的还是一个核心的价值观和理念的传承。家谱中都会有一些重要的、特别关注的内容，都会有一些中心的文字，用今天的话讲，就是价值观的传承。所以我觉得修家谱非常重要，不在乎追溯到一个名人，而在乎未来的一种发展，价值观的传承。谢谢！

主持人：谢谢！大家都很踊跃，都想把握这个机会向两位郭先生请教，但是会讲的时间已经很长了，两位郭先生也都是七八十岁的高龄了，很辛苦，我们就不提问了。我们今天讨论的这个问题是个大问题，两位郭先生的会讲给了我们很多启发，中国式家庭教育如何从传统走向未来，值得我们深思。让我们再一次以热烈的掌声感谢两位郭先生，也感谢各位的到来和积极参与。谢谢！

朱熹与陆九渊思想评议

时间
2019 年 3 月 21 日

地点
湖南大学岳麓书院内中国书院博物馆报告厅

主持
肖永明（湖南大学岳麓书院院长、教授）

主题一
朱子提出"继天立极"的道统大义

主题二
陆象山论心即理与公私义利之辨

主讲
邓国光　邓立光

　　邓国光：1955 年生于香港，祖籍广东三水。香港中文大学中文系文学学士、新亚研究所文学硕士、香港大学中文系哲学博士，专治中国经学与文论。曾任澳门大学教育学院副院长、中文学院院长、中文系中国文学教授。现为湖南大学岳麓书院客座教授、香港新亚研究所荣誉教授、澳门大学人文学院荣休教授及国际《尚书》学会副会长。编纂《唐文治集》（"十三五"国家重点古籍出版及资助项目），著《中国文化原典初探：以三礼的祝为中心的研究》《圣王之道：先秦诸子的经世智慧》《经学义理》《韩愈文统探微》《文心雕龙文理研究：以孔子、屈原为枢纽轴心的要义》《文章体统：中国文体学的正变与流别》等，发表相关学术研究论文120余篇。

邓立光：1959年出生，广东三水人。香港大学中文系学士、硕士、博士。目前担任香港教育大学国学中心主任，北京大学大雅堂客座研究员，北京师范大学人文学院客座教授，湖南大学岳麓书院客座教授，北京大学、清华大学、北京师范大学"大成国学基金"奖学金及奖教金评审委员，国际儒学联合会理事暨会员联络委员会委员，国际易学联合会副会长，冯燊均国学基金会秘书长，全国港澳研究会会员。曾任香港特区政府之中央政策组兼职顾问及民政事务局华人庙宇委员会委员。现为教育部基础教育课程教材发展中心"中华优秀传统文化承传专案"领导小组成员，参与国学融入基础教育课程（幼儿班、小学、中学）之顶层设计。2018年度国家社科基金教育学重大（重点）专案"教材建设中创新性发展中华优秀传统文化研究"之总课题组专家。2015年起拍摄公益视频《轻谈国学歌风雅》，目前已拍27集，负责制作及撰稿工作，以视频形式展示中华文化之精神及价值。2019年7月主办大湾区青少年中华礼仪教育研习活动，项目持续开展。学术研究重点在《周易》、先秦诸子、宋明理学、道学、佛学、现代新儒学等。专著有《陈乾初研究》、《象数易镜原》、《老子新诠》、《周易象数义理发微》（附《五行探原》）、《中国哲学与文化复兴诠论》等。2010年任国务院参事室主编的《中国地域文化通览》（香港卷）的副主编。发表学术论文40余篇，时事评论50余篇，并分别以《周易》《论语》及传统文化为主题撰写报章专栏。

主持人：尊敬的各位朋友，大家下午好。本场讲坛是岳麓书院与凤凰网共同主办的第三场"兄弟会讲"，具有非常重要的意义。前两场"兄弟会讲"，我们分别邀请到唐翼明先生与唐浩明先生两兄弟、郭齐家先生与郭齐勇先生两兄弟。在国内学术界，兄弟均为国学名家，这种情况还是比较少见的。今天，我们非常荣幸地邀请到澳门大学邓国光先生和香港中文大学邓立光先生，共同来到岳麓书院会讲，这是一次非常难得的机会。

在之前与两位邓先生的沟通中，我们得知，这是他们兄弟俩第一次同台会讲。此次会讲的主题也非常有意思，邓国光先生主讲"朱子提出'继天立极'的道统大义"，邓立光先生主讲"陆象山论心即理与公私义利之辨"。兄弟俩分别讨论的是朱熹和陆九渊的思想，这个主题让我们自然地想起了在中国思想学术史上非常有名的"鹅湖之会"上的"朱陆之辩"。大家都知道，南宋淳熙二年（公元1175年），著名学者吕祖谦为了调解朱熹和陆九渊之间的学术分歧，出面邀请了这两位著名学者，在江西信州（今江西省上饶市）的鹅湖寺聚会论学。他们之间的论学难分难解，这就是著名的"鹅湖之会"，也是中国思想学术史上非常重要的、具有标志性的学术事件。今天，两位邓先生在岳麓书院会讲，又让我们想起了1167年，也就是南宋乾道三年，距今850多年前的另一场学术会讲，就是"朱张会讲"。当时，朱熹和张栻两位先贤相聚岳麓书院，就"太极""中和"等问题进行了深入研讨。据史料记载，当时的盛况是"三日夜而不能合"，最后留下了"朱张会讲"的佳话。

"朱张会讲"开中国书院史上学术会讲的先河，在中国思想学术史上具有非常重要的地位。

今天，两位邓先生来到岳麓书院会讲，恰逢中国传统二十四节气中的春分。春分是一年四季中阴阳平衡、昼夜均等、寒温各半的时期，这个节气也寓意学术会讲的平等讨论。我认为今天这场会讲得天时、地利、人和等三大因素，期待兄弟会讲碰撞出思想的火花，让学界受益。

本次会讲首先由两位邓先生分别讲述自己的学术观点，随后再与在座的各位朋友进行互动交流。下面，让我们用热烈的掌声，首先有请澳门大学中文系邓国光先生开讲。

主题一：朱子提出"继天立极"的道统大义

邓国光教授：感谢岳麓书院，感谢肖永明院长，感谢大家，这次有机会来到岳麓书院开展我们兄弟俩的会讲，可以说是一个极为重大的时代因缘。过去数十年的生活环境里，我在高等学府或者其他教育机构，还不曾听说过有会讲这种形式的学术活动。实际上，自宋明（尤其是明至清中叶）以来，会讲是中国传统学术中一个非常重要的环节。我们现在参加的学术活动，离不开研讨会或演讲，都是各自说话，内容也围绕着研究新成果的发表展开。会讲的意义，远不只研究新成果发表的考量，更重要的是学术研究的心得。需要强调的是，人文学科需要的是研究心得，不是文献上的观念或文本的新发现，也不仅仅体现在这个方面的超越。这种超越或多或少，只是量或表象的问题，远不能进入我们的学术领域或精神世界。一旦需要利用我们的智慧来处理学术问题时，毋庸置疑，规范的研讨会、西方式的交流方式以及论文发表会等形式，自然有促进交流的作用，但心得交流这一层面远远不够。心得不一定是最新、最前沿的，却是经过生命消化后实实在在有所得的，然后将其无私地公开，真诚地将自己读书、做人、做事等经验加以统合并进行语言表达。这个过程中，智慧才会得到主观性的提升。

为什么我当下就非常愿意参加这个会讲？正是基于多年来，我曾经深入接触过岳麓书院的朋友及学术界的同道，深深感受到他们几十年始终坚持不断累积、不断作育英才、不断研究的学术精神。这种生生不息的学术生命力绝不是为了功利，而是有一种内在的学术责任感和道义感。我个人比较浅陋，而且，普通话也说得不标准。我也不是特意标榜自己来献丑，而是诚心地前来向在座的学界同道表达谢意与敬意，这是此次会讲的本意。既然谈心得之言，我不会把一些大家不常见的文献拿出来交流，或是指出别人讲错，继而批评一通、傲慢自大。这不是真正的学术，更不是岳麓书院或中国传统学术的精义所在。朱熹与陆九渊之间有着非常强烈的思想碰撞，但并不妨碍他们都成为思想与文化的弘道者。我们容许"道不同"，懂得如何用一种"公道心"来看待学术问题。

今天，我想和大家分享的是这十多年来我对《尚书》研究的一个比较浅薄的看法。这个看法正是基于多年来我处理唐文治先生留下的大量文献，并基于唐文治先生的好友曹元弼先生遗留下来的手稿。曹先生的手稿现在还没有出版，由上海古籍出版社影印放在《续修四库全书》里，这些都不神秘，也不是刚刚发现的材料，大家可随时在网上查到。对这些很普通且每个人都可以翻检的东西，我们要读懂里面的内容甚至重新提炼其精髓，这与我们翻书或在文字上做表面功夫是不同的路数。今天我们面对经典，尤其是实实在在地解读"四书五经"时，就要去理解历代在经学或后来的理学中所处理的重大问题，这些问题都是面对一个时代。更重要的不仅仅是教小孩如何读书，还要指导统治者如何治理国家。

今天谈的问题，其实是朱熹的学术思想中最重要的一个概念，即"正君德"。"正"指"端正"，"君"指"人君"，"德"指"道德"。"正君德"是朱子为政时期非常重视的一个"学术责任"。相信在历史上，除汉代经学家外，唐代的韩愈和宋代的朱子都是完全不计利害关系的，都直接对存在问题的统治者提出批评。他们也知道这样做的后果很严重，但他们不惜代价，用道义和勇气来端正当时统治者的行为。他们的行为并不是造反，也考虑到直接批评统治者将会带来一系列负面的影响，这是必然的。哪怕不翻书，我们也知道，直接批评这些人君，最后不会有什么好结果。我们所谈的问题，一定要放在一个非常具体的时空世界里，才能理解历代儒家如此重视并端正"正君德"所承受的种种压力。这种压力不是一个人扛过去就算了，而是通过对历代经典文献的解读与诠释，把这种精神传承下去。

我今天谈的题目是"朱子提出'继天立极'的道统大义"。"道统"在现代中国学术研究中是一个比较关键的问题，从提出"道统"这一观念后，清人又提出"学统"观，现在又提出"政统"观，这就是所谓的"三统"。为了更加全面深入地理解"道统"的内涵，我首先申明一点，我并不是要批评道统观所延伸的内涵，而是要追溯道统观是如何生成的。

谈到道统，我们很自然地会想到尧舜、夏禹、商汤、周文王、周武王、周公等人。大家要知道，"道统"这一观念是朱子在《〈大学章句〉序》和《〈中庸章句〉序》中提出来的。

文本才是我们首先需要面对的，先来说说朱子的《四书章句集注》这本书。这本书是八十年代初中华书局出版的，翻印至今，是中华民族进入一个进步、开明的环境的象征。除此书外，还有朱子的《楚辞集注》。这些书并不是什么奢侈品，样式都很简单，是朱熹的义理结穴所在。我们对朱子及其思想的理解，基本上都是沿着他的著作内容进行分类的。关于《四书章句集注》这本书，大家可能会觉得是童蒙入门书，而不去重视其内涵。但大家一定要留意《〈大学章句〉序》和《〈中庸章句〉序》这两篇序言是朱子近六十岁时，在孝宗淳熙十六年（公元1189年）春二月、三月写成的。恰好昨晚有一个春雷，今天我们就谈到了淳熙十六年春二月、三月所写的两篇序言，真是天意。这两篇序中很明确地提出"道统"的观念。

我刚才谈到唐文治先生的好友曹元弼先生，他有一本书，名为《古文尚书郑氏注笺释》。这里的《古文尚书》，不是今天所理解的《古文尚书》，而是指西汉流传下来的二十八篇，我们称之为《今文尚书》。因为它原来是用古文抄写的，所以被称之为《古文尚书》，它与《五经正义》中的《古文尚书》是两码事。所以有时查阅书目的时候，看见《古文尚书》，会认为它是《伪古文尚书》，这是一个误解。这本书用的文本，与我现在手上的，也就是唐文治先生好友章太炎先生对《今文尚书》的解说——《太炎先生尚书说》里所用的文本是一样的。我给大家强调这两本书，旨在说明我们谈"道统"

的问题，离不开《尚书》，离不开朱子的《大学》和《中庸》。《尚书》所要面对的是什么问题？尤其是朱子在解说《大学》和《中庸》时，他所关怀的重心在哪里？在这里，我要强调一下，朱子思考这些问题，并不是一个人独自坐在书斋里苦思冥想的结果，而是实实在在读书的结果。我们都知道，中国最重要的读书法，就是"朱子读书法"，这是经过切身体会、反复阅读理解的一条路子。

接下来，我把朱子在六十岁时所提出的"道统"观讲给大家。我们谈"道统"，其实并没有注意到最重要的一句——"继天立极"。从明到清，这个观念都是帝王专用的，是象征至高无上的王权符号。殊不知，"继天立极"其实出自朱熹的《〈大学章句〉序》："天必命之以为亿兆之君师，使之治而教之，以复其性，此伏羲、神农、黄帝、尧舜，所以继天立极。"这一思想是朱子在《四书章句集注》中最核心的思想。"继天立极"就是刚才谈到的"正君德"的问题。在《尚书》中，我们谈王道，谈道统，道统的"道"是什么？这是非常明确的，就是"王道"。一会我们看朱子的《〈大学章句〉序》《〈中庸章句〉序》就可以看到。

我们先来看看"王道"观的起源。第一方面就是《洪范》对"彝伦"思想的重视。《洪范》开篇即言："天乃锡禹洪范九畴，彝伦攸叙。"《洪范》为箕子向周武王陈述的"天地之大法"。曹元弼先生在《古文尚书郑氏注笺释》中亦做过细致陈述。对照古今所有解说者，对于这段文字内容，没有一家比曹元弼先生更丰富。但因为这本书还是手稿，所以我把它介绍给大家了解。箕子所言"彝伦攸斁""彝伦攸叙"是两个关键，一是"斁"，一是"叙"。"彝伦"就是"人伦"。

关于人伦，需要有一个很具体的"立"的过程，"立"才是"气"之所在，圣人所以爱敬生养万万生民者，在立人伦。人伦不会自然生出来，自然伦理也需要培养。人伦是出于天命之性，"天不变，道亦不变，故曰彝伦。"（董仲舒《举贤良对策》）"彝伦"为治法之大本。所以，文王拘而演《周易》，箕子囚而陈《洪范》，此皆圣人忧患万世之心。彝伦之所以终古不泯，是故君子不以世乱怠乎道。这几句话，体现了儒家的坚持。在如此艰难的环境里，为什么儒家还能坚持道义？"君子不以世乱怠乎道"是非常重要的道义坚持，也是一种非常重要的"立"的力量。在风调雨顺的环境里，"立"不见得有什么过人之处。只有在风雨飘摇、天地黑暗的时候，能够"立"，才显示出意志和学术力量。"圣人所以爱敬生养万万生民"的关怀，放在"立人伦"之上。不管过去也好，现在也罢，我们遇到最大的问题，就是人伦的问题。这是从古至今乃至未来，一个共同的、普遍的主题。既然人伦问题是很关键的，统治者在管治臣下、处理国事的过程中，有没有自觉做到"父子继承"？君臣与父子之间有没有矛盾？箕子在《洪范》初段中指出一个问题，《尚书》在《虞书》里也提到过，尧执政时期，洪水滔天，于是安排鲧去治水，鲧治水十年后以失败告终，于是就安排鲧的儿子大禹去治水，《尚书》非常重视尧舜在鲧失败之后，仍启用鲧的儿子大禹去治水，认为这在后世是不可思议的。我们看看在《书传》中是如何点出这个关键意义的。《洪范》开篇谈到彝伦、攸斁，之后就谈到禹受到重用去治水了，在治水过程中遇到"洪范九畴"。《书传》中谈到"废父兴子，尧舜之道"的问题，意思是，虽然废掉了父辈，却依然启用他的儿子，这就是"尧舜之道"。

再进一步，《书传》本身未做细致说明，孔颖达在《尚书正义》中讲得很清楚，"三代以还，父罪子废"，说的是夏商周三代以来，父亲犯罪以后，儿子与家人就废了。这是三代以来的一个非常严峻的问题，同时也在政治上造成很厉害的内在争议。如果君臣之间出现问题的话就会归罪，如出现种种连坐等，通过还击对手家人的方式，以取得利益。所以三代以来都是父罪子废，造成了更强烈的内在忧虑：我们做事，一旦由于不同原因失败，我的儿子和家人就再也没有机会抬头了。所以面对现实世界，我们需要思考，是不是在现实中会出现这样的行为？这令大家身不由己，同时也不能自安。若父亲出现问题，儿子就要遭罪。"三代以还，父罪子废"，这是夏商周三代之后出现的严峻问题。在经学研究中，这个问题至今无人敢解读。所以孔颖达说："故云废父兴子，尧舜之道。赏罚各从其实，为天下之至公也。"谈到"王道"，一般会认为，王道平平、王道正直，但仅仅说公平正直就是王道的基本精神是不够的。具体到生活层面，尤其是一个"权力的世界"，会存在种种张力与权力的摩擦。自古以来，我们谈尧舜之道是摸不到边际的，仅仅从孟子的一句话"尧舜之道，孝弟而已"（《孟子·告子下》）来理解是不够的。《论语·学而》第二章有子也说过："孝弟也者，其为仁之本与。""孝弟"是每个人的家庭伦理，如何把"孝弟"推广出去最终成为一个制度？让天下人都生活在同一个家庭中，我们就要格外注意到"废父兴子，尧舜之道"这个曾在夏禹身上出现过的事例，来改变"父罪子废"的现实问题，这是一方面。

接下来介绍《吕刑》，它是《尚书·周书》倒数第三篇，写的是周代第五朝，可以说是周朝最繁盛的时期，周王对吕侯说要建立刑政原则。这篇《吕刑》在《史记》中亦有记载，但前面三个周王之问没有收录到《史记》之中，所以现在必须要从《尚书》文本中去理解《吕刑》。为什么要谈《吕刑》？因为《洪范》本身提出一个非常重大的治国王道原则：要保持完整的伦常关系，不要因为一点罪过，就把我们的成效或老百姓的伦常关系打破，这是基本的原则，否则我们用归罪的方式，就会破坏家庭。再看《吕刑》提出的问题，曹元弼先生给予了说明，尧所以要荐舜，也是从鲧和禹之间落墨的。尽管山西临汾不曾出土过有关尧的文物，但不能否定禹的存在。过去的否定是多此一举，因为是实实在在的文献，从汉代流传至宋明，中间不曾有什么重大改变，我们不能随便说这些全都是伪。曹元弼先生曾解释到德所尊显，为民立父母，则天下皆尊仰之。谓前命羲和，后举舜命三后也。为什么要重点说呢？原来《吕刑》的说明，就是《尚书·尧典》一个浓缩版。《吕刑》绝不是后来写的所谓"伪书"，它是从《史记》里实在地移录过来的。这段文字里的"三后"——伯夷、禹、稷，他们的成就和贡献，均与《尚书·尧典》完全对应了。"士制百姓于刑之中，以教祗德"（《周书·吕邢》）也和《尧典》完全对应。我在这里标出"三后"，岳麓书院里就建有屈子祠，以祭祀屈原。屈原最重要的、最经典的一篇著作就是《离骚》，《离骚》最关键的一句是"昔三后之纯粹兮"，"三后之纯粹"是从哪里来的？就是《尚书》。"三后"为老百姓建立安定生活的过程中，开始思考长远问题，就是要建立典礼，希望老百姓通过礼来恢复天秩天序。因为天秩天序是人性固有的。首先"刑"必须建立在礼的基础之上，这是《吕刑》中非常重要的观念。刑，需要本礼来进行，才能让功德施于民。明白《尚书·周书》中《洪范》《吕刑》这两篇所注解的王道的意义，就不会简单地理解王道。《尚书》中，"王道"的意义是非常实在的，这种实在的说明不仅仅是一种观念，还是一个存在过的德政标记。

再看《尚书·吕刑》第二章第五节，这个分节也是根据曹元弼先生的分节进行的，现在讨论曹元弼先生这本书的书稿也是非常难得的。曹元弼先生解释"天德"是"太极元气"。朱子当年和他的朋友就曾讨论过"无极"和"太极"的问题。这个问题在理学范围中，经学其实是包含儒学的方方面面，包括理学这个重要观念。朱子不会将"极"解释为"终"或"中"，这是他们的重要分歧。《朱子语录》中提到，朱子谈论《洪范》"皇极"，强调"皇极"的"极"不是"中"，皇极也不是"大中"，不是范围上无过无不及的"中"。"极"，本身就是"标准"的意思，这是一个非常重要的分歧点。可以明确的是，曹元弼先生借鉴了朱熹的观点，但在"极"的理解上，二人存在分歧。因为朱子解释"皇极"的"极"是"标准"，不是每个读《尚书》的人都接受，汉唐全都解释为"大中"。这个分歧要不是接受朱子"正君德"的观念，没有训诂考证，容许我们理性的接受。谈"道统"也一样，朱子之前没有人谈"道统"，并不表示"道统"可以不谈。朱子之前，大家都解释"皇极"为"大中"，但朱子解释为"标准"，即为人君的标准，每个人有每个人的"极"。二人的分歧在这里便显示出来了。

曹先生的这本书从抗日战争时期开始写，直到1951年才完稿。这本书可以说是学术经典，从历史的语境中看有着非常强烈的学术选择，书中一字一句都不是随便写的。曹元弼先生强调，"极"不是一个标准，而是一种行为向度，"在臣下，则体中蹈和，积善累功；在天子，则允执其中用之于民"。如此来解释"皇建有极"。曹先生将《吕刑》中《史记》未记录的一段分成五节，以极赞尧舜以德化民、本礼制刑、致治之盛。

我们再回到朱子的文本世界，首先我们要理解朱子当时面对的这些经典是什么？他当时用的就是孔颖达的《尚书正义》。在《尚书正义》中，《周书》文本是《吕刑》的压轴，这是标志性的转变，是经学观念上盛衰改变的枢纽，王道下降为霸道，接下来的几篇都是关乎诸侯的内容，比如鲁侯和秦穆公，我们称之为"代降"的世界。在《尚书》中，我们已经看到一个很明显的"代降"。从第一篇明确诠释尧舜之道的《尧典》开始，随后是《夏书》《商书》《周书》，我们看到《周书》本身的安排，顺着历史的脉络编排下去，背后就有一个"代降"的意义。

孔子集大成，是儒家之所以成教的一个重要原因，我们谈经学、理学，都会归结到孔子，这是必然的。没有孔子，整套王官系统的文字世界就只是官僚操作的条文，产生不了意义。孔子整理五经，根据鲁史撰《春秋》，显示出王道归向。孔子集大成，才开出汉唐雄伟的学术。汉唐思想如此活泼，随着外来文明的传入、佛教的传入，原来的道家也发展成为道教，因此儒释道在宋代已经形成了一个可以并列、互相争齐的局面。在这个时候，各行其道自然是好，能够像孔子一样集大成，更是关键。所以我对朱子的理解，是从朱子如何去"收拾"从汉唐以来的经学和思想上的分歧，以重新把它转回到"正君德"的治国之路上。朱子的思想已经定型了，不是王阳明所说的"朱子晚年定论"。王阳明所编的《朱子晚年定论》不收《四书章句集注》这些文本，具有重新解说朱子的强烈原因，而不是一种客观处理，但不能排除他在义利上的深层考量。我们看朱子《〈大学章句〉序》和《〈中庸章句〉序》，开篇便说明"生民天德"是什么？当然就是孟子说的"仁义礼智之性"。性是天生的，每个人都有。但有些人是先知先觉，"有聪明睿智能尽其性者出于其间"，这些人的品德达到圆满的地步，"天必命之以为亿兆之君师，使之治而教之，以复其性，此伏羲、神农、黄帝、尧舜，所以继天立极"。我们谈道统，为什么一定要开列这套"继天立极"的文明进程呢？《〈中庸章句〉序》说得更清楚，朱子强调："上古神圣继天立极，而道统之传有自来矣。"这一点非常明确，所以道统不是我们各自为说，而是基于《尚书》中圣王对老百姓幸福的关怀与作为，是人君应该时刻遵守的准则。因此我们刚才谈到"极"，即《尚书·洪范》里的"皇极"，从汉至唐都理解为"大中"，即无过无不及。但朱子把它理解为"标准"，成为标准的话，就不是无过无不及的问题了。朱子非常明确指出："允执厥中者，尧之所以授舜也；人心惟危，道心惟微，惟精惟一，允执厥中者，舜之所以授禹也。"这几句全在《论语》最后一章。我们也可以说，"人心惟危，道心惟微"是魏晋人提出的观点，是《尚书》把《荀子》所引《道经》移过来用，这是用辨伪的方式。但在义理上，孔颖达的《尚书正义》文本是完整的，这几句也在《论语》最后一章完整地记录下来。所以不能说朱子用了假经或伪经，而去取笑他。过去几十年都在取笑朱子谈道心、谈人心、谈伪经伪义。到底假不假？不是这样理解的。因为从宋代开启这种随便否定经典，随便抹杀圣人，现在我们一定要"去圣"，什么都要回归到我们普通人的水平，要把孔子，或称为圣贤的人物，打至一般人的地步。这当然有好处，就是说没有人可以超越自己。进一步来说，我们打倒圣人"去圣"了。那么，我们的榜样或生活上的标准如何建立呢？

朱子在六十岁时，皇帝不接受他。接下来的新皇帝登基了，他更辛苦。但他依然坚持心传的道统，好让天下人复其性。所以，"继天立极"本身便有意义。关于"天"，刚才谈《洪范》时已经说得很清楚了，就是人伦、彝伦的意思。理解朱子"继天立极"所建立的道统大义时，有一些观念是前设的。首先，所有人都有仁义礼智之性，这是一个必然条件，也说明每个人本身都是圣人。所以明代人说"满街都是圣人"，因为仁义礼智本身就是天性，关键是我们有没有把它实践出来。如果我们不能实践出来，就不要否定这些德性的存在。"气质之禀或不能齐"，事实上因为我们的天赋不齐，所以我们没办法把仁义礼智之性实践出来。于是我们就要面对"选择"的问题。这个"选择"问题，包括客观的选择、自由意志的选择、无可奈何的选择。不论如何选择，背后都有个"命"。这个"命"，不管是天命，还是代表天之"人命"，最理想的状态是有一个"聪明睿智"，能够尽其性出于人间。于是天就命之以为"亿兆之君师"，来复天下老百姓之性。这是生活在苦难时代的一种美好幻想。因为朱子经历过的四个皇帝，都是非常令人难以忍受的统治者，他们完全违背一般常情常理的人格。在这种客观条件下，尽管朝廷中人才济济，但如何挽救当时临近灭亡的局面呢？因为南宋刚刚安定下来，当时还未大定，北边随时都会打过来。因为有这个严峻的时代，统治者犹疑不定、用人不当这种情况更加严重，尤其是用一种报复打击的手段，即"父罪子废"，父亲做事，将儿子和家人作为要挟，一人得罪，整个家族就悲哀了。所以，"命"是一个很悲苦的愿望。

当我们谈到"命"时，就有一种悲情。谈到研究中国思想的学者们尤其是唐文治先生，他在八十岁时领悟到整个儒家之学离不开"敬天命"这三个字。生命要经过非常实在的历练和磨难，才了解到在一个悲苦的环境之下去制造美好愿景。因此，在悲情之下所造美的"命"，有一种悲情的"立"，就是我们说的"继天立极"。这是道统起作用的过程，立极的过程中会树立标准，这个标准就是夏禹治水。夏禹治水之后，天下老百姓就可以"粒食"了。当老百姓在天灾横行的时候，只能"鲜食"。"鲜食"就是生的东西；"粒食"就是谷物——米、粱等蒸煮食物。夏商周三代的安定，全都建基于大禹治水的成功。大禹之所以能够治水，就是因为尧舜没有归罪于大禹。尽管大禹的父亲失败了，但尧舜没把罪过算在他的儿子身上，还继续启用大禹，这才出现夏商周三代的盛世。所以在"继天立极"树立标准的过程中，尧舜的这种天道至共的精神作用就充分显示出来了。尧舜安排官职，必须要定的就是"司徒之职、典乐之官"，司徒是负责礼的官。司徒之职和典乐之官，合起来就是我们说的"礼乐"。礼乐能在生活中充分实施时，就成为"大成"，即我们说的"集大成"，其实"大成"本身就是音乐的专有名词。所有乐师共奏、共鸣，是为大成。礼乐大成，就是王道大成，这是"极"的一个标志。礼乐可以在生活里开花，成为生活中不可或缺的部分，才称为"极"。

最后，我简单地概括一下。今天首先要带出来的是个人读书的浅见，朱子"继天立极"的王道意义，不仅指公道、公平等这些简单观念，而且要根据彝伦以立极，根据"自然伦理"之爱来树立标准。立极，不是立中，而是建立标准。"立极"一词改换为《尚书·洪范》"九畴"的第五畴"建皇极"。大家经常会听到一个很重要的观念，就是"九五之尊"。今天讲的"继天立极"，大家都比较熟悉，那"九五之尊"和"继天立极"内在关系如何？需要我们进一步了解。原来《尚书·洪范》"九畴"的第五畴是"建皇极"，刚才已经谈到，朱子不主张把"皇极"解释为"大中"，而重新解释为"标准"。"建皇极"就是建立一个全面的标准，"皇"是"全面"的意思。这是朱子化用《尚书·洪范》"九畴"的第五畴。"九五之尊"的"九五"正是来自《尚书·洪范》"九畴"的第五畴，而不是《周易·乾卦》第五爻。我们不否认二者有内在关联，但从道统建立的渊源来讲，《尚书》更为直接。《洪范》是"王道"观念的源起，"王道"就是"正君德"的思想来源。所谓九五之尊，不是说高高在上，而是建皇极。所以朱子改"建极"为"立极"，立极就是立己立人，你可以立，人家也可以立。"继天立极"有反本推恩的意义，就是自己可以立一个标准出来，老百姓也可以立。改动这一个字，意义非常重大。因为单单是"为皇建极"，那是统治者自己建立一个极。现在强调"立极"，就有孔子所讲"立己立人"的意思。用"立极"来代替"建极"，将道德熏陶的作用或王道的实在作用，用"立极"更直接显示。这是一个非常重要的"责任伦理"，不是说一个人仅仅做好人那么简单。责任伦理是现代伦理学要面对的问题。我认为自己这样做是好事，但做出来有可能事与愿违。我们一定要思考做这件事带来的后果，这是一种要承受后果的伦理观念，不单单是我自己一个人如何令老百姓开心，还要考虑到这样的举动会造成什么后果？而造成这样的后果，你愿不愿意承担？

朱子继承孔颖达《尚书正义》的观念来建立"继天立极"，重新处理当时南宋统治者不太妥当的行为，提出"正君德"的意愿。《大学》明确讲道：修身、齐家、治国、平天下。用这个意义教育普通人，更为重要的是，教育皇帝懂得这个意义。所以朱子到最后的时间，即七十二岁时，对皇帝讲《大学》，但被立刻赶走，这是一段非常痛苦的历史，朱子也知道后果严重。遭遇这种情况，也是朱子"责任伦理"的显示。如果朱子不说、不写出来，后人就不知道；写出来起码提醒我们，不要空口说公平不公平，当出现问题时，我们不会归罪其他人，而由当事人自己承担责任。这是我今天到这里提出王道意义的一点浅见。谢谢大家。

主持人：谢谢邓先生。道统问题是朱熹思想学术中非常关键的问题。邓先生刚才给我们非常细致地追溯了朱子道统观的生成原型，主要是从朱熹的文本世界，特别是从《尚书·洪范》《吕刑》这两篇进行了细致考辨。我想这中间也熔铸了邓先生的生活、生命的体验。同时邓先生也考察了朱熹的道德理想，分析朱子"继天立极"的王道大义，尤其提到"责任伦理"，在《〈大学章句〉序》里表现得非常明显，让我们再次感谢邓国光先生。接下来，我们有请邓立光先生继续开讲，大家欢迎。

主题二：陆象山论心即理与公私义利之辨

邓立光教授： 各位朋友，大家好。刚才听了家兄一个多小时的讲课，可能大家也很累了，我讲的内容与家兄讲的很不一样，我今天讲的题目是《陆象山论心即理与公私义利之辨》。我主要还是从陆象山具体的学术作品切入，这与他本身对理学的体会有很大关联。

接下来，我将用一个多小时的时间完成我的讲座。一般而言，做学问有一个客观经历，通过一本本著作去深入研究。陆象山讲什么呢？他的文集里提到"学苟知本，六经皆我注脚"（《象山先生全集·语录》卷三十四），这句话是什么意思？对学习而言，要真正做到了解本源（根本），经典都是"我"的注脚。换言之，六经的精神何在？这里的"我"不是第一称谓的"我"，而是指"良知"，六经就是"良知"的注脚。所以，陆象山的学问，我们把他的性质说出来了。陆象山讲"良知"，他的整个学问基本是从孟子的性善讲出来的，但他讲得很到位。通常来说，在理学这个范畴里，朱子与陆象山孰高孰低？谁讲得透彻谁讲得浅显？我认为不能一刀切，为什么？我先举一个例子，朱子与陆象山一个是理学代表，一个是心学代表，他们的不同究竟在哪里？

我现场举个例子，假设窗户外面有阳光，射到我的座位上，我应该如何去描述这个现象呢？外面的阳光，就是射进来的阳光。反之，我的座位上的阳光，就是外面的阳光。我说的对不对？显然，这是没有问题的，这也正是陆象山的说法，但朱子认为这种说法不对，他认为射进来的阳光与外面的阳光不是同一回事。为什么？外面的阳光射进来的时候会透过玻璃，而射进来的光线反射出去，最终才会射到我的座位上来。这能说是同一个东西吗？怎么可以讲得那么简单呢？所以朱子的意思是，要说明一个问题，理学不能讲得那么直接，"人皆有是心，心皆具是理，心即理也"。（《象山先生全集·与李宰书·二》卷十一）"心即理"讲得太快了，中间有没有什么结构在里面呢？这是要讲清楚的。朱子批评陆象山两头明中间暗，两头指良知，做事的结果；中间指做事的步骤、过程。对朱子而言，陆象山说的他都明白。如果教学生时，他会讲清楚中间的结构问题；如果不说清楚的话，学生就不能把握。回到刚才的例子，外面的阳光射进来，中间已然经过很多物质，如玻璃、空气里的尘埃等等。这样说是不是更合理、解释得更清晰？从读书求知的角度来看是不是更好？学生听了也会更明白，所以陆象山讲得太简单了，很多内容都没讲清楚。射进来的阳光就是外面的阳光，这是没问题的，我不反对。但中间涉及的内容，为什么不解释清楚呢？你不说我就以为真的那么简单了。从求知内容而言，陆象山讲得太简单，但从另一方面来理解，陆象山并不是叫我们去做一些具体的某一学科的学问，他讲的就是我们如何修德，道德思维不能有太多的纪律在里面。正如我眼前面对一件事情，我需要做还是不做？假如有人在我面前跌倒了，我要不要扶他？如果我想扶他，我就应该马上扶起；如果我不扶，会不会有人说我？会不会带来什么后果？此时你会犹豫一下，你站在原地几秒钟，他自己就起来了，还需要你去扶吗？所以道德思维不能这样，当下想做就去做。对道德行为的体会，陆象山比朱子体会更深。

我用类比的方法来讲两个人：一个是唐代的慧能，另一个是他的师兄神秀。神秀讲宗教是一步一步的，就好像我们讲到宋代时，今天格一物，明天格一物。神秀和慧能两人如何体道？他们分别有一个著名偈语，神秀认为：身是菩提树，心若明镜台。时时勤拂拭，勿使惹尘埃。他的意思是，每天都需要自我反省，儒家所讲的道德思维也是一样，经常自我反省、自我改进。慧能则强调：菩提本无树，明镜亦非台。本来无一物，何处惹尘埃。一下子看到了道德的本源不在表象上，所以六祖的位置最后传给了慧能。陆象山也如此，他看到了道德的本源，所以从"心"上做功夫，就是说我的内心还可以继续往深处讲，因为义利本身是一层层加上去的。如果本心是允许的，你就去做；若本心不允许，则不要去做。我讲得比较笼统，如果放到宋明理学里面来讲，这样讲是不全面的。

　　陆象山讲的"心"，不是血肉之躯的"心"，也不是概念的"心"，而是我们共同拥有的、同一的道德根源。这个道德根源，是我们共同具备的。所以进了我的心，也意味着我也知道你的心，所以这个"心"是每个人内在的道德根源，这个根源来自天道，对天道有所得。我们现在说道德，"道"是外在于我的生命的道德价值的根源，我对这个"道"有所体会，这就是我的"德"，就成为我的道德的根源，也叫"心"。在这里，朱子和陆象山有了一个交锋，朱子讲的"心"，是血气的"心"，属于感情方面喜怒哀乐的发用；陆象山讲的"心"，是道德内在良知的发用，是本质的不一样。良知的发用包括两方面：一是我们面对事情时，面前的事情非常难堪，心里很不安，不安是这个良知"给"出来的，它不是概念，我们自己知道，你看到事情不安时，你马上要去做。比如前面一个小孩跌倒了，用孟子的话来说，就是快要掉到井里。你应该怎么做？马上冲过去，把他扶起来，这时候不再计较什么，救人要紧。看到这种情况马上"吓一跳"，吓一跳就是良知的表现。二是我们有时在公共交通工具上看到一些需要让座的老人或妇孺，你让座以后，你试试体会一下，无论对方说不说感谢的话，你都会有一种得到了安慰的感觉？为什么会这样？谁给的？这正是你的良知"给"的，做完那件事之后，有一种内在的喜悦，你做得对；你不做的时候，会感到惴惴不安，就表示你应该做。所以，陆象山从当下的良知本身去思考我们应该做什么。我们读经书或者其他学术著作，到最后都会归结于我们做人处事的道德原则，所以六经都是我的良知本心的注脚。讲宋明理学，若说不到这一层还是外行。

朱子和陆象山其实对道德的体会是一样的，如何表述出来，这里出现分歧，陆象山教你如何做人，朱子多多少少都有一种为学的意味，所以朱子哲学这一块，很多人在研究。因为他偏概念，不像陆象山那样简单地认为"心即理"，而是将"心""性""情"区分开。为什么陆象山批评朱子的学问支离破碎？道德行为不需要有诸多概念的分解，要做就去做，你讲完以后就不会做了。在道德修为以及做人方面，陆象山所说的是真真正正的道德行为。朱子又是怎样？他除了思考我该怎样做之外，也反省这个道德行为，它的整个进程是怎样的，总不能模模糊糊。所以二者不能对立起来，而是两个不同层次。

《朱子语类》中，朱子讲的很多话与陆象山是完全不一样的，不同之处就是对哲理的体会，陆象山是不是没有这个本领？他完全有，只是他对如何做人、如何修德，就好像慧能一样，一下子就去到根源，他不会在概念上讲太多，说完以后不一定会做好，但是你的本性一旦被点拨出来，你就会做好事。所以从这里来说，宋明理学也不一定是陆象山，其他每一位理学大家，只要你读得好，都会有体会。

另一方面，陆象山的学说是从孟子思想发展出来的，他没有对孟子的书或思想有进一步发挥，实际你这样做就行了。既然是这样，我多说两句，也就是孟子说的顶天立地，宋明理学的心学精神传承至今，如何做到顶天立地？关于顶天立地的问题，并不在我的讲义中，而是我引申出来的。历代一些打天下的人、吊民伐罪的人，他们是不是顶天立地？我想应该是的，那我们有没有机会顶天立地？是不是在客观上我们没有这个机会、没有这个位置呢？好好在社会中生活吧，没办法顶天立地了，是不是这样？我们讲义利，不要被概念束缚，只要我所做的行为没有一毫私心，能对得住苍天与大地，这就叫顶天立地。

如果这个还听不明白，那我再举个例子，100 斤的黄金是黄金，一分钱的黄金是不是黄金呢？它们本质上都是黄金，只是重量不同而已。打天下就好比 100 斤的黄金；你跌倒在地上，我把你扶起来，好比一分钱的黄金，它虽不如 100 斤黄金的重量那么重，但同样都是黄金。只要你的出发点是从自己的良知推出来的，你所做的事情没有一丝一毫是基于自己的私心，那么你就是顶天立地。如果我们和别人理论，他是你的上司，你可能基于种种现实考虑，不会说那么多，如果说太多、太坦白了，对你的工作可能会有影响，这就不是孟子所说的"浩然之气"，因为没有道德力量，这个浩然之气就会慢慢消失殆尽。所以，道义所在就是道理所在、正义所在，你就可以用正义去和别人讲明白，这样表现出来的就是"浩然之气"。"浩然之气"是表现出来的，真真实实的，良知也是。

无论是儒家，还是道家，抑或是佛家，不像现代人做学问只是在概念中思考，都是从生命中体会后再讲出来。所以我们读古书，能把它放到生命里实践，那你的学问就是真的，嘴巴说说只是口耳之学。听了读了，照样子讲出来。作为老师，你怎样去教？这样的老师就是经师，而不是人师。所以宋明理学不仅仅是增长知识说究竟有什么学派，有多少代表，他们的学问如何，这些都是外在的东西。我们要知道外在的东西，至少对宋明理学来说，都不是根本。所以陆象山讲："若某则不识一个字（《象山学案》），亦须还我堂堂地做个人（《象山集·卷三十五》）。"当然，这是一个假设。就是说我虽然大字不识一个，但我还是顶天立地、堂堂正正做人。这就说明，学问与修德可同时并行，但不是同一回事。目不识丁的人，可以有非常高尚的人品；有大学问的人，可能也有达不到的目标。

朱熹《大学章句》作"格物致知补传"，以为"天下之物，莫不有理"，因而要求学者"即凡天下之物，莫不因其已知之理而益穷之，以求至乎其极"，直至"一旦豁然贯通焉，则众物之表里精粗无不到，而吾心之全体大用无不明矣"，这就是所谓"即物而穷其理"。王阳明早年追随朱熹的"格物致知"，曾亭前"格竹"而"不得其理"，"遂相与叹圣贤是做不得的"。后来，他又以龙场悟道，即"大悟格物致知之旨"而认为"求理于事物者误也"，于是放弃了朱熹的"格物致知"之说。

我们不要忽略朱子所讲的"一旦豁然贯通焉，则众物之表里精粗无不到，而吾心之全体大用无不明矣"，这怎么可能是读书求知的记录呢？他讲的完全是对道德本性的体认，只是以读书明理作为基础，突然悟了，如果真的有悟，他马上就达到陆象山的境界，但是陆象山看到朱子这样子，认为不是修德的正路。如果这样去求，永远求不到，支离破碎都落在概念上面，所以很直接，要做就要马上去做。一个人从书本做学问，一步一步到最后有一个转化，转化出来的不是客观的具体知识，而是内在的良知，这是一种彻底的体会。所以说陆象山与朱子绝对是同源，但后来每个人各自的重点和体会不一样，甚至变成攻击对方，这是比较可惜的。

朱熹请陆九渊到白鹿洞书院讲《论语》之"君子喻于义，小人喻于利"。这句话无论怎样引申发挥，如果落在学术研讨里，都讲不到三个小时，所以一定是对现实的人生有所发挥。但这个看似老生常谈的话题，陆象山以最真切、最平实的语言从头到尾痛快淋漓，一气呵成。批评当时人们读书多是为了利，取得功名后就可以当官，当官后，还要高升，自少至老，从头至脚，都是为了利。洋洋洒洒一席话，让听众汗颜，轰轰烈烈一阵鼓，震撼人心，让人振奋，让人激动。朱子本人也深受感动，当即离座向众人说："熹当与诸生共守，以无忘陆先生之训。"并再三表示"熹在此不曾说到这里，负愧何言。"（《陆九渊年谱》）"熹以为切中学者隐微深痼之病。"感动之下，朱子又请陆象山书写讲义，并将此讲义刻于碑石以作纪念。

朱子与陆象山，只是在学问上不一致。从本质来讲，两个人的道德水平都很高。陆象山说："若某则不识一个字"（《象山学案》）"亦须还我堂堂地做个人。"（《象山集·卷三十五》）陆象山并不是叫人不读书，他只是一个假设。意思是，哪怕我不识字，我都要做一个有道德的人，所以他的语录里也讲了怎样读书的问题。要读古书，先读注疏，对古书有意见的话，不要动辄批评，先有一个了解，寻求各方面的资料，如果真的觉得自己是对的，另外说，不要否定别人。这不是一个读书方法吗？朱子的学问很大，他著有多部重要著作，陆象山只有一本语录，但这本语录已经令我们明白中国传统文化精神到底在哪里。

做人讲得最深刻的，无过于从内在道德本身去讲，从先秦以来至少从孟子以来已经是这样讲了，所以到宋明理学已经讲得很清楚了，现在我们讲中国哲学用词比较谨慎，宋明理学到现在，比如说我现在也在讲宋明理学，我是作为无源之水，只是用我的理解把它讲出来，还是有根源给我去依循呢？牟宗三先生教学的时候，确实给我很大的启发，所以今天我的讲学，我不是规规矩矩地读资料，牟先生也是这样讲。你要讲明一个道理，你可以用不同的例子，目的就是把义理弄明白，义理本身要落在生命中以受用，而不是一个在课堂里讲授的系统模式。儒释道实修的人都是这样，而不是一套套条理地讲出来。所以陆象山所讲的内容，都是怎样从良知本心出发去做好自己。他讲的话，很多人看了以后不喜欢。读书如果只满足于知道了文意，这是儿童之学。儿童之学相当于现在的小孩读书，重要的是要看意旨所在，意旨所在就是内在精神。如果知道我的本心是什么，即"六经皆我注脚"，就是知道了意旨所在，所以文化精神就是这样，可以一下子把握住。

每个领域都有专家、有权威，一旦介绍他的时候，就如《尚书》研究专家、语言学研究专家、《易经》研究专家。很多时候我们认为，这些专家是学术界公认的，我们的整个精神、感情会不会放到这里来？有一个我是某某专家的想法，如果有人批评的时候，可能会受不了，你是什么样的人？我是专家，你有条件批评我？所以在这里讲，不以此自负。也就是说，我们的价值观应当放在哪里？说你是某一领域或某几个领域的专家，这些都是外在的，与个人的道德无关，但我要把事情做好，我一定要有本事、有技能、有学问，才能做好事，这些只是我的工具，我不会依附于我的工具。所以刚才说的顶天立地，就是要从良知出发去做事，拥有的外在工具越多，做事情就会越顺利。

孔子十五岁开始有志于学习。立志很重要，但是立的志不要落到具体的事情上，比如说我要做一个很高明的医生，我要做一个举世闻名的工程师等，这是你的目标，而不应该是你的理想，理想是一个大的方向。你可以当医生，可以当工程师，等等，无论哪个行业，你一定要明确你的目的在哪里。良知的发用，换言之，安或不安的时候，你马上就要去做，所做之事都是利他之事。所以，我的理想无论落在怎样具体的行业里，都应该有一个精神价值，我要用它来提升自我、帮助别人，让我们的民族更健康，这才是理想所在。具体依据每个人的心向所至，读理工科没问题，读文科更没问题，但你的出发点就是要利他，不仅要自利还要利他。你的人品、人格、气象都要呈现出来，而且也不会那么斤斤计较，一个人一旦有利他之心的时候，很多事情就不会计较，所以堂堂正正做人就无愧于天地。

我再引申一点，既然说堂堂正正做人，既然是有那么一种浩然之气，也就是说，道德充身，我们的言行思想配道与义，怎样表现？道理讲清楚了，这个道理能不能表现出来？还是只是一个道理？不能表现出来的道理，对陆象山来说是假的，做人修身的道理应该每个人都能实践。既然是这样，要顶天立地，我刚才已经说了，哪怕是最小的一件事情，最微不足道事情你都去做。你走路时，看到地上有垃圾如玻璃碎片，它可能会伤人，你把它捡起来，这个行为基本上是微不足道的，你做了代表什么？自古以来有两句名言，"勿以恶小而为之，勿以善小而不为"。（《三国志》）善之小者，哪怕你看到的是垃圾，你将它拾起放入垃圾桶，这么一个一秒钟都不到的行为，已经是一个顶天立地的行为，要明白传统所讲的道德修为的本质，这么一个小小的行为你不去做，恶的你不去遏制，好的你又不去做，你要去做大事，是不是有点虚伪了？无论朱子还是陆象山，他们都不会反对，就是孟子所讲的"养心，莫善于寡欲"（《孟子》）。谁都会讲养心，怎么养？养心的内容不在我的讲义里，是我延伸出来的，但这个对我们修德非常重要，就好像水里游来游去的鱼，你要用水去养活它。鱼在水里自由自在地活着，那道德修为该怎样才成为"养"。如果每一件事我们都要去做，可能精力有限，我们做不了那么多，我们也不需要从早到晚天天记住这是好的，那是不好的，这样我们会很紧张，这也不是修德的方法。所以古人一直以来讲的"养"，只要有道德修为体会一下就明白了。面对眼前事物，无须明明白白说出你的判断，但至少你的内心本身需要判断，看到不好的，你的内心要有一个很明确的判断。虽然你说出来的时候，可能基于外在压力，你可能不说，或者说的含蓄一些，但你的内心一定要很清楚，对就是对，不对就是不对，不要有灰色地带，不要说可有可无，道德修为不允许灰色地带，所以朱子告诉我们，道德修为的压力是很大的，这个压力怎样？朱子说："如今工夫，须是一刀两段，所谓一棒一条痕，一掴一掌血，使之历历分明开去，莫要含糊。"（《续近思录·论学》卷二）道德修为就是要这样，不能回头，对就是对。哪怕别人说你不对，只要你的内心确认是对的就要去做。回到陆象山的学术上，朱陆之间不要执着他们的学术条理，用现在的话来说是哲学的条理，他们之间只是条理碰撞，但道德本身的体会都是一致的。体会到这里，我们就明白了，宋明理学在今天，无论你讲朱子还是陆象山，或者其他大家，都能对治今天的社会人心，但不要作为学术来表述，否则就变成讲堂里的课程，学的一套，做的是另一套，这就失败了。今天需要多一些践行之事，一方面做学问，一方面修德修道，这样的学问才叫真学问。慧能不识字，没读过书；陆象山也没教我们要读很多书或成为大家，最基本的就是要做一个顶天立地的人，因为人生只有几十年。

关于"心即理"。这里的"心"，陆象山引用孟子的说法："尽其心者知其性，知其性则知天矣。"陆象山认为："心只是一个心，某之心，吾友之心，上而千百载圣贤之心，下而千百岁复有一圣贤，其心亦只如此。心之体甚大，若能尽我之心，便与天同。为学只是理会此。"（《中国哲学史》）"心"是什么？"性"是什么？"天"是什么？如果这三个概念你都不知道讲什么内容，岂不是自欺欺人吗？简单来说，"心"和"性"，朱子与陆象山都认为它们是道德的根源，不过陆象山不讲"性"，只讲"心"。那么，"心"与"性"到底有什么区别？"心"就是道德根源的发用，换言之，如果"性"要放在里面，"性"的发用就是"心"，"心"既是本体也是发用，所以对陆象山而言，"性"是多余的，无须说明。至于"天"就是"理"的意思，也无须说明。

如果这三个概念弄清楚了，我再用另外一个例子可能会理解得更明白。我把"天"比作一个公共的空间。什么叫公共空间？比如我们在屋外会看到整个空间，谁都可以自由出入，不受限制，公共空间就是"天"。"性"是什么？我在外面的空间搭建一个房子，房子建好之后，房子里的空间就叫"性"。"性"和"天"之间有何关系？"天"是一个我的生命以外的道德原则；"性"则是落在我的生命里的道德原则。那么，我的生命里的道德原则与生命以外的道德原则有何区别？就好像我刚才举的例子，这个空间本来是公共的，谁都可以走过，但我在其中一块上建一个房子，这个房子所占空间就变成了我的，可以这样对比吗？我们每个人就好像一个房子，如果这个房子拆了，就好像我们的生命死亡了，那我生命里的道德根源去哪了？这个空间没有消失呀，只是还原回公共的空间。也就是说，我们每个人的"性"和良知都是一样的，所以我用这个例子，这个空间里的房子，很难被划分为多少格。它就是一个整体，但是我们坐在里面，每个人都占有一个空间。你坐在这个椅子上没有其他能坐上去的地方，但是你一旦离开椅子，这个空间还在。我是用这个例子来比喻，这个"性"就是盖了房子以后的空间，"心"就是在房间里所做的事情。所以，"心"怎样发用？就是看到事情的时候，我的内在有一种反应，我刚才说了，就是安与不安的问题，内在良

知所引发出来的，这个发用就是"心"。朱子也知道陆象
山的讲法，所以"性"本身发用称为"心"。既然是这样，"性"
就不用讲了，"性"本身就是天理所在。在我的生命里，
它也会发用，它发用的也叫"心"。所以义理很细微的一
点，就是对在我生命里的这个良知本体，究竟会不会发用，
它发用的时候是怎样的。朱子不会那么直接地说，他认为
发用时还有很多步骤，不会一下子就直接落到我们的经验
世界中。而陆象山是从道的本体点出来。所谓的哲学是一
层层立体地架构来的，一直往深处讲，所以为什么一句话
可以讲得很详细很深入。生命是活的。我刚才说我没有多
少文献依据，一直在讲生命里的事情。所以讲到道德修为，
儒家讲得非常深刻，但是能讲到宋明理学这么一个深度，
也不能否认有得于佛家的冲击。我们要知道，绝大多数的
宋明理学家都是先研究佛学，再转到儒学。所以我对宋明
理学的研究也是无意的，不是有意的，也是与理学家他们
同一个历程。佛学很吸引我，到最后才回到儒家上面来，
才发现到了宋明理学，虽然已经有佛教的义理、哲学的架
构加进去了，但精神还是儒家的。儒家讲的道德良知，佛
教是不讲的，讲得也没那么深。

　　讲到这里，我大概可以做一个总结，就是陆象山的"心
即理"，就是点出道德修为里最直接的根源，不要掺入太
多的概念，陆象山是教人怎样做人，不是教人怎么做学问，
这是一方面。另一方面，连朱子都支持他，他自我观察也
观察漏了，就是义利之辨的问题。朱子喜欢教人读书，读
书可以让人明理，但是读书另外的目的就是求利，朱子没
有觉察到。关于这一点，陆象山点了出来。义理本身越细

微越好，但它不是一般的学问。你把我讲的这些内容写出来，看你能写多少。他没有太多具体的知识学问，而是教做人的方法，教你真正铭记在心，你永远都记得，这一生都记得，因为它是我们为人处事的原则。你不受用，那么听完了什么都没学到。

鉴于时间关系，我没办法再作深入发挥。今天就讲到这里，希望以后有机会再与在座的各位切磋交流，谢谢大家。

主持人：谢谢邓立光先生的精彩讲座，邓先生为我们详细阐发了陆九渊的"心即理"之学，及其公私义利之辨，引导我们去把握陆九渊的文化精神。我认为邓先生的这场讲座是结合自己内在的生活体验去进行阐述的。这个风格也深受陆九渊影响，就像陆九渊重视义利，把义利放在生活生命的过程中、实践中去体会和去阐发，给我们诸多启发。正如刚才邓先生所说无私心就是顶天立地，这就是陆九渊的基本观点。同时，读古书要放在生命里去实践，否则只是口耳之学，这也是邓先生对陆九渊之学非常好的体验。以上种种，都给我们非常多的启发。邓先生在这里所强调的，正是陆象山最基本的观点和最基本的精神，包括他自己的体验。

邓先生的这场讲座，其实是内在包含了对朱子之学的为学路径的一种批评。当然他也强调自己非常尊崇朱子，对朱子的人格非常尊崇，但对他的为学路径持有不同看法。他在对陆九渊学术的阐发过程中，就是把他对朱熹之学的为学路径的不满进行批评的。在这一过程中，在座的各位朋友、嘉宾，还有邓国光先生对这个问题是否有所回应？或是补充或是反驳批评？下面的时间留给大家。

互动问答

问题 1：宋代道学家经常会讲"心""性"和"情"这三个概念，很多时候会用已发和未发的路径来讲。据《宋元学案》载，有人问程颢先生心是善还是恶？他说："在人为性，主于身为心。其实一也。若既发，则可谓之情，不可谓之心。"与岳麓书院颇有渊源的还有胡宏和张栻。胡宏说："性不能不动，动则心也"，在这个已发之上，就是一个"心"。朱张会讲大概两三年之后，朱熹和张栻共同讨论胡子之言。从学识上来看，胡宏是二程学说的继承者，在已发这个问题上，前人说是"情"，后人说是"心"，朱熹又提出"心统性情"，这三个概念各有差异，为什么程颢先生说"可谓之情，不可谓之心"，后来在已发上又变成"心"。他们之间是不是不好鉴定？如何理解"心"或者说在整个大的道学环境下，他们到底在讨论什么？

邓立光教授：这个问题问得好。在宋明理学中，有三个非常核心的哲学概念——心、性、情。"心"和"性"放在一起，在生命流露的时候，在这个阶段是"心"还是"情"或是"性"，每一位在这方面有修养的理学家，他们都会向内去感受并体会，换言之，他们会向内感觉良知到底是怎么回事，基本的感受是一样的。至于与它对应的那几个名称，哪一段才是"心""性""情"呢？首先从本质来说，你刚才为何存有疑惑，这是因为你从他们的学术条理来理解。为什么会不一样，分别在哪里？从概念上觉得很乱的，哪个才是对的？你生命中的良知是一种什么状态？向内返。如果现在没有这么一个条件，你在过去生活里有没有这样的情形，可能这些事情与你无关，然而你却看到了，你会感到非常不安，为什么你会感到不安？如果你看到我们的同胞在其他地方受到不公平对待时，可能是一些不幸的遭遇，你会感到心里不安，这种不安从何而来？从"心"与"情"开始，再往后追溯，就是良知。再往后就是不安，我们感觉我很不安，从不安往后追溯，不管从哪里找出来的，这个根源就叫良知，也叫"性"，但因为它已经表现不安了，所以这就是"心"，这个背后你无法了解的根源就是"性"，已经表现出来的安与不安就是"心"。

我刚才一直说心发用，如果这个良知本身是属于形而上的，他的安与不安，你根本感觉不到，因为它是形而上的。那么，你是怎么知道的呢？它发用的时候，会影响到我们的感情，比如令我们感觉到不安。也就是说，原来良知本身是一体一用，它既是本体也是发用。它没发用的时候你是感觉不到的，但是它一旦发用，马上就会与七情六欲的"情"相互影响，结果就是喜怒哀乐。关于这一点的体会，并非我个人观点，道家亦有相同观点，道家讲炼丹时讲的和我说的一模一样。宋明理学的哲理，在"心"这一方面，已经影响到了炼丹，道理是完全一样的。我这样解释会不会说得更清楚一点呢？

再举个例子，我们经常喝饮料，比如可口可乐，你拿了很多有关可口可乐的资料，来了解可乐的味道到底怎样，你全都知道，但每一家的讲法都不一样，结果你无所适从，你希望找到一个正确答案，哪一家才是对的。如果你手上有一瓶可乐，你马上就能作出判断。当然每一家都是一样的，对你来说都不真实。因为你根本不知道可乐的味道到底怎样，你怎么能知道你所判断的这一家是对的。所以刚才你提出这几位大家，他们对"心""性"和"情"的体会都不一样，为什么判断不了？因为你没有内修的功夫。传统的道德修为，无论儒家、道家、佛家，都一定会讲内修，并不是嘴巴讲怎么说。我刚才已经说出一个道德修为的方法。

比如牟宗三先生讲宋明理学（但他主要还是研究王阳明的学问，以心学为主），他认为"心"是人为主的，他不是拿来做学问讲的。刚才家兄也讲了，道统本身是一个精神内核，从先秦孔孟，跨越千年到了宋明时期，宋明以后到现在新儒家牟宗三先生等，他们都有一个体会：道统的精神并没有断。为什么说道统千年不断？为什么我那么有信心？我现在说的，也符合宋明理学家所讲的；宋明理学家所讲的，也符合孔孟尤其是孟子的"性善"，这是一脉相承的。

我讲的内容有本有源，并不是一家之言。试试从这个角度再看看，我刚才提供了一个方法给大家，先从内在去感受良知到底是怎样的。"心""性""天"这些概念，先秦时期，《左传》中就已经讲了，它们的界定不一样，我们可以从我们自己的角度再重新看。

问题2：老师您好，孟子的心性学说对陆九渊的心学产生了较大影响，宋明理学们有一种"返本"思想，即返到先秦时期的孔孟那里去，他们觉得自己就是直接从那里来的。请您具体谈谈孟子的心性学说对陆九渊的心学到底有多大影响？

邓立光教授：影响实在是太大了。对陆象山而言，他的整个学问就是孟子学，他如何形容孟子的思想呢？孟子对性善讲得非常清楚，所以陆象山认为他所讲的只是孟子书本的内容，并没有越出这些内容。对陆象山而言，讲学除了"先立乎其大"这一句，没有别的本事，说不出别的理由。陆象山回应说"没错"，他不否认除"先立乎其大"这一句没什么好说的了，他回应其他人的批评，陆象山说来说去都是这么一个性质，都是这么一个义利之辨，有没有其他学问讲出来？陆象山回应说只有这一句，这是做人的根本，所以在孟子文本里还有其他义利，但陆象山作为理学家，他看到孟子有关性善的具体内涵，于是把它阐发出来，变成了我们做人处事的道德根源。

我刚才也说了，陆象山能这样子阐发出来，就与孟子不一样了。禅宗将其做了延伸，特别是慧能的内在心法，他一下子就掌握到道德的根源是什么，他不和你讲概念，讲概念马上就会成为陆象山所批评的朱子，概念太多会导致支离破碎，如何修德？所以刚才我说这二者之间不能画等号，至少他把孟子的良知、良能、性善阐发得很好。

问题3：陈来先生认为，陆学是君子之学，朱学是圣贤之学。朱熹为什么在听到陆九渊讲学时会流汗，因为他的前提是士人在往上走。如果照这样来说的话，我觉得陆学应该是要成人的，对于朱子来说，我觉得他的目标应该是"学以至圣"，二者目标不一，所以他们对"心"或"理"的辨析也会有所区别。请问陆学是不是更加重视内在的道德主体，朱熹则更重积累，哪种做法更实在，您如何看这个问题？

邓立光教授：陆象山点出了道德根源，就是我们为学做人到底该怎么做，公私义利之辨，我们给人看的一面可以很光鲜很漂亮，但你是不是有私心？是不是为了自己的利益？你自己的内心很清楚，这是骗不了人的。所以你能实践陆象山所说的，成为君子也可以，成为圣贤也可以，没有局限。为什么朱子听完陆象山讲课会有一种羞愧之心？一般来说，一个人在社会中发展，应将读书放在首位。所以对朱子而言，读书让我们明理，才有资格去讨论、去修己及人。当然，朱子确实忽略了一点——在科举制度之下，辛苦的读书到底为了什么？不是为了高中吗？在那个时代，一个读书人要表现出他的生命价值，这是一个很重要的方向。所以陆象山点出了这一点，也不妨碍朱子所说的继续读书、为学，他们并不是对立的。读书为学，但我们起心动念，只要你的出发点是为"公"的，只要义利之间是为"义"的，那么你这个人的形象就高大了，就不会有太多烦恼的事情。所以我刚才所提到的朱子和陆象山之间的差异，现代学者各有体会，我就不作任何评论。从本质来讲，我们按陆象山所说的去做，至少对道德与不道德，应当会比较清楚明白。最后你如何为学或者走其他道路都是没问题的，到最后如果能做到利他的事情，利他已经是一个很高的理想了，也无须用圣贤作标准，比如我们所说的菩萨精神。做好了道德良知之事，就达到了一个高的境界，别人也会欣赏具有道德的人，做到这一步，道德不错了，这是儒家的观点，也是孔子所说的。这不是谦虚那么简单。个体生命真的要体会道德的局限，一旦有自满情绪表现出来，这个人的道德就不会再前进，所以道德修为是无限的、向上的。如果别人说你是贤人，你也不要那么高兴，我的第一反应我不是虚伪，我不和别人对比，我担当不起，我"满身是过",谁不是这样呢?别人对你的欣赏可能是真实评价,但我听了以后我不敢接受,我的回应也是实实在在的,我自己知道,我还有很多不足。欣赏我的人,不仅说我是贤人,还说我做什么事情都是对的,怎么可以这样子。所以我才说我"满身是过","满身是过"这句话也不是我发明的。明朝的理学家在自我反省的过程中,也是这样说的,在此我不做过多延伸,千万不要被这些名词所束缚,好好为人处事,将会海阔天空。

问题 4:两位老师的讲座非常精彩,形象地说是分别为陆象山代言、为朱子代言。两位老师的讲座风格,刚好与朱陆的学术风格似乎分别相近。讲座中,邓立光先生其实也对邓国光先生所讲的朱子有所回应,我现在想听听邓国光先生对邓立光先生所讲的陆象山有何回应。邓立光先生讲到陆象山的"心"是"先立乎其大,直击本心",其中的"性"和"天"似乎在他这里是可以不用的。而在朱子的"继天立极"的道统思想中,"性"和"天"又是非常重要的,朱熹《〈大学章句〉序》曰:"盖自天降生民,则既莫不与之以仁义礼智之性矣。"在这个意义上,则"聪明睿智能尽其性者",天就给他"以君",作为君之师。可见,"性"和"天"在朱子的思想中具有非常重要的意义。能否请邓国光先生回应一下陆象山的思想,谢谢。

邓国光教授:非常感谢,我尽量把握好时间解释一下。首先,我想说的是,牟宗三先生强调我们要做"学究",牟先生用唐君毅先生举例,说唐君毅先生五十岁之后的学问没有再进一步,他总是讲五十岁之前的学问,用现在的话来讲就是"啃老本"。牟宗三先生一直强调：每一种学问都有境界，我们要不断更新知识，这个新旧交替的过程不一定要结合，但在不同阶段都需要"学究"。对于这个"学究"，可能大家都不以为然，但是我们的学问在生命中不断提升，只有技巧是不行的，我们有纪律道德的原点，来指引我们进行学术研究。在这个过程中，我们不需要在别人面前假装自己是专家，做"学究"所下的苦功才是关键，如果这一点不说明的话，可能大家会觉得我们在空谈。

第二个问题，关于朱子文献的记载，需要指出的是，这是有问题的，因为唐文治先生在《紫阳学术发微》中花了很多工夫去梳理、说明陆象山先生。我觉得，我们有必要对过去一百年未曾注意到的唐文治先生的朱子学研究加以重视，因为这些都是很通情达理的理解，这些都是有文字记载的。所以说朱子面对陆象山"义利之辨"这个问题，觉得自愧不如。唐文治先生认为这是朱子的谦虚表现，因为他是作为客人去拜访陆象山的。

第三个，关于"性"与"天"的问题，其实这是中国儒学或中国学术中最关键的天人问题。这里涉及一个关键词，就是"继天立极"，一定是符合天道的。这个"极"就是以"天"作为标准的存在体，为什么不直接说"天"？因为每个人的"性"都是天赋的，都是一种天性。尽管"性"这个元素与"天"的公平、公开、公正等方面的性质一致，但生命有限，我们不能永恒或永存，所以不直接说天道，而是直接说从"人心"到"道心"。"道心"就是"天心"，用西汉公羊学的观念来讲就是"天人合一"。关于这个问题，当前学术界研究理学者，对经学较陌生。经学研究起步晚，近三十年才正式起步，将来的研究空间会不断扩大，这一步就是要重新把宋明理学放在典籍的传统中重新审视，不再围绕唯心主义、唯物主义或有限的观念世界里的理论标准。所以刚才我提出的问题，通过经典，通过《尚书》到朱熹再到当下，都可以重新焕发儒学（或儒家）的生命力。所以，现在讲的儒家包括经学、宋明理学等在内，我讲的"集大成"就是这样，谢谢。

主持人：尊敬的各位朋友、各位嘉宾，不知不觉三个小时过去了，今天两位邓先生给我们带来一场非常精彩的会讲。两位邓先生风格不一，邓国光先生特别重视知识的积累、文献的追溯，以及概念范畴的辨析；邓立光先生则特别重视对生命的体验和体认。这也恰恰与朱熹和陆九渊两种不同的学术风格相对应，非常有意思。这场风格不一的会讲，正好达到了会讲的目的。同时，各位朋友也和两位邓先生有非常好的互动交流，给我们诸多启发。这场会讲很有意义，让我们再次用热烈的掌声感谢两位邓先生。感谢各位同仁、朋友、嘉宾的到来。欢迎各位继续关注并支持岳麓书院讲座，谢谢各位。

我们为什么需要经典诠释学

时间
2019年6月28日

地点
湖南大学岳麓书院内中国书院博物馆报告厅

主持
李清良（湖南大学岳麓书院教授，时任副院长）

主讲
洪汉鼎　景海峰　傅永军　何卫平　张能为

　　洪汉鼎，北京社会科学院哲学研究所研究员，山东大学特聘教授，山东大学中国诠释学研究中心名誉主任，湖南大学中西经典诠释学研究中心名誉主任，国家社科基金重大课题"伽达默尔著作集汉译与研究"首席专家。1956年毕业于无锡辅仁中学，同年考入北京大学哲学系，师从贺麟教授、洪谦教授和冯友兰教授，研习西方哲学和中国哲学。1978年考入中国社会科学院研究生院并担任贺麟教授助手。1983年获德国洪堡基金会研究资金，赴德国进修两年，1985年返国。1991年荣获德国杜塞尔多夫大学哲学名誉博士，1992年获国务院政府特殊津贴。著有德文专著《斯宾诺莎与德国古典哲学》

《中国哲学基础》《中德文对照中国哲学辞典》三卷；中文专著《斯宾诺莎哲学研究》《诠释学——它的历史和当代发展》《重新回到现象学原点——现象学十四讲》《当代西方哲学思潮》等；译著有《真理与方法》《批评的西方哲学史》《诠释学真理》等。

景海峰，毕业于北京大学哲学系，1985 年至今任教于深圳大学，为香港中文大学、美国哈佛大学、"台湾大学"等校访问学者。曾担任深圳大学人文学院院长，现任深圳大学国学院院长、哲学系教授，武汉大学兼职教授、国学专业博导，中山大学中国哲学专业博导。兼任中华孔子学会副会长、中国现代哲学研究会副会长、中国哲学史学会常务理事、国际儒学联合会理事暨学术委员、中国孔子基金会学术委员等。著有《熊十力》《梁漱溟评传》《中国哲学的现代诠释》《诠释学与儒家思想》《经典诠释与当代中国哲学》《儒学的现代转化》等。

傅永军，山东大学哲学与社会发展学院暨教育部人文社会科学重点研究基地"犹太教与跨宗教研究中心"教授，山东大学中国诠释学研究中心主任。兼任中华全国外国哲学史学会常务理事、中国现代外国哲学学会理事、中国现代外国哲学学会诠释学专业委员会召集人、山东省哲学学会副会长、《中国诠释学》主编等学术职务。主要研究领域为诠释学与中国经典诠释学、康德哲学、哈贝马斯哲学与批判理论、西方宗教哲学。在海内外学术期刊发表论文 120 多篇，出版《绝对视域中的康德宗教哲学：从伦理神学到道德宗教》《法兰克福学派的现代性理论》《启蒙、批判诠释与宗教伦理》《控制与反抗：社会批判理论与当代资本主义》等多部学术著作；

译作有《犹太教的本质》《超越启蒙时代：社会理论家的生活与思想》《证据与信仰：17 世纪以来的西方哲学与宗教》等多部。

何卫平，师从我国著名德国古典哲学专家杨祖陶教授，美国伊利诺伊大学香槟 - 厄巴纳分校、德国海德堡大学访问学者。曾为武汉大学哲学学院教授，现为华中科技大学人文学院哲学系教授，博士生导师，中华全国外国哲学史学会常务理事，《德国哲学》《哲学评论》《中国诠释学》等刊编委。研究方向为德国哲学，尤专于哲学解释学。主要著作有《通向解释学辩证法之途——伽达默尔哲学思想研究》《解释学之维：问题与研究》；主要译著有《伽达默尔》《哲学解释学导论》《存在论：实际性的解释学》等。

张能为，安徽大学哲学系主任、教授、博士生导师，教育部哲学类专业教学指导委员会委员，中国现代外国哲学学会理事，诠释学专业委员会常务理事，国际儒学联合会理事，安徽省哲学学会副会长，安徽大学中国哲学博士点、哲学博士后科研流动站负责人，《中国诠释学》《安徽大学学报》等刊编委。2007 年参与研究与著述的由叶秀山、王树人任总主编的《西方哲学史》（学术版）获中国社会科学院科研成果一等奖、首届中国优秀图书奖。2000 年获安徽大学教书育人先进个人。主要学术研究方向为现当代西方哲学，研究领域涉及解释学、实践哲学、语言哲学、康德哲学与中西哲学比较等。

主持人： 尊敬的各位老师、各位同学、各位朋友，大家下午好！明天我们岳麓书院将正式挂牌成立"湖南大学中西经典诠释学研究中心"，并举办"诠释学的汉语经验"学术工作坊，我国诠释学研究领域的三四十位学者现已陆续抵达。趁此机会，我们今天邀请其中的五位著名专家，采用传统书院的会讲形式，一起来做一期"岳麓书院讲坛"。现在就让我们用热烈的掌声，欢迎五位学者登台，他们分别是：北京社科院哲学所洪汉鼎先生、深圳大学景海峰教授、山东大学傅永军教授、华中科技大学何卫平教授、安徽大学张能为教授。有请五位老师上台！

首先，我谨代表讲坛的主办方湖南大学岳麓书院、凤凰网，承办方岳麓书院国学研究与传播中心、凤凰网国学频道、岳麓书院哲学系，以及协办方湖南大学岳麓书院发展基金，对五位教授前来讲学表示衷心的感谢！也对各位老师、同学和朋友不畏酷暑来到我们的讲坛表示热烈的欢迎！在讲座正式开始之前，我先向各位简要介绍一下五位教授。

最中间的这位是洪汉鼎先生。洪先生今年已经81岁整了，是我国诠释学研究的泰斗。他左边这位是景海峰教授，他长期担任深圳大学人文学院院长，在儒家诠释学研究领域做了很多工作，出版了很多专著，为学术界所共同推崇。我身边这位是傅永军教授，他是山东大学哲学与社会发展学院教授、山东大学中国诠释学研究中心主任，也是中国诠释学专业委员会的召集人，今天来的五位老师都是这个委员会的常务理事，傅教授还是《中国诠释学》的主编。景教授旁边是何卫平教授，来自华中科技大学哲学系，他之前在武汉大学担任教授，他的导师是著名的杨祖陶先生，何卫平教授也在这个月中旬成立了解释学研究中心暨伽达默尔文献馆。何教授左边那位是张能为教授，他是安徽大学哲学系主任，他和何卫平教授的博士论文以及后续的研究主要就是以当代哲学诠释学最著名的代表——伽达默尔的思想为研究对象。今天这五位教授是我国诠释学研究领域的顶尖学者，他们或者是研究西方诠释学，或者是研究中国诠释传统。

今天的讲座主题是"我们为什么需要经典诠释学"。"经典诠释学"这一称谓可能大家都不太熟悉，它也是最近这些年中国学者特别提出的一种思路。学者们都在思考，针对已经发展得很好的西方当代诠释学，尤其是哲学诠释学，我们中国可以为诠释学理论贡献出什么新的观点和思路？不少学者指出，中国经典诠释传统源远流长，两千多年以来一直绵延不绝，在世界各大文明中，可以说中国的经典诠释传统是持续时间最长、内容最丰富的，包含了丰富的经验、理论、方法、规则等等，但是长期以来，在中国的学术体系中并没有建立诠释学这样一门学科。在西方诠释学的激发之下，我们开始重新正视中国的经典诠释传统，并且觉得它完全可以为当代世界做出应有的贡献。为此，不少中国学者认为，我们可以集中从经典诠释学的角度，来切入中国的经典诠释传统，并与当代西方诠释学进行对话，从而提出诠释学领域的中国话语和中国智慧。

今天我们就是在这样一个背景之下，围绕我们为什么需要经典诠释学进行讨论，其中主要包括四个问题：一是什么是经典诠释学，它与传统的经学有什么不一样；二是我们为什么要从经典诠释学的角度，来推动全球的一般诠释学理论和方法研究；三是这种努力有望为当代世界的一般诠释学理论提供哪些突破；四是我们如何进行经典诠释学研究。这是我们今天下午要着重讨论的四个问题。明天我们举办的学术工作坊也会围绕这些问题进行深入探讨。下面先请洪汉鼎先生就第一个问题发表他的高见，有请洪先生！

洪汉鼎教授：经典诠释学说起来好像很好理解，但是实际上也非常困难，为什么？有一些概念、名称，你要把它说得很清晰，很难，一般的方法是通过翻译成外文，看它们清楚不清楚。我们看看"经典诠释学"，这个名称怎样译？例如译成德文"die klassischen Hermeneutik"，英文"the classical hermeneutics"，但这个德文和英文词已经有固定的译法，即古典诠释学，而不是经典诠释学。正如"die klassischen Philosophie"（"the classical philosophy"），即古典哲学，在西方哲学里就是指古希腊哲学，它与近代哲学和现代哲学构成三个不同时段的哲学。把经典诠释学翻译成"Hermeneutik der Klassiker"（"classic"）也不行，因为"Klassiker"（"classic"）是一个普遍的抽象概念，可以指古典文化，很难确切表示经典诠释学，如果让一位德国人或者美国人去看，他们会觉得很奇怪。经典在"经典诠释学"这个名称里应指经典著作，即"Klassischen Werke"，当然这词里面不仅有文字著作，也包括绘画、雕塑或建筑等艺术作品。所以我说经典诠释学这个名称是一个比较难理解的概念。

为什么难？就在于"经典"这一概念有多重意义。我们现在有中西背景，中国的语言跟西方的语言有很大的差别，就我们中国来说，可以有古典和经典两个名词，但是在西方，不管是英文还是德文，古典和经典就是一个词，这个词既有古典的意思，又有经典的意思，这里面就有一个复杂的过程。

首先我们要了解"经典"这个词，不管在中国还是西方，一般都有三层意思：首先它是一个历史性的概念，就是指古代的著作。我们今天讲经学、讲经典，就是指古代的"五经""十三经"；西方也一样，经典一般指古希腊罗马的作品。因此经典一定是带有古代的意思，是一个历史时期的概念。第二个意思，它是一种风格概念。它是什么风格？古典型。我们在文艺复兴以后的西方，就看到古典主义、浪漫主义和新古典主义的区分，这就是一种艺术风格。就我们中国来说，这一点也很明显，比方说京剧，它跟现代戏剧不一样，它是古典戏剧，又比如说现场放置的明清家具，也是一种古典风格的家具。因此经典有风格的意思。第三个意思，它是一个规范价值的概念，它代表"典范"的意思，这是经典在今天的一个非常重要的意义。经典的这个典范意思在中西方来源不同，在我们中国一开始就有。经为常道，指常行的义理、法则，经典是圣人的作品。《汉书·孙宝传》说"周公上圣，召公大贤，尚犹有不相说，著于经典，两不相损"，经典不光是"古"，而且一定有"规范"的意思。但是在西方，情况就不一样，"Klassiker"（"classic"）一开始只有"古"的意思，直到公元2世纪，在意大利，学校有个运动，一下让古典班的课堂教学内容成为最高的典范，"classicus"成了典范的、优秀的古希腊罗马作家的形容词。这种意义变迁似乎不为近代的西方人所接受。近代的时代精神把经典型与古典哲学（die klassischen Philosophie）以及广义的古典古代科学（die klassischen Altertumswissenschaft）联系在一起，迫使它进入历史性（Historische）的位置。这就是说，它过时了，走下坡路了，被更好的东西替代了。所以今天凡讲到经典型（Klassischen）和经典作家（Klassikern）的地方，都与"古今之争"的讲话搅动在一起，人们回忆起狂飙与突进时代的抗议派，反对德国古典主义的浪漫主义，人们也嘲笑各种各样的新古典主义，人们也知道，尽管伽利略和牛顿的古典物理学值得尊重，但现代的相对论物理学有许多更好的东西。西方这一倾向尽管在我们漫长的经学传统里是不能认同的，但在今天中国的现实生活中似乎也有，当我们说经典就是时尚时，其实是说经典与时尚本来是不一样的，经典不是时尚。

因此在西方，经典虽然是古典的东西，但不一定是古代的东西。举个例子，吉本写的《罗马帝国衰亡史》就叫经典，这是在 18 世纪写的一本书。在西方的哲学经典中，经典也不一定就是古代传下来的，比如他们现在讲一百部经典，古希腊的只是其中一部分，康德的著作也叫经典。这似乎和我们中国不一样，我们的经学，始终是把十三经作为经典，后人只是对它进行注释、解释乃至诠释。

经典的概念清楚了，还有两个概念要清楚。西方除了"Klassik"，还有一个"Kanon"，我们一般翻译为圣典或正典，例如圣经就是一部"Kanon"。圣典是信仰的对象，而不是认识的对象，圣典里面的东西都是永恒的，我们只需信仰；反之，经典就不一样，经典不是信仰的对象，而是认识的对象。比如柏拉图的著作、亚里士多德的著作，我们可以去读，但是不一定信仰，这就是圣典与经典的差别。还有一个概念就是文本（text），文本也是写下的著作，它跟经典不一样，它可以是一般的文本，不一定成为经典。

　　这样，从圣典、经典与文本这三个概念，我们可以区别出三种诠释学：圣典诠释学、经典诠释学、文本诠释学。这样一来，我们就可以理解，今天讲的经典诠释学既不是圣典诠释学，也不是一般的文本诠释学。在西方诠释学的发展过程中，最早出现的诠释学只有两种，一种是圣经诠释学，就是神学诠释学，另一种就是法学诠释学。这两种诠释学构成了西方早期的诠释学，又叫独断型诠释学，独断型诠释学是以"Kanon"，也就是以圣典为他们诠释的对象。到了近代，也就是到了阿斯特和施莱尔马赫的时代，这种独断型诠释学发展成了一般诠释学，或者是说特殊的诠释学变成了一种普遍的诠释学，这个诠释学就是文本诠释学。因为我们除了诠释那些古代的经典外，还有哲学、文学等等各种各样的文本都可以解释。至此，文本诠释学与以前那种独断论（型）诠释学分开了，以前的独断型诠释学成了解经学（exegese），而普遍诠释学成了探究型诠释学。那么，当我们说伽达默尔的哲学诠释学的时候，它跟施莱尔马赫的普遍诠释学区别在哪呢？按照伽达默尔的看法，施莱尔马赫的诠释学只强调理解和解释的统一，而忘掉了应用，伽达默尔就是要把应用放进去，诠释成为理解、解释与应用的三位一体。这个应用的其中一个功能就是我们今天说的教化，对一部著作的诠释可以培养我们人类的人格和境界，一部著作要具有一种高品位的教化功能，就需要诠释。正因如此，在伽达默尔看来，文本绝非一般的教条，他曾经说文本基本上是从两种联系进入现代语言的，一种是作为在布道和教会理论中进行解释的圣经的文本，因为文本是所有注释的根据，而一切注释则是以信仰为前提；另一种是我们在与音乐的联系中自然遇到的，文本并非预先给定的，而是一种从实践过程中产生的结晶，后一种意义就是我们今天所说的经典。这样，伽达默尔实际上就是把原来的文本诠释学变成了经典诠释学。在这样一个过程中，我们看到了今天西方诠释学的发展，它就是从最早的圣典开始，经过一般文本，最后到经典，他们那个经典不仅包括了古代的东西，还包括了近代的文献经典，像康德、黑格尔都可以，这样理解就很清楚了。

这样一个概念，跟我们中国的经学差别在哪？大家知道，在国内有种提法叫"经学诠释学"，我觉得这个概念是重复的，因为经学实际上就是对经的一个解释，所以在它上面再加上诠释学，就等于说经典的解释的解（诠）释学，这就重复了。那么经典诠释学跟经学的差别在哪？第一，要了解经学。咱们岳麓书院的姜广辉教授主编了一部经学史，他说经学有两个层次，第一个层次是学术的层次，就是说经学里面的微言大义需要解释；第二个层次，也是更重要的层次，是信仰层次，这个信仰层次就是古代的经，必须要遵照执行，所有的诠释都是要回到经典的原义去，而且他们还搞了一个道统，主张有圣人意识和道统意识。这大概是经学的一个很重要的观点。第二，经学里讲经，只讲儒家的经典，道家的、佛家的都不讲，更不要说国外的经典了。第三，即使讲儒家的经典，经学也纯粹是古代的经学，就是"十三经"，在这样一个情况之下，跟我们今天讲的经典诠释学就有某些差别。

第一个差别，我们今天的经典诠释学，信仰的层次不重要，我们主要是诠释，要把这个经典运用到我们当代的生活中来，用今天的语境来诠释它，对于我们的教化起到促进作用，所以这里面没有把这些经典看成永恒不变，而且每一种经典可能在不同时期的解释都不同。经典不是"存在"，而是"活着"，经典并不是存在于我们之外，而我们只能对之认知和评价的僵死东西，而是活在我们心中并与我们合而为一的力量。在这一点上，今天我们讲经典诠释学就跟我们讲经学有不同。第二不同是，我们今天讲的经典，绝不只是古代的经典，也包括历史长河的优秀文集，不仅是"十三经"，还有张载、朱子、王阳明都可以成为我们的经典。而且我们不仅研究中国的经典，也可以研究西方的经典，可以研究柏拉图、亚里士多德的经典。我感觉这是与我国传统经学不同的一个很重要的方面。第三个差别也必须要说明，诠释学看起来有一个"学"，但"Hermeneutik"实际上也是一种诠释操作，所以经典诠释学不只是研究经典诠释的理论与方法的学问，它也包含了对经典本身的诠释，前者是对经典诠释活动的反思，后者说明它实际上也等同于中国哲学的研究。这一点很重要，过去有些人问我，诠释学既然是关于理解和解释的学问，怎么又讲到了解释？其实问题就在这里，诠释学本身是一种操作，比方说黑格尔的诠释学，实际上不是说黑格尔在早年有一套诠释学，而是对黑格尔的诠释，今天我们的经典诠释学，既包括对相关理论与方法的研究，也包括对经典的实际诠释。我曾经说过，中国传统哲学的现代化，除了摆脱西方转而用传统概念来做中国哲学的新经学这个路子外，就是经典诠释学的路子，冯友兰先生、牟宗三先生做中国哲学其实就是经典诠释学的路子，只是他们自己没意识到而已。

最后一个问题是经典型。这是经典诠释学中一个非常重要的概念。什么是经典型呢？中国经典说微言大义，实际上跟西方讲经典型有一个相似的地方，因为西方讲一个经典，它本身有"一"，但是这种"一"可以不断进行诠释，这才构成经典诠释；光有"一"，以后没有人去诠释，不能构成诠释，这实际上就是微言大义的意思，就是要后世不断对它诠释。什么是经典型的意义呢？黑格尔有一句亦可堪称经典的话，他说经典型乃是"意蕴其自身并因此也解释其自身者"（das eich selbst Bedeutende und demit ouch eich sekber Deutende）。经典型的规范价值在于它是不断检验的真理的源泉和生命的源泉。历史研究最终的成功不是处于古典著作之后或从上面解释它们，因为在经典型里存在的真理先于历史研究，并通过研究和在研究过程中持续存在。所以经典型或古典型不是自在存在，它的真理并不自在持存，而只是通过这种历史的参与，即与历史学家的现在不断进行沟通。为此理由，经典型对我们所说的不只是关于过去的陈述，而且也是告诉现代人的真理。经典型或古典型东西就是那种经过不同时代检验而保存其真理的东西。

我说这次岳麓书院搞经典诠释学很好，把诠释学的其中一个核心——经典诠释抓住了，但是它跟诠释学还是有差别，大家知道诠释学研究的不仅是文本，它还可以研究人类的信仰、人类的精神活动。人类活动有很多的表现，比如说人的说话或者人的行为总要去诠释，它是很广泛的，所以伽达默尔也把诠释学叫作实践哲学，它是对人类实践、人类的品行进行的反思。相对于这种哲学，经典诠释学只是诠释学的一部分，因为它只是对经典文本的诠释。

主持人：谢谢洪先生！洪先生刚刚通过区分经典、圣典与文本之间的不同，说明了经典诠释学与作为信仰的神学诠释学以及作为客观知识获得的文本诠释学的区别。洪老师讲的这些是他以前从来没有讲过的，这是他最近的新看法。我们今天的讨论都是在诠释学理论语境之下来讲的，有些专业性术语不一定所有的听众都很熟悉。所以我想要在这里简要地补充一下"什么叫作诠释学"。关于这一点，有各种各样的说法，简单地讲，诠释学就是讲我们的诠释和理解为什么可能、如何可能以及怎样去具体进行，也可以说，诠释学就是对于我们的诠释活动加以反思、解释和规范。对照中国的学问来说，比如朱熹特别喜欢讲读书法，他讲我们读书必须要切己自得，通过自己的生活实践来体验书中所说的内容，否则读了就跟没读是一样的，只是掌握了一些知识，但如果掌握的客观知识与我们生活无关的话，那就是玩物丧志。这里面蕴含的一些观点，事实上就是关于诠释学的观念。又比如庄子跟我们讲，读书不要死抠文字，要得意忘言，这就是我们中国古代尤其是庄子这一系的诠释理论。以上是我的简单补充。我们就是在这种语境中来讲为什么要有经典诠释学的。下面有请景海峰老师就这个问题谈谈他的看法。

景海峰教授：刚才洪先生已经谈得非常细致，也很深入，他一上来就先对"经典诠释学"这个概念的复杂性做了一个判断和说明。的确，对于我们今天讲的这个经典诠释学，在西方文化的脉络里面，它不是一个既成事实的概念，它既不从《圣经》释义学出发的，也不从普遍诠释学的理念来着眼，跟今天大行其道的哲学诠释学也不是一个意思。就中国传统的学问来讲，有经学、有经典问题、有类似于理解或者解释方面的一些说法，但也没有一个现成的经典诠释学或经典解释学。所以不管是对西方来讲，还是对中国而言，这个概念都没有很明确的定义和既定范围，它的适宜性还处在一个需要琢磨和思考的状态。我们今天为什么要提出经典诠释学这个问题？我觉得最为重要的一点，就是它有可能撑起一幅古今中西交汇的十字图景来，这里面既包含了古代的记忆，也有明确的现代指向，并且是中西融汇的。比如说我们的经学传统，在今天，西方解释学对中国的影响，大家最容易联想到的就是经学，这是中华民族或者说是以儒家为主干的文化形态里面，最为重要的一个主导性的学问。但我们今天讲的经典诠释学，并不就是经学，也不是简单地把经学花样翻新，它是有另外的内涵和意指的。虽然从传统上来讲，有经学这个记忆，人们也一直想把经学做一个转化，或者吸收经学的内容，用现代的视野来做一番改造，所以一提经典诠释学就很容易想到或者特别关注经学的领域和经学的方式。但我们所说的经典诠释学，不是简单的一个古典问题，它有明显的现代色彩，虽不是完全新创，但也离不开西学东传之后的大背景。因而在这个概念底下，既跟我们整个的文化传统、跟我们的文明重视解经的特点有关，也跟一百多年来西学传入中国后对当代文化走向的深刻影响有联系。所以在这个概念底下，传统的记忆和线索、现代的观念与格局，都联系在了一起，这种多元性、汇聚性的特征，构成了我们今天谈论经典诠释学的大背景，如果没有古今中西的各种意涵包容在里面，它的意义就表现不出来。

　　刚刚洪先生是从另外一个角度或思路，把我们近百年来的中西文化作比较的话题，并重新做了一个梳理。就诠释学来讲，它是 20 世纪 80 年代随着又一波西学东来的大潮从外面传入的，作为 20 世纪西方哲学里面影响非常大的流派，对当时的中国学界产生了很大的冲击，后来进而引发出对中国传统学术的反思，包括在中西比较的视野之下提出了中国解释学的问题，这都跟 80 年代西学的传播有关联。早先的传播主要是述介，是按照西方诠释学的发展阶段、基本观念和内核、基础问题等一一来介绍与阐明的，"照着讲"的色彩是比较浓厚的。到了 90 年代末期，随着对西方思潮的逐渐了解，中国学者也开始考虑西方的内容跟我们古老的传统有没有结合点的问题。如果只是一味地介绍西方的东西，那对于我们当代的中国文化建设的意义究竟何在？正是在这样的思考之下，产生了新的问题导向和发展趋势，才开始有了拿中西方两样不同的东西来做一番比较的努力。所以从 90 年代末到现在的二十余年间，不管是从西学的视域进入，还是从研究中国传统的视角来看，大家都逐渐地找到了一些汇聚点，也就是刚才洪先生所详细解释的那些思路和问题。这可以说是在充分地对西方传统和知识形态进行了了解、吸收、消化、容纳之后，又来反观我们中国经典解释的历史，反观我们这个文明的一些特点，以及经典在其中所扮演的角色和发挥的作用等，把中西方的这两样东西，试图拿来做一个融合，这是一个大的背景。所以，经典诠释学这个概念的提出，一方面是西学传播激发的结果，另一方面也牵扯到怎样从中国传统的资源入手，来做一些现代梳理的工作。比如我们刚才讲的经学，一讲解释，或者对文本的阅读理解，就很容易想到我们古老的经学传统，因为这个内容太突出了，甚至有点扎眼。

过去的一段时间里，对于中国文化有一些批评，包括新文化运动以后对传统的反思，其中就有一个很流行的说法，就是中国文化缺乏创造性，基本上是在注解历史上的经典，尤其是儒家的"十三经"，形成了一个注经的传统和僵化的模式，用这样的方式来表达思想观念，陈陈相因，缺少创新，是我们文化落伍甚至是阻碍文明发展的一个原因。

今天从诠释学的角度来看，显然这种理解是简单化了，没有把所谓解经或注经的一些深刻意义揭示出来，而将经学简单化地理解和处理之后，就造成了对经学形式的完全否定。大概从 1905 年废科举之后，在现行的体制里，就没有给经学留下任何地盘，等于是彻底地抛弃了。包括后来在成熟的文、史、哲各学科建制里面，经学只有有限的记忆或者残片存留，而没有任何完整的意义可言，更不用说实际的地位了。晚近的十多年来，随着传统文化的复兴，大家又重新来思考这个问题，包括对经学的态度也开始有所转变，现在谈得比较多的是怎么去挖掘，怎么去继承这一份遗产，这是大家都非常关心的话题。但显然讲经学，不是要简单地还原历史，我们肯定是站在现代的视野之下，是从现代中西文化和文明比较、融合的背景下来看我们的经学传统。这样的话，对于经学的一种新的研究方式、新的阐发角度，就可能会开发出一些新的思路、转化出一些新的资源来。这对于我们理解这个古老的文明传统，揭示其深刻的内涵，应该说是一件非常有意义的事情。

又比如我们经学传统中的"经"，跟刚才讲到的正典、圣典是一种什么关系，或者怎么来进行比较？这也是大家非常关心的问题，因为这牵扯到对文明形态的理解与定位，即儒家文化是不是一种宗教，如果不是宗教，那它的经有没有类似于宗教圣典的神圣性。现在我们所做的研究工作，往往不是信仰的问题，因为现代学术研究的性质决定了所谓客观的态度；但我们的经典传统，尤其是从"五经"到"十三经"，两千年来，中国人的精神世界，不管是个人的修身还是社会活动的正当性，像道统、政统、学统等，都跟这个传统分不开。四书五经或十三经是中国人价值观念最为集中的一种体现，中国文化最核心的理念，世世代代都是通过对这些经典的阐发、传承而得到延续和展开的。尽管它的形式跟西方基督教或其他宗教形态的圣典或正典不一样，但它本身有没有宗教性？或者说有没有信仰的色彩与成分？对于这些问题，都是我们今天需要去认真思考的。当然，现代的文化意识已经打破了儒家的独占性，讲经典不只是讲儒家的经，更不局限在十三经或"四书""五经"，而是有了更为广泛的范围。即便是从中国文化的内部而言，其实经的观念也一直在变化，经学独霸的格局可能早在清中叶就被打破了，当时就发生了经史之辩、经子之争。后来经学内部的种种变化，尤其是西方文明的刺激和影响，使得经的观念在近一百多年来，已经发生了翻天覆地的改变。所以今天我们再来讲经，已经不限于十三经，而是包括了佛教的、道教的经典，也包括了子学里面的很多内容，当然也包括了这一百多年来现代文明所创造和结成的经典。在今天，我们谈论经典早已经超出了传统经学的范围，还包括了许多原来不属于经的内容，实际上是把它们一视同仁地对待。所以就语境而言，所谓经典和传统的已经不可同日而语了，即便我们今天再回过头来看经学的权威性，或者强调它那种至高无上的价值，在现在都已经有了一个质的变化，所以绝非简单地回到经学去。但这份宝贵的文化遗产，它还是活在我们当代中国人的观念世界里面，还在影响着我们的精神生活，它还是一个活的形态，有很多价值在今天的现实生活里依然发挥着作用，所以关键是我们怎么样把这些问题做一个现代的理解，做一种现代的阐释。

总之，经典诠释学跟当代中国文化需要向前推进的要求分不开，这既包括了对西方文化的接纳和消化，也包括了对我们古老传统的重新解读，这是我对经典诠释学的一个理解。

主持人：谢谢景老师！景老师刚刚的发言实际上是从我们目前所处的中国当下语境，来讲我们为什么需要讲经典诠释学。也就是说我们事实上是在这样一个中西古今都具有一种张力的语境下来讲经典的；也就是说在这个时候，我们不再像原来那样，唯我独尊，只信中国的，也不是像近一百年以来一样，只信西方的，而是既信中国的，也信西方的，同时也希望把我们好的传统发扬出来。近现代以来，很长一段时间内，我们觉得古代的都已经过时了，我们是大踏步地过着一种完全不同于传统中国的生活，可是现在慢慢发现，我们很多传统的东西仍然有用，不仅有用，而且对于校正我们现代社会的很多问题具有十分重要的意义。正是在这样一种中西古今具有张力又不断交汇的语境中，我们来讲经典诠释学，来讲我们中国，当然也是整个世界，为什么需要讲经典诠释学。经典诠释学跟经学是不一样的，正如刚才洪先生和景先生讲的，它实际上是一个新的概念。谢谢景老师！下面再请山东大学傅永军教授发表高见。

傅永军教授：洪先生和景先生的发言，实际上已经为我的发言做了一个很好的铺垫，尤其是洪先生对不同形态文本所作的区分，已经将我们所要讨论的经典诠释学中的"经典"二字给出了严格而清楚的界定。我们有三种文本：圣典、文本与经典。在不太严格但易于理解的意义上，我们有三种关于语言性流传物的诠释学：联系圣典的是信仰诠释学，联系普通文本的是文本诠释学，联系经典的是经典诠释学。景先生的发言实际上揭示了在中国当代语境当中我们为什么需要经典诠释学。在这问题上，我和景先生的看法一致。全球化和现代性进程，使得中国思想界也必然处于全球交流与对话这样一个大的语境之中。中国思想自身的主体性以及中国思想的创造性，既来自自身，也来自西方的刺激。20 世纪以来的中国思想就是在西学东渐的背景下开始与西方思想对话和自身演变过程的，这也是一个不断对传统知识谱系进行创造性转化的过程。诠释学在中国的发展以及中国经典诠释学的创造性建构正是改革开放以来新一轮西学东渐的产物。借助西方话语进行中国经典诠释传统的现代转型，是中西对话的直接反映，从中国传统中寻找经典诠释的汉语经验则反映了思想的古今之变。正如景先生刚才所说的那样，自 20 世纪 80 年代，西方诠释学话语强势进入中国，在中国学界产生了广泛、直接和强烈的影响，汉语学界的学者开始重新思考中国经典注疏传统，思考中国经典诠释的现代转型等问题。在中西对话之外又加上了一个古今之变，这个格局就发生了很大的变化。这个变化表现在除了中西对话之外，还因为诠释学的引入，尤其是诠释学在经典诠释上返本开新作用的卓越表现，促使国内学界思考如何从中国古老传统引出现代价值和意义等观念变革问题。这意味着我们是在中西对话背景之下，加上古今之变的维度，在中西古今纵横交错之中思考自己独立的哲学创新，或者说建构有中国文化特色的哲学体系。这就是我们今天需要经典诠释学的主要原因。我们要进行思想创造，要建构独特的中国哲学话语，只有通过经典诠释的方式，不断产生适合当下中国实际的思想观念体系，才能满足这种需要。中国思想的创造性发展，从历史上看有这样一种传统，就是通过对经典的不断解释，产生出一种新的哲学体系，或者说，通过经典诠释，或绍述、继承思想的道统，或别出、创见新论以丰富、拓深思想道统。正是这样两种诠释方式，创造了中国思想界绚丽的经典诠释画卷，使得中国思想界在表面上释放出一种向着经典不断回归的倾向，实际上却走向思想多元发展的开放状态，持守着一种一体多元的开放姿态。所以，我说在今天我们之所以需要经典诠释学，是因为经典诠释学能够满足我们自身思想创造的需求，能够满足中国学术话语体系、中国特色哲学体系创造性建构的需求。但是，我们需要一种什么样的经典诠释学？它具有什么样的区别于传统经学的特征呢？洪先生在发言中阐释了自己对经典诠释学的理解，景先生也给出了自己的理解。我现在要谈谈我的理解，算是为洪先生的理解补充一种视角吧。

　　什么是经典诠释学？经典诠释学就是一种对经典进行理解和解释的哲学。经典诠释学面对的是经典，那些伟大而杰出的文本，而非圣典和普通文本。经典不仅是历史性的概念，还代表着一种风格的概念，经典更具有指向"事情本身"的典范性。经典作为伟大而杰出的文本，不仅是古老文本，也可以是现代的文本，关键是它必须是卓越的，与真理和"事情本身"有直接关系。因为这个缘故，对经典的诠释就不是去把握经典作者的原意或经典所内含的亘古不变的圣贤本义，而是要开显经典当下可以呈现的意义，由此可以彰显出经典诠释学和经学的差别。我所理解的经典诠释学，不仅仅是一个必须从诠释的边界加以限制的概念，即不仅仅是一种在"诠释学"之前加上"经典"二字的文本诠释学。经典诠释学总体上还应当归入一般的诠释学这个大范畴之下，是一种关于一般理解和解释的哲学理论。我倾向于将它从方法论诠释学中剥离出来。或许我们所说的经典诠释学需要语文学诠释方法的支持，它本身甚至还会做一些经典文本的梳理注解工作，以帮助理解或者读懂经典文本。但最根本的是，经典诠释学是关于如何理解和解释经典文本的哲学理解理论。它是关于我们如何理解经典的诠释学。关于这种理论，我们需要对它进行解释，要强调它的哲学品格。经典诠释学关注的是这样一些问题：诠释者将以一种什么样的方式将经典带入当下的时代语境之中，让经典向时代敞开意义？经典诠释者理解经典的活动如何发生以及如何展开？当诠释者展开经典诠释时，什么东西超越了诠释者的愿望、行动与诠释者的理解活动一起发生？套用康德的用法，经典诠释学是关于理解经典之条件、过程的哲学理论，它关心的问题是：理解如何可能。在这里我着力强调这一点，是为了将它与方法论诠释学，那种希望为人们提供理解文本的规则与方法的技术学说区别开来。当然，在中国语境下谈论经典诠释学，必须考虑到对中国经验和中国智慧的吸收。我们将要建立的中国经典诠释学的理论，必须是一种充分考虑经典诠释的汉语经验、有中国思想的运思特色且融汇了西方诠释学智慧的理论，这种理论将丰富、拓宽西方诠释学对经典诠释的理解。

我基本同意洪先生有关经典诠释学与传统经学不同的主要观点，洪先生对两者不同的论述，至少在表征上是清晰而确定的。我们可以再从学问定向和学思精神上进一步区分它们，并由此进一步界定什么是经典诠释学。

为了清楚说明我的观点，我想引入德国学者舒尔茨的观点。舒尔茨把诠释学分为三类：第一类是专事研究理解与解释方法论的"技术诠释学"，相当于经学中的"小学"，通过音韵学、训诂学和考据学等方法注释经典，属于方法之术；第二类是通过经典诠释方式进行哲学探索的"诠释哲学"，诠释者理解经典的过程就是一个"六经注我"的过程，志在通过解释经典创造自己的哲学思想，宋明理学就做过类似的事情；第三类是对理解与解释的特征以及所有可能的必要条件进行哲学探究的"哲学诠释学"。依据此类分法，我可以给出一个简单的方式将经学与经典诠释学区分开来。经学实际上等于"技术诠释学"加"诠释哲学"。经学家一方面采用各种解经技术去"我注六经"，不断接近文本，理解作者"原意"，做"技术诠释学"工作；另一方面经学家要阐发微言大义，让"六经注我"返本以开新说，这就是"诠释哲学"的工作了。这样刻画中国经学家大体没错。经学家阐释经典先要理解经典的知识要义，然后对经典要义进行价值评估，再进一步阐发义理，即隐微不显的微言大义，最后则是成就经世之说。这个过程是从"技术诠释学"进入，从"诠释哲学"出来。这个过程缺少什么？缺少对如何理解和解释经典的形而上说明，也就是缺少对理解如何可能的思考。所以我说经学家首先关心如何注释六经，其次关心如何借"六经"阐发自己的思想，但不关心"六经如何注我"。而经典诠释学则不同，它不仅关心"六经注我"和"我注六经"，更关心"六经如何注我"。由此可以指出经典诠释学与传统经学不同。传统经学是一种经典注释学，它重点关注经典的"原意"，关键是理解经典作者说了些什么，即传统经学只关注如何通过经典诠释创新自己的思想，而不思考经典诠释中理解如何可能问题，它有着"诠释哲学"的基本特征。所以，传统经学只关心"六经注我"问题，不关心"六经如何注我"问题，它只是应用方法，而不思考如何使用方法。

　　与传统经学不同，作为一种理解理论，经典诠释学有着如下明显的标识出自身独特性的特征：第一，经典诠释学像传统经学一样，强调经典文本的重要性并以它为诠释对象，但是，它并不把经典看作是已然存在的伟大而杰出的作品。经典诠释学应当接受哲学诠释学观点，不将经典文本看作是成品，而是半成品，它在诠释中成为伟大而杰出的文本，因此，作为文本的经典，其意义不会先于理解活动而发生，而理解也不是去理解经典作者的意图或者圣贤本义。理解就是一个使经典文本化的过程，经典在诠释中成为经典文本，并生成意义。

　　第二，经典是在诠释中成为被理解的文本，且在诠释的历史语境中开显出自身朝向当下的意义，这意味着经典文本的诠释过程就是一个应用过程，即将文本带到让其可以开显意义的历史语境之中而得以诠释。这就是洪先生刚才所说的诠释学应用问题。经典诠释学的文本理解不仅成就经典文本的意义开显，是一种理论行动，而且还通过诠释者与经典的照面，将诠释者对经典的理解落实到自身的修养工夫和践行工夫之上，实现一种自我塑造的教化功能。通过经典诠释，从理解他者到自我理解再到自我塑造，这是一个教化过程。

第三，经典诠释学将经典诠释活动解读为一种对理解如何可能进行条件考察的先验哲学，一种为理解奠定根据以及替理解的合法性辩护的形而上学。这意味着理解何以可能的条件性追问、理解的历史性原则及其实现过程以及文本真理的历史性成为经典诠释学所关怀的基本问题。

以上就是我关于经典诠释学的一些粗浅的看法。

主持人：谢谢傅老师！傅老师通过对经典诠释学和传统经学的区分，讲清楚了他心目中的经典诠释学究竟应该怎样，同时也讲清楚了我们该怎么从事经典诠释学研究。傅老师最核心的观点是，经典诠释学与传统经学最大的不同在于它应该是一门哲学，或者说它更多的应该是一种哲学上的、理论上的、根据上的澄清，而不只是方法上、技巧上的说明。从某个角度来说，傅老师说的经典诠释学应该成为一门哲学诠释学。虽然不一定所有人都能同意傅老师的看法，但是至少对于我而言，我觉得我们要让经典诠释学具有一种哲学的高度，一种存在论的层面，因而可以与当代西方的哲学诠释学进行同等层面的对话，我们需要的当然不仅是这个层面，但是我们必须有这样一个层面。根据我对中国诠释传统的了解，历史上有不少学者，比如大家都熟悉的朱熹，在这些方面已经有过这样的探讨，因此，理所当然地，我们应该把这样一个层面挖掘出来，彰显出来，让它进入当代世界与各种各样的相关思想和理论进行对话。傅老师的这个看法，我是非常赞同的，感谢傅老师！

下面有请华中科技大学何卫平教授发言。何教授是武汉大学杨祖陶先生的高徒，最近20多年来，他一直从事伽达默尔的哲学诠释学研究，然后向前、向后、向左、向右加以拓展，因此他在西方诠释学史方面的研究和造诣非常深，我们今天就听听何教授对于经典诠释学的高见。有请何老师！

何卫平教授： 我从博士阶段开始，一直在做解释学研究，但我的学术背景主要是西哲，所以更关心西方解释学背后的哲学问题，尤其是其中的本体论问题，而对西方解释学的方法和方法论方面，关注得不多；我的兴趣点主要集中在20世纪西方解释学两位最重要的大家：一个是伽达默尔，另一个是他的老师海德格尔，两人的思想有着非常密切的联系。由于学力和精力有限，对中国经典诠释和诠释学了解得更少，所以严格来讲，我在这个方面是不具有发言权的，但考虑到中西学术有互通的一面，所以还是可以尝试着从我的专业角度来谈一点自己的看法。

第一个问题：什么是经典诠释学？它与传统经学有什么不同？刚才几位老师都涉及经典诠释、经典解释学和一般意义上的解释学之间的关系，基本观点我是赞同的。但我觉得，我们首先要区分"经典诠释"和"解释学"。从哲学的角度来看，我个人认为，经典诠释主要针对的是对象，比如我们对孔子的解释、孟子的解释、朱子的解释，会追问他们各自文本的具体含义是什么，主旨是什么，对于我们有什么意义，等等。这些都是在做一种对象性的探讨工作，但这个恐怕不能称为"解释学"，我认为"解释学"更多关注的是对解释的解释，即对解释本身进行反思，因此它主要体现的不是一种对象意识，而是一种反思的自我意识。这种反思当然要涉及认识的问题、方法的问题，但又不仅仅限于此，从更深层次来讲，它还要涉及本体论的问题，如果不追溯到这一步，整个解释学或解释的理论乃是无"根"的。虽然它的形而上学的色彩更浓，但用康德的话来说，不进入到这一层，我们的理性就得不到满足，而哲学就是要回到基础上去，虽然不同的哲学家对"基础"有不同的理解，但不可否认，它的最深层次必须要达到本体论，这也是这么多年来我集中思考的领域。不过，我更关注的还不是解释学本身，而是解释学与人文科学、人文精神和人文传统之间的关系，它涉及我们的终极关怀、安身立命的精神家园，也就是我们最终的归属感。

有过出国经历的人多半会有这样的体会：当我们来到一个陌生的国度，一个异质的文化圈时，刚开始会有一种新鲜感，但是随着时间的推移，这种新鲜感消失后，我们会慢慢产生一种"乡愁"，因为这里毕竟不是我的"家"，这里的"家"是一个文化的概念。长期待在异国他乡会有一种类似被连根拔起而重新移植所引发的不适感，如果你没有出过国，肯定是很难有这种感受的。这就涉及精神家园，这种"家园感"是由我们长期生于斯、长于斯的传统文化培育、教化所形成的。从雅斯贝尔斯所谓的"轴心时代"以来，几大文明的具有真正源发创生性的经典都产生了，所谓"圣作贤述"，通过一代又一代的解释、阐发被传递下来，形成了各自的道统，并影响到当代。伽达默尔的解释学为何那样强调传统就与此有关。从这个意义上讲，"人"可定义为"解释的动物"。在海德格尔眼里，理解和解释不能仅看作人的意识活动，它们就是人的存在方式，所以他的解释学更多是从这个层面上去讲的，即从本体论或存在论上去讲的，这构成了整个哲学解释学的"根"，刚才傅永军教授提到"理解何以可能"的问题，也与此有关。在这个基础上，我们再去谈"经典诠释"和"经典解释学"才有了前提。我们知道，海德格尔的解释学与文本没有直接关系，对他来讲，经典诠释或文本解释只是一个衍生的问题，不是源生的问题，而他更关注的是后者而不是前者。由于海德格尔已解决了解释学的前提问题，伽达默尔要做的则是在此基础上去延伸它，于是提供了一种精神科学的解释学，它当然与文本密不可分，包括后来法国保罗·利科的主要贡献也在于此。

回到"经典解释学"，这里有两个方面，一是"经典"，一是"解释学"。此处的"经典"肯定不限于中国传统的经学（儒家经典），而是超出这个范围，包括古今中外配称得上"经典"的所有文本。一部经典怎么会成为经典，它为什么具有权威性，这是历史形成的，并不是自封的，也不是某个强人授予的。至于"解释学"（Hermeneutik），这是一个外来词，并不是我们原来就有的，虽然我们有漫长、丰富的解经、注经的历史。这个词在西文中本身既包含"做"的方面，也包含"学"的方面。在经典诠释、经典解释学和一般解释学之间，经典解释学处于中间的位置，它既离不开对经典诠释经验的反思和升华，又受广义上的一般解释学或诠释学的指导。相对于后者，它是一个下位概念，而一般意义上的解释学，或者哲学意义上的解释学相对它是一个上位概念。也就是说，经典解释学要受到这种普遍的解释学或者哲学的解释学的一般原则的指导，在这一点上，它不可能置身于外，因为下位概念受到其上位概念的涵盖，从逻辑上讲，是不难理解的；同时它又为其上位概念提供丰富的内容，况且经典诠释本来就是一种文化传统发展的主要内容（尤其在中国），因此这项研究非常重要。当然经典解释学可能更多涉及方法的问题，不像哲学解释学那样更多涉及本体的问题，但是我觉得这两个方面都很重要，都应得到反映。

刚才洪先生也谈到，"Hermeneutik"这个德文词有两个基本意思：一是"解释学"或"诠释学"，再一个是"解释"或"诠释"。例如，当我们看到德文中出现"康德的Hermeneutik"时，它的意思是"关于康德的解释"，而非"康德的解释学"；当我们看到"黑格尔的 Hermeneutik"时，它的意思是"关于黑格尔的解释"，而非"黑格尔的解释学"，因为康德也好，黑格尔也好，虽然对西方解释学史上许多大家，比如施莱尔马赫、狄尔泰、伽达默尔，产生过很大影响，但是他们本人并不是解释学家，没有自觉地提出一套解释学的理论。因此针对该词包含的这两个方面的意思，我觉得翻译成汉语时，要区分开来，虽然德语是同一个词。如前所述，经典诠释和解释学之间关系密切，解释学是扎根于经典诠释的沃土之中的，是对其加以提炼和升华的产物，但又不完全限于此，所以我们需要把这两者的关系梳理好。

纵观整个西方解释学的发展，在德国宗教改革运动以后，有一种哲学化的倾向，以至于我们今天谈到它时，经常是和哲学联系在一起的，即哲学的解释学或解释学的哲学，对它我们不大可能仅将其理解为一种方法、技术的汇集、总结，它包括一些属于哲学的东西，例如现象学、辩证法等。伽达默尔曾写过一篇很重要的论文，带有思想总结的性质，强调解释学处于现象学和辩证法之间，因此经典解释学不可能只是探讨一些细枝末节的东西，它应当有哲学的高度与深度，但又是结合着经典的诠释经验来进行的。

伽达默尔在解释学领域反对唯方法论或方法主义，尤其是反对打上自然科学印记的那些方法，这在他的巨著《真理与方法》的书名中就反映出来了。我们知道，在这部著作的正式书名确定下来之前，伽达默尔曾考虑过使用"理解与发生"作书名，它同海德格尔"转向"后所强调的"存在的真理"有关，"真理与方法"应当同"理解与发生"联系在一起，才能得到很好的掌握。举个例子，《红楼梦》这部经典，五四运动之后开始被人们理解为封建时代的一曲挽歌，但是在五四之前，包括作者本人在内的读者是不可能认识到这一点的。用海德格尔的话来讲，还没有"到时"，这个时候你无论用"小学"训诂的方法，还是用后来所谓系统的方法、归纳的方法，等等，都不可能意识到，因为这种"真理"还没有"发生"，还没有"到时"，此刻再好的方法也是无济于事的。所以存在的真理的"发生"一定在方法之前，方法只是在已经发生了的真理面前清晰地将其阐述出来有用，这是问题的关键。通过"理解与发生"这个未用的标题，能帮助我们更好理解《真理与方法》的主旨。因此我们在读文本的时候，不能只是放在技术的层面，而不顾及真理作为"发生事件"的层面。正是在这个意义上，伽达默尔说，解释学根本就不是个方法论的问题，他基于本体论的立场讲这句话是没错的，它只是陈述了一个事实。因此，我认为，经典解释学也要以一般的哲学解释学作指导，否则恐怕只会停留在一个比较表面的层次，而无法深入内在实质性的层次。

接下来的问题是：中国学者为什么要通过经典诠释学的发展来推进一般诠释学的理论和方法？我是这样看的，比如我们探讨美学，并不是做泛泛的研究，而是主要集中于人的艺术经验；我们对认识的研究也不是泛泛的，而是通常集中于科学的活动。看看西方近代的哲学大家，具体来说，英国经验论和大陆唯理论的代表人物，他们的哲学研究和科学研究是融为一体的，通过对科学活动经验的反思，将其上升到认识论或知识论的高度。同样，我们研究一般解释学理论和方法也应着重于经典诠释活动的反思，因为它更集中、更典型，因而更带普遍性，更何况我们精神文化传统的发展主要依赖于对经典的诠释与发扬光大。我觉得只有对具体的研究深入了以后，才能通过总结和提升，从而推动一般解释学理论的发展。

大家知道，利科对海德格尔有一个重要的批评，认为他的解释学与文本没有直接关系，主要涉及人的生存论结构的分析，走的是一条"捷径"或"短途"，而利科强调的是"迂回的长途"，主要是通过中介的反思、语义学等，这一点受到狄尔泰影响。后期的狄尔泰明确提出了一个著名的解释学的表达式：生命—表现—理解。它表明，我们并非直接地去理解生命，而是通过"表达"这个中介去间接地理解生命。我们大家到学校来受教育，多数情况并非直接去面对这个世界，也并非直接去面对我们的心灵，而是通过读书、通过书本知识的学习去理解世界和我们自身的，借用波普尔的术语，我们是通过"世界 3"来理解"世界 1"和"世界 2"的，这里的"世界 3"与文本、符号、语言分不开。因此，经典解释学，恰恰体现了狄尔泰这一思想，我们创造的文本是我们生命的表现或表达，它是中介性的东西，我们理解的不是直接的人的生命，而是其生命表达的客观化对象，即广义的客观精神，它们主要指文本或文本性的东西，而文本是由语言构成的，因而具有语言性。伽达默尔、利科更强调的是"文本性"和"语言性"，艺术作品，例如绘画和雕塑，虽然它们不是狭义的文本，却是符号，具有能指和所指，因而是文本性、语言性的存在。在利科那里，甚至人的活动，包括弗洛伊德所谓的人的梦境、无意识的扭曲表现都具有文本性、语言性。

最后，我想谈一下如何研究经典解释学的问题。经典解释学很复杂，许多问题说不清楚，经常有争论。不过，狄尔泰说得好，人是什么，只有他的历史知道，同样，我认为，经典解释学是什么，只有它的历史知道。如此看来，解释学的研究和解释学的历史研究应该是一致的，就像哲学的研究和哲学史的研究应当是一致的一样。我们对解释学，包括对经典解释学的把握，也应当从它的发展史中去了解。德国学术研究尤其是哲学研究有一种史和论相结合的传统，追求历史与逻辑的一致，这是具有普遍指导意义的（只要不是逻辑加历史）。比如，要了解分析哲学到底是什么，我们需要从分析哲学运动中去把握；要了解现象学是什么，应当从现象学运动中去把握；同样要了解解释学是什么，也应当通过解释学运动去把握。经典解释学同样如此，因为它们的源流关系显示了它们本身是什么，虽然它们从未定于一尊，但是由一个一个具有代表性的人物的解释活动体现出来的，正如

"经"体现在儒家经典诠释中，儒学是什么也只有儒家经典传统或经学传统的历史告诉我们一样，这是中国文人所非常熟悉的。

同时在做经典解释学研究的过程中，西方哲学解释学的参照十分必要。这在全球化的今天无法避免，也绝非可有可无。而且我并不认为研究西方学术就是西方的，研究中国学术就是中国的，我们的思想不应过于狭隘，不要过多执着于两者之间的差别。我记得列奥·施特劳斯讲过，一种"真理"由于某种历史的机缘更适合于在某一个地域产生，而不适合于在别的地方产生，然而一旦产生，它就不再仅属于那个特定的时空，而是具有了超越性。比方说古希腊哲学，早已进入到古典或经典的范围，它既是历史的，又是超历史的；同样，德国古典哲学，也早已不再仅属于德意志那个国度，而是具有了某种普遍性。我们今天之所以还要研究两千多年前的希腊哲学，还要研究两百多年前的德国古典哲学，是因为它们与我们有关。如果它们跟当下的我们没有任何关系，从时间上讲，与今天的我们没有任何"同时性"或"共时性"的话，那我们还研究它们干吗？因此，我觉得我们的经典解释学研究应该解放思想，不要过多受到一些人为限制的影响。作为西方解释学发展新阶段的 20 世纪，一个重要特点就是与现象学的结合，它打开了一个全新的向度，但我不觉得它的意义只在西方，而与我们中国的经典诠释和解释学无关或不相符，人同此心，心同此理，在这里关键的问题是一个"通"字，而不是条块分割，画地为牢，执着于你的我的。

以上是几点不成熟的看法，欠妥之处请批评指正，谢谢大家。

主持人：何老师对我们最初设定的四个具体问题，全面提出了他的看法。总体来说，在他看来，经典诠释学也需要有哲学的维度，存在论的维度，当然它也应该包含比较具体的方法论的技术维度，一方面是自上而下，一方面又是自下而上。用中国传统的话来说，这个东西要彻上彻下，有上有下。不仅要有上下这个维度，何老师还认为要有中西这个维度，我们讲经典诠释学，不仅仅是讲中国，也是要讲西方，里面要挖掘和阐发的内容，既包括中国，也包括西方。我在这里要顺便补充一点，刚才我们注意到，平常我们讲的诠释学，何卫平教授译成解释学，他认为这个词可靠的翻译是解释学，另外也有些学者认为翻译成阐释学最好。不管怎么样，我们针对的内容是"Hermeneutik"这个词，大家得意妄言就可以了。

下面再请安徽大学哲学系主任张能为教授谈谈他的看法。张教授对于伽达默尔的哲学诠释学、实践哲学以及康德哲学有很深的研究。20多年前他在中国人民大学提交的博士学位论文，研究的就是伽达默尔的诠释学理论和实践哲学。洪先生曾说，我们一起开会时，张能为教授没有一次不讲伽达默尔的，可见他对伽达默尔思想的热爱程度。下面就有请张教授发表高见。

张能为教授：非常高兴有机会来湖南大学岳麓书院与大家交流。刚才清良兄讲到我做解释学、研究伽达默尔有很多年了。不过，当他提出"经典诠释学"这个题目时，我还是一愣，因为在西方解释学史上，有文本解释学、局部解释学、一般解释学、哲学解释学等等，但是"经典解释学"这样一个说法好像还真没有。当然，"解释"这个词出现很早，在亚里士多德那里就出现了，后来解释学作为一个独立的概念是在 1654 年，丹恩豪威尔（Dannhaucer，亦译为丹恩豪尔）以"解释学"一词用作其一本著作的书名，再往后到施莱尔马赫、狄尔泰近代解释学的发展，而真正的解释学作为一种哲学理论出现就更迟了，要到 20 世纪海德格尔和伽达默尔这里，诠释学才真正作为一种哲学理论形态出现。

但是我们中国有着漫长的解释史，有"传""注""释""解"及目录学、音韵学、版本学、考据学等等，有很多对于文本意义的解释学问。在德语中，"Hermeneutik"这个词本来就表示一种操作。在中国的文化历史上，有发展很漫长的怎么来理解文本的这种技术性的学问，不过虽然漫长，却最终没有产生一门"学"，即"解释学"，一种关于理解、解释本身的学问。也就是说，把理解和解释当作一种研究对象的学问没有产生，但是中国这种解释技术史、技术学问是很悠久的，也是很丰富的。自从 20 世纪 80 年代以后，随着西方解释学在我国的传播、研究，人们发现解释学的面很宽、很广，特别是与我国的传统经学能够很好地联结起来，所以有些学者试图从理论和方法上创建出一套新的东西，希望通过这种方式更好地发展、继承中国的传统文化。大家知道，20 世纪 90 年代末，我国台湾的黄俊杰和大陆的汤一介先生都提出了"中国解释学"的概念，汤先生连续发表了两篇大作，呼吁建立中国解释学。在这个问题上，我跟清良兄的看法不太一样，我们做过多次交流，我认为不太可能，因为只有解释学在中国、解释学在德国，应该说，解释学属于人类，就像金岳霖讲的"哲学在中国"，只是可以简称它叫中国哲学。

另外一些学者则是加强经典解释学研究，清良兄这些年来就一直在琢磨，要建构一个理论，即"经典诠释学"理论。此次湖南大学成立"中西经典诠释学研究中心"，我们赶来祝贺他！那么，"经典诠释学"这一理论到底有没有根据呢？我觉得完全是有根据的，而且意义很重大，因为它能把中西、古今联系起来，使我们重新面对经典，做出一些新的研究。我跟何卫平一样，这几十年并没有像埃米里奥·贝蒂一样专门做理解的技艺、规则和方法的研究，我们主要还是从哲学上来研究解释学的意义，尤其是对伽达默尔哲学解释学的研究。我侧重于对伽达默尔解释学实践哲学的研究，在这里，也提供几点想法，不一定成熟。

第一是关于历史流传物、语言、文本和经典四者含义与关系的理解。我在这里主要以伽达默尔的理解来阐述我的看法。历史流传物或者说历史性的构成物构成人类历史文化的基础和根基，我们每个人也都生活、存在于历史流传物之中，历史流传物的意义，也正是通过我们每个人对它的经验、理解，而向我们发生和显现的。当代西方著名解释学家伽达默尔就指出："对于世界史全部历程的理解只能从历史流传物本身才能获得。"(《真理与方法》)

历史流传物的本质是什么呢？伽达默尔认为，"历史流传物的本质以语言性作为标志"，"流传物的本质就在于通过语言的媒介而存在"。在伽达默尔看来，正是语言或语言性构成解释学对于理解对象的规定，正是通过语言或语言性，让某种东西，让事物的意义，让世界的意义显露出来、涌现出来，"语言能让某种东西'显露出来'(entbirgen)和涌现出来，而这种东西自此才有存在"。"语言流传物是真正

词义上的流传物。"语言性是伽达默尔《真理与方法》当中
第三部分的一个大的重点，哲学解释学正是从语言的中心线
索上升到语言存在的本体论意义，这就是说，真正的历史流
传物便是一种语言性文本，当然这种语言性文本既指文字性
文本，也指大量非文字性文本。可以说，伽达默尔所讲的语
言性或者语言，既指文字性的语言，也指非文字性的语言，
比如我们说话，按照德里达的看法，它就不是一种文字性语
言，而是一种话语，一种语音，这就带来了一种文本的概念。

　　关于什么是文本，法国保罗·利科曾经指出，"文本是
被书写固定了的话语"，而伽达默尔则不完全同意利科的这
一看法，认为"文本这一概念并非只是文学研究的对象领域
的名称，而诠释学也远不只是对文本的科学解释的技术。"（《真
理与方法》卷二）"'文本'在此必须被理解成一个诠释学的概
念，这就是说，不要从语法学和语言学的角度来看待文本，
亦即不要把它看成是完成的。"伽达默尔对文本给予了一个
经典的解释学定义："文本（text）这个概念本质上是以两种
关联进入现代语言中的，一方面是作为人们在布道和教会学
说中进行解释的圣经的文本，因而文本是一切注释工作的基
础，而所有注释工作都是以信仰真理为前提的。另一个对'文
本'一词的自然使用是在与音乐的联系中出现的。在音乐中，
文本是歌唱艺术的文本，是对词语的音乐解释的文本，在此
意义上，文本也不是一个先行给予的东西，而是从歌唱的实
践过程中积淀下来的东西。"（《诠释学与中国经典诠释问题及未来》）
这就意味着，按照伽达默尔的理解，作为历史流传物的文本
主要以两种方式存在，一种是文字语言，比如说布道、教会
的学说理论，他要注释，这是一种圣经的注释，是一种现成

的文字文本；而同样重要的还有另外一种文本，这种文本的使用是在与音乐的联系中出现的，在音乐中，文本是歌唱艺术的文本，是对词语的音律解释的文本，在这个意义上，伽达默尔说文本不是一个先行给予的东西，而是从歌唱的实践过程当中积淀下来的东西。这一关于文本的理解意义就非常重大，比如说一个音乐作品，它不是文字性的语言，又比如说一个风俗习惯，它也不是文字，但毫无疑问它们都作为文本构成了人们理解和解释的一种对象。所以在伽达默尔这里，"文本"的概念非常宽泛，他的哲学解释学是和文本解释学关联在一起的。他的文本概念含义广泛，甚至除了我们行为实践的东西之外，还包括整个世界，都可以作为我们理解的对象。

显然，按照伽达默尔的理解，历史流传物的本质是语言性存在物，而语言性的存在物则从根本上表现为一种文本，既有文字性文本，亦有非先行给予的现成的、存在于人们实践经验和过程之中积淀下来的作为理解和解释对象的文本。当然，非文字性文本更为广泛，但伽达默尔也认为，文字性文本更为根本、更为重要，因为"一切语言都属于理解的先行性质"。正因为如此，伽达默尔更是从语言存在论意义上提出，"能被理解的存在就是语言"。

在伽达默尔看来，"解释学本来的任务或首要的任务就是理解文本"。经典诠释学的经典是属于伽达默尔所讲的其中一种文本，就是这种文字性东西的理解和解释的问题，当然也并非所有的文本，都能称之为经典。经典就是文本中的一种文字性文本，并且是文字性文本中具有经典性的文本。人类历史长河中，思想和文化的承载体便是文字性的语言，而由这种文字性的语言构成的文本便作为一种历史流传物记录、反映和表现着人类的知识、文化和思想逻辑。当然并非所有的文字文本都能称为经典文本，只有那些既在空间又在时间中一代一代真正保留和传承下来的文本，才构成人类思想、文化和知识的经典文本。

那么什么是经典呢？对于这个问题，伽达默尔本人有专门的论述，这个论述对于我们怎样看待经典有着十分重要的意义。语言性文本要符合什么样的条件才能称得上具有经典性呢？根据伽达默尔的理解，经典的"经典性"表现为"规范性"和"历史性"的结合，从其规范性来说，"我们所谓古典型，乃是某种从交替变迁时代及其变迁的趣味的差别中取回的东西——它可以以一种直接的方式被我们接触……其实古典型乃是对某种持续存在东西的意识，对某种不能被丧失并独立于一切时间条件的意义的意识，正是在这种意义上我们称某物为'古典型'的——即一种无时间性的当下存在，这种当下存在对于每一个当代都意味着同时性。因此，'古典型'概念中（这完全符合古代和现代对于该词的用法）首先存在的是规范性的意义"。这意味着，一种文本要成为经典，必须具有普遍的真理性和规范性，具有超越一切时间条件的意义。就历史性而言，"古典型之所以是一种真正的历史范畴，正是因为它远比某种时代概念或某种历史性的风格概念有更多的内容，不过它也并不想成为一种超历史的价值概念。它并不只表示一种我们可以归给某些历史现象的特性，而是表示历史存在本身的一种独特方式，表示那种——通过愈来愈更新的证明——允许某种真的东西存在的历史性保存过程"。这意味着，经典性是一种关于事物认识和理解的真理性和规范性，而这种真理性和规范性又不是凝固的、不变的，而是存在于历史之中，是一种历史性的保存，也是一种历史性的流传，其经典意义也总是不断地在人们的历史性的理解和解释中向我们发生、开显和展开。总之，规范性或者说真理性与历史性的结合，这是伽达默尔之所以将经典称为经典，或者说对什么是经典性的重要理解。

这也就是说，经典的意义并非固定的，而是存在于人们不断地对其所作的历史性的理解和解释之中，每一次阅读都在展现，也在构成经典意义。伽达默尔说："阅读的理解并不是重复某些以往的东西，而是参与了一种当前的意义。""以文字形式流传下来的一切东西对于一切时代都是同时代的，在文字流传物中具有一种独特的过去与现代并存的形式。""文字流传物并不是某个过去世界的残留物，它们总是超越这个世界而进入到它们所陈述的意义领域。"

因此，一方面，经典的理解和解释，对于人类历史的自我了解、当下继承和未来发展，具有极其重要的意义，可以说，人类世世代代的关于世界、社会和人生的根本性智慧和思考就最为集中地表现和反映于经典之中；而另一方面，经典意义又存在于人们的不断理解和解释之中，正是通过不断地历史性的理解和解释，经典意义方能向我们真正发生、显露乃至传承和发展，正如伽达默尔所言："流传物的历史生命力就在于它一直依赖于新的同化和解释""历史意识的出现，才使得解释学在精神科学范围内起了根本的作用"。应该说，理解和解释经典是人类文化文明不断传承的重要方式，并构成一种历史流传物的存在。伽达默尔说过，经典意味着人们将要一次又一次地听它，一次又一次看它，一次又一次读它，而且它将一次又一次是正确的。当然，既然经典意义是一种历史性的流传物，其生命力也就存在于人类不断地理解和解释之中，因而，作为一种被理解和解释的经典意义，它就永远不会终止于某一时代或者某一种理解，而是永远的无限的开放的过程，经典理解和解释自然只有开始，没有结束，"因为要解释的东西没有一个是可以一次就被理解的"。

显然，这里所言的经典意义理解和解释不同于中国传统文化史上的经学，经学是有其特定的含义的。周予同在《经学与经学史》一书中指出："经，是指中国封建专制政府'法定'的以孔子为代表的儒家所编著书籍的通称"；"所谓经学，一般说来，就是历代封建地主阶级知识分子和官僚对上述经典著述的阐发和议论。"（《中国经学史讲义》）这也就是说，我们这里谈论的经典含义远超越于经学的经典含义，不仅是中国的，也指西方的；不仅只是儒家的，而且是所有具有经典性的文本，而经典意义的理解同样不只是语法学上的，而且是解释学理论上的。

按照现代解释学理论，经典的意义并不是固定现成的，经典同样存在于历史之中，它是通过历史而让经典的意义经由人们的理解和诠释而在当下发生和显现。解释学家伽达默尔深刻地指出，任何文本和事物的意义就存在于人们的理解和解释之中，"理解是属于被理解东西的存在"，这也就是说，意义的理解总是处于一定解释学情境之中的，也正因为如此，意义的发生和形成是一种"效果历史意识"的产物。既然文本的意义，当然也包括经典意义就发生于一定的解释学情境中，那也就意味着，在现代解释学那里，情境因素并不构成对经典意义的否定，恰恰相反，它是构成理解和解释经典的不可或缺的要素。经典意义一定于解释学情境之中发生、显现，这就完全打开了经典文本意义的无限空间，使经典文本意义永远保持了一种开放性。

第二是怎样理解"经典诠释学"这样一种理论？我很赞同刚才何老师所说的，经典诠释学既不同于一种解释技艺、纯粹的解释技艺，它也还没有到那样一种哲学解释学的层面，如果按照西方解释学来说，它大概属于施莱尔马赫时期的普遍解释学理论。刚才何老师是从解释学与现象学和哲学性的关联来谈的，我很赞同，任何对于文本意义的理解，和对哲学的存在论、本体论的理解是相关联的。不过，这里我想从另外一个角度来谈。

理解总是人的理解，我们做出什么样的理解，和你这个理解者、理解的这个时空、理解的这种经验是联系在一起的，这就是解释学的情境问题。任何理解和解释，总是处在某种情境之中，这种情境是构成我们理解的一种非常重要的、不可或缺的要素。这样一来，最大的、最重要的解释学情境是什么？不是说你在某个时空点上，而是你的存在本身、你的行为本身，或者说就是你的实践本身，这就是伽达默尔所讲的实践哲学。我们对一个经典文本的理解，和我们关于人类存在和行为的理性反思的实践哲学同样是密不可分的，甚至是更为根本的。实践哲学的历史很悠久，它源自古希腊亚里士多德，亚里士多德曾经提出过知识三分法，一种叫理论知识或者叫理论科学，它以精确性地认识事物为指向，比如数学等等，亚里士多德也把第一哲学置于理论知识范围，应该看作像数学那样很精确、永恒的东西，这种知识可教、可学；还有一种是技艺类的知识，像木匠，我告诉你木桶怎么做，不要问我为什么，只要跟我学就能把这个技艺学会；还有一种知识则是实践科学或者叫实践知识，它是对人的行为存在、行为活动反思的一种知识，它既不能学，也不可教，它和其他两类知识不同，要根据你的具体情况、具体情境，做出最合理的判断、选择，后来这种知识，随着欧洲近代哲学发展，被理论哲学完全控制住了，或者说"丧落"了。伽达默尔认为近代以来流行的看法就是"知识就是力量"，这就意味着人类对认知性的理论知识的一种自负，认为理论知识能够解决人类的所有问题，不仅解决认识问题，而且解决人的行为问题。对于这一点引起真正批判性反思的是康德，康德以其《纯粹理性批判》深刻揭示了人类理论理性能力的有限性，重新明确了人类理论理性能力的有效性界限，划定了人类知识的范围，将人类存在和行为意义、价值问题的思考重新置于实践理性中加以探讨，并肯定和强调了实践哲学高于理论哲学的性质和地位，这实质上是在其纯粹理性的先验哲学中对亚里士多德的实践哲学的重新接续和发展。作为当代解释学的重要代表，伽达默尔同样充分认识到人类对自身存在和行为意义反思的实践哲学的重要性。他在康德之后，通过返回亚里士多德，在解释学基础上复兴和重建实践哲学，实现了解释学与实践哲学的真正统一，并从根本上，将解释学理解为一种实践哲学，这也引发了现当代哲学中那股复兴实践哲学的潮流。

我简单说这样一个历史，是想表明，我们人类的任何活动，包括对经典文本的理解和解释活动，总是跟人关于自身的存在、行为意义和价值的本质性理解分不开的，也就是说和人的实践哲学分不开。经典理解和解释就是一种活动，一

种"游戏"活动，其意义是在游戏活动过程中发生的，如同
游戏活动的参与者、游戏规则和游戏观看者等共同创造了游戏
的意义一样，一个经典文本的意义理解和解释，同样作为
一种活动，与经典对象、解释者、历史和时代因素及其他人
都有着紧密的关系，而根本上是与人的存在和行为的反思性
的实践哲学紧密关联。解释学本质上就是一种实践哲学，因
此对于经典的理解解释，同样离不开实践哲学，同样要与人
的存在经验、存在的行为反思联系起来。而这种联系，伽达
默尔又受到了现象学的影响，他不是在一种近代的理性的反
思层面上，来考察这个规则、规定的合理性、科学性，而是
回到现象学家胡塞尔所说的那种"生活世界"思想中来，直
接地面对我们的生活事实本身。我们现在存在的世界是一个
已经被理性规则化和被科学化的世界，这种规则本身的合理
性、正确性无法在现有的理性和科学本身中确立，只有彻底
返回到理性的规定、规则和科学知识之前的人与对象的先前
关系当中，才会获得一种经验事实关系的明见性，正是在这
种明见性中它向我们显示了一种自然的正当性、自然的合理
性，而这才是我们人类的共同价值意识，是普遍道德伦理的
最根本的基础。我说这些主要是试图讲我们的经典诠释学是
和哲学解释学、实践解释学紧密地联系在一起的，经典解释
学，就像洪先生讲的一样，它不仅是要弄清楚文本的含义是
什么，更重要的是要去教化，要去形成和构建人类的普遍价
值意识和意义理解，并在经典的理解和解释中继续发扬人文
主义传统，传承人文主义精神。这个非常重要，经典诠释学
不要变成一门死的学问，一种死的技术。既然经典诠释学的
关键词是诠释学，诠释学现在发展最高水平的理论形态就是

哲学解释学，那么，经典诠释学就必须要跟哲学诠释学紧密联系在一起，并从根本上持守一种解释学的实践性维度。从这种意义上说，经典诠释学就不仅仅是一种施莱尔马赫式的关于精神科学文本的普遍解释学理论，它从本质上也应该是一种解释学的实践哲学。

我就谈这样一种理解，谢谢大家。

🎤 会讲环节

主持人：谢谢张老师！张老师是从西方诠释学角度，特别是从伽达默尔哲学诠释学角度来讲的，他认为诠释学本质上是一种实践哲学，并且最后要归结到讲实践哲学。从这样一个背景来展望我们要讲的经典诠释学，它最终就必须要有一个实践的维度，只有这样，它才是真正鲜活的，才是我们所谓的诠释学。张老师也讲了历史流传物、语言、文本和经典等多方面的观点，对什么是经典性及其经典意义的开放性谈了自己的理解，非常感谢！

对于今天讨论的"经典诠释学"，我也想提出几点个人看法，也等于对我们为什么要成立经典诠释学研究中心做个解释。首先，我想特别指出，我们所说的"经典诠释学"是作为建构现代"中国诠释学"的一个构想，是一门具有普遍性和普适性的现代学问。中文学界最早提出"经典诠释学"的是台湾大学黄俊杰教授，他在 20 世纪 90 年代就指出，中国乃至整个东亚的"诠释学"的主要内容可以说是一种"经典诠释学"，不过他所说的这个"经典诠释学"是指中国古代"以经典注疏为中心所形成的诠释学传统"。后来余敦康先生不仅认为"中国的经典诠释学从先秦就有了"，而且明确说 21 世纪的中国迫切需要一种现代意义的"经典诠释学"，因为"所有的经典都必须要转化，现代转化"，"我们要把传统解释得人人听得懂"。他所向往的"经典诠释学"是指通过经典诠释讲出一套可以解决时代问题的理论与思想。最近十年来，潘德荣教授也力主我们应当走向"经典诠释学"以超越西方的"本体论诠释学"。他认为，诠释学乃是理论与实践相统一的学问，即亚里士多德所说的"实践智慧"，但现代西方诠释学却不仅将实践智慧中的价值取向淡化到若有若无的地步，而且存在着本体论与方法论的紧张对峙，以中国经典诠释传统为基础的现代"经典诠释学"或者说"德行诠释学"，却可真正实现理论与实践的统一，必将成为中国学者对世界的诠释学研究作出的应有贡献。我们现在所讲的就是余、潘两位所讲的具有现代意义的"经典诠释学"，它最大的特点就是从经典诠释经验与经典诠释传统出发来探讨一般的诠释学理论与方法。它所讲的"经典"也是现代意义上的经典概念，包括但不局限于儒家经学所说的经典。这种现代的经典诠释学，是普遍的而不是特殊的诠释学，也就是说，它虽然主要是以经典诠释传统为研究对象和思想资源的，但并非只适用于经典诠释。表面看来，"经典诠释学"似乎只是一种与圣经诠释学、法律诠释学等等类似的特殊诠释学，但我们可以看到，每个文化传统的经典诠释又都具有普遍性，不仅为各类文本诠释提供了最基本的理论与方法，而且构成了各个诠释传统最主要的内容。更重要的是，"经典诠释学"究竟成为特殊的还是普遍的诠释学，主要取决于我们的研究目的。如果只满足于思考和解决个别和局部的经典诠释问题，由此建立的当然只能是特殊的"经典诠释学"，如果关注的是普遍的、一般的诠释学问题，那么就完全可以建立一种普遍的"经典诠释学"。美国学者方泽林在其《诗与人格：传统中国的阅读、注解与诠释》一书中就特别指出，从 11 世纪起，宋代理学家程颐及其同道便发展出一种"普遍的经典诠释学"（general hermeneutic of the classics），经由朱熹及其后学的努力，这种普遍的经典诠释学更被进一步完善和制度化，逐渐成为传统中国近千年来占主流的诠释学,以至于文学、绘画和音乐作品的理解与创作都深受其影响。我们试图建构的这种"经典诠释学"不仅普遍适用于所有类型的文本诠释,而且普遍适用于现代世界各大文化与文明的诠释活动,也就是说,它虽然主要以中国的经典诠释传统为思想资源,具有明显的中国特色,但绝不是只适用于中国,而是一种具有普适性、世界性的现代诠释学新形态。因为它本来就是在当代西方诠释学的深刻影响与激发之下产生的,是对当代西方诠释学的扬弃。当然,这种普适性只是理论上的,因为它在事实上是否为其他文明和文化所接受,不仅取决于它本身的理论深度、广度和效力,还从根本上取决于中华文明在当代世界的影响力。

我想说的第二点是,我们建构"经典诠释学"并不是为了要跟西方诠释学比高低,而是为了探索和确立现代中华文明的"诠释之道"。我们提出这样一种具有普遍性和普适性的现代"经典诠释学",确实是试图在广泛流行的当代西方诠释学尤其是哲学诠释学之外另辟蹊径,自立门户,建构一种新的现代诠释学形态。之所以要这样做,不仅是因为我们在吸收当代西方诠释学时,逐渐意识到它存在明显的理论困境和发展瓶颈,更是因为我们逐渐认识到,现代诠释学其实可以有多种形态而不是只能有西方形态。早在 21 世纪初,余敦康先生就说,"从世界史的角度来看,每一个有文化的富有创造性的民族,必然对理解的本质进行过长期的探索。惟其如此,它的文化才能形成一道生命洋溢、奔腾向前的洪流"(《中国哲学对理解的探索与王弼的解释学》),因此每一种文明和文化都有自己的诠释学,"中国有中国的诠释学,西方有西方的诠释学，印度有印度的诠释学"（《诠释学是哲学和哲学史的唯一的进路》）。我最近几年也反复强调，各大文明其实都各有自成一体的"诠释之道"，即用以反思、解释和范导各种诠释活动的基本理念、规则、方法等，其具体表现便是各种形态的"诠释学"。进入现代社会之后，由于基本观念、生存方式和社会组织方式等等都发生了很大变化，各大文明的"诠释之道"也必须从古典形态转换成现代形态，西方自 19 世纪以来陆续兴起的各种现代诠释学理论构成了现代西方文明所需要的"诠释之道"，各大非西方文明虽然长期笼罩在西方影响之下，但最终也将建立自主的现代"诠释之道"。随着"后西方时代"的到来，这一趋势已日益明显，现代诠释学理论必将从一枝独秀走向百花齐放。因此，我们之所以要在当代西方诠释学尤其是哲学诠释学之外另辟蹊径，提出建构"经典诠释学"的主张，并不是基于一种民族主义情绪，而是基于对西方诠释学内在局限的认识，基于对诠释学的本质属性和发展趋势的认识，同时也基于"后西方"语境下文化主体性和文化认同的自觉，但我们的这种努力，首先不是为了解决西方诠释学的问题，而主要是为了探索和确立现代中华文明的"诠释之道"。

我的第三个看法是，经典诠释学是对哲学诠释学的扬弃。这种"经典诠释学"本来就是中国学者在西方诠释学的影响和激发之下提出的，是两大文明诠释传统"视域交融"的结果。正如伽达默尔所说，视域交融的结果"总是意味着上升到一种更高的普遍性，不仅克服了自己的个别性，也克服了那个他者的个别性"。因为经典诠释学一方面将尽量吸收现代西方诠释学尤其是哲学诠释学的合理成分，一方面又将基于中国经典诠释传统而有所突破与超越。经典诠释学对哲学诠释学的扬弃集中表现在如下两个方面。

其一，经典诠释学将更注重诠释学经验的典型性和综合性。伽达默尔的哲学诠释学虽从存在论高度来把握诠释学现象，但在方法论上严格遵循"回到事情本身"这一现象学基本原则，明确主张诠释学理论必须从实际的诠释学经验出发，而不能从主观反思或抽象思辨出发。可以说，特别重视诠释学经验正是哲学诠释学的一大特色和贡献。不过，哲学诠释学虽然声称其涵盖了哲学经验、艺术经验、历史经验即对各种形式的历史传承物的经验，但它最注重的还是艺术经验，也主要是以对艺术经验的分析为基础，"试图从这个出发点开始去发展一种与我们整个诠释学经验相适应的认识和真理的概念"。究其缘由，乃是因为哲学诠释学的目的并不是要直接指导诠释学实践，而是"试图理解什么是超出了方法论自我意识之外的真正的精神科学，以及什么使精神科学与我们的整个世界经验相联系"，即抵制科学方法论的普遍要求以捍卫精神科学的独特性质，而对科学方法论意识构成"最严重的挑战"的就是艺术经验。然而，如果我们的目的不只是"抵制科学方法论的普遍要求"（尽管这也是现代诠释学应当承担的一个重要任务），同时也是为了建构更具实践性和普适性的现代诠释学，那么，经典诠释经验就更应成为我们深入分析和探究的对象。首先，比起一般的艺术经验、哲学经验和历史经验，经典诠释经验更具有综合性，也就是说这种经验不是单一维度的，而是同时包含了哲学、艺术、历史、政治、伦理、宗教等多个维度，譬如自古以来人们对于《荷马史诗》或《诗经》等经典，很少只从某一个维度来理解和解释，也很少会把人们从经典中获得的真理明确区分为文学真理、历史真理或哲学真理。其次，比起一般的艺术经验、哲学经验和历史经验，经典诠释经验更具有典型性。无论古今中外，经典之所以是经典，就在于比其他各种文本更具有典范性，因而被更广泛、更持久地接受，而经典的典范性直接衍生了经典诠释经验的典范性，人们获取真理和价值共识的主要经验形式就是经典诠释经验，即使那些没有能力和机会阅读文本的人们，也往往通过戏剧、说书、传说等形式接受各种来自经典的真理。再次，由于以上两个原因，比起一般的艺术经验、哲学经验和历史经验，经典诠释经验也具有更悠久的历史、更丰富的内容、更深厚的传统。遗憾的是，虽然伽达默尔本人就是一位优秀的古典学专家，并且也以注重历史与传统著称，但其哲学诠释学却囿于现代学科分类，并没有将经典诠释经验独立出来作为最典型的诠释学经验加以专门分析，而只讨论了"经典型"概念的诠释学意义。伽达默尔实际上已经注意到经典诠释经验的重要性，可惜他并没有对其独立意义予以足够重视。我们讲"经典诠释学"，正是要以经典诠释经验作为最重要也是最典型的诠释学经验来思考诠释学的一般理论问题，并由此来探索"诠释之道"。

其二，经典诠释学将成为真正的实践哲学。哲学诠释学的另一重要贡献是，阐明了诠释学活动乃是亚里士多德所说的实践智慧活动，并从多方面指出了实践智慧不同于一般的制作技艺和以数学为范例的纯理论知识的一般特点，由此主张诠释学理论乃是对这种实践智慧活动加以理论反思的实践哲学。所以他明确说"诠释学是哲学，而且作为哲学它是实践哲学"。但哲学诠释学本身还只是一种走在半路上的、未完成的实践哲学。它不仅未能进一步阐明诠释活动是如何运用和体现实践智慧的，还片面地认为这是不可描述也是没有必要的，所以一再申明它对方法论层面的东西毫无兴趣。伽达默尔明确说："我所说的诠释学指的是一种理论。……诠释学所关涉的只是一种理论态度……这种理论态度只是让我们深刻地意识到，究竟是哪些因素在实际的理解经验中起作用。"他的《真理与方法》第二版序言也讲得很清楚："我并不想炮制一套规则体系来描述甚或指导精神科学的方法论程序。我的目的也不是研讨精神科学工作的理论基础，以便使获得的知识付诸实践。……我本人的真正主张过去是、现在仍然是一种哲学的主张：问题不是我们做什么，也不是我们应当做什么，而是什么东西超越我们的愿望和行动与我们一起发生。"这意味着，哲学诠释学并不想引导和规范诠释实践，而只满足于从理论上阐明理解活动是一种实践智慧活动，从而纠正或加深我们不断进行着的理解的自我理解。为了化解人们对哲学诠释学这种理论与实践脱节的疑虑，伽达默尔反复援引亚里士多德的相关说法，指出理论兴趣与实践行动之间有一种"相互蕴含""相互作用"的关系，并一再强调理论反思"来自于实践"，"离开了实践就将是纯粹的虚无"。他在 1978 年还专门发表了《作为理论和实践双重任务的诠释学》一文。但从此文我们恰可看到，此前的"诠释学"总是具有某种实践功能，哲学诠释学却窄化甚至背离了这一传统，它只加深我们对于理解现象的理解，却无助于我们的理解实践甚至还会令人无所适从，从而正如利科所说，人们在诠释实践中所碰到的各种问题"依然悬而未决"。哲学诠释学在这个方面的欠缺导致它在理论上具有三个明显的不足：（1）人为地将诠释学的存在论与方法论对立起来；
（2）仅仅止于理论层面而不能落实到实践层面，因而不能成
为真正的实践哲学；（3）无从彰显诠释学活动作为一种实
践智慧活动是如何追求"善"的。哲学诠释学的这些不足，
到底是由其哲学化进路所导致的。其实，只有对实践智慧的
运用规则及其变化作出理论分析和阐明的诠释学理论，才能
具有实践性，从而才能成为真正的实践哲学。诚然，正如伽
达默尔常引用康德的说法，认为理解和解释的方法、规则的
应用需要判断力，但这种判断力本身并不能由规则确保，"它
只能从具体事情上去训练……没有一种概念的说明能指导规
则的应用"。但是，这并不意味着诠释学理论就可以不对方
法、规则的应用加以理论思考。事实上，正如亚里士多德所
说，实践智慧活动的领域"并不是一个完全没有规则支配的
领域"，因此实践哲学虽然"不可能有那种数学家所达到的
高度精确性"，但至少可以"概略地呈现事物"，而"通过
对现象的概略性解释"可以帮助那些已有某种经验和训练的
人们"达到对于自身的清晰性"，至少也能像伦理学教师所
描述的理想观念那样"具有图式（Schemata）的有效性"。

经典诠释学的兴起，正可以克服哲学诠释学的这一局限。
根本原因就于，经典诠释学所采取的，不是哲学诠释学的哲
学化进路，而是一种最具综合性、历史性和价值性的进路。
所谓最具综合性，是指经典诠释学的探究包括多个维度和层
面——既有哲学维度也有语文学、文学、历史学、伦理学、
政治学、宗教学等维度；既有形上抽象的理论观念层面也有
较为具体的规则、技巧和方法层面，甚至还有更具体的范例
层面。余英时曾说："我曾经比较过朱子读书法和今天西方

所谓'诠释学'的异同，发现彼此相通之处甚多。'诠释学'所分析的各种层面，大致都可以在朱子的《语类》和《文集》中找得到。"（《钱穆与中国文化》）这个判断也适用于现代的经典诠释经验。这种综合性意味着，无论是作为实践智慧的诠释学经验，还是作为实践哲学的诠释学理论，总是自然而然地同时包括多个层面和多个维度，因而不仅有存在论的自觉，也有方法论的自觉，还有无数可资借鉴的具体范例，其理论思考的维度也不仅是哲学的，还有历史的、伦理的、政治的、宗教的等等。经典诠释学的探究也最具历史性。经典之所以为经典，就在于它不断被诠释，不断呈现新的意义面向，形成了一种具有内在一致性的传统。而经典诠释经验的上述层面和维度，总是随着时代、流派、个体甚至不同文体等因素的变化而变化。经典诠释学探究又最具历史性。第一，它不是从某种抽象的形上预设出发的，而是以对经典诠释传统的历史回顾和穷原竟委的细致梳理为前提的，简言之，它从历史经验引出理论反思，也以历史理性成就实践理性；第二，它既从经典诠释传统中总结出"通古今之变"的基本方法、规则和技巧，又不断揭示它们"唯变所适"而"不可为典要"，因而最能呈现诠释活动作为实践智慧活动的历史性；第三，它通过历史上具体的诠释范例发掘和展现运用实践智慧进行诠释活动的传统思想资源。经典诠释学探究也最具价值性，因为它总是从不同层面彰显经典内蕴的永恒价值。通过对经典诠释传统的梳理、分析与反思，不仅可以以最直接的方式认识各种基本价值观念如何在诠释观念、诠释方法、诠释规则、诠释技艺等层面得到体现，还可以清楚地看到这些基本价值观念如何在不同时代得到调整、扩展、创造性转化和创新性发展，这就为我们在现代社会如何彰显、守护和践行这些价值提供了启示甚至范例。正因如此，经典诠释学也就成为真正的实践哲学。

我就讲这些。现在按照我们的预计，还希望五位老师之间有所互动。事实上，刚才在洪先生、景老师发言之后，傅老师、何老师、张老师都已经有所回应，所以现在我想特别请洪先生和景老师对刚才三位的发言做一个简短的回应。

洪汉鼎教授：我讲两个问题，因为今天牵涉到经典诠释学的定义，又牵涉到它的定位。刚刚傅永军教授说经典诠释学应该是哲学诠释学，这是一个方面，张能为又说经典诠释学是一个普遍诠释学，这就是一个问题，就是经典诠释学的定位。从逻辑上来说，经典诠释学是属于诠释学，这个诠释学是一个大的方面，刚刚何卫平讲到了，伽达默尔、狄尔泰讲文本只是一个方面，但是人类精神的表现有很多，文本算是一个方面，经典也算一个方面，但是这都不影响它是诠释学。诠释学是一个类概念、总概念，经典诠释学是属于诠释学，但是经典诠释学是否就是哲学诠释学？或者就是所谓的浪漫主义诠释学？这个就要看我们站在什么高度来考虑。比如说你想用伽达默尔哲学诠释学的观点或者从海德格尔的存在论考虑，你就从哲学诠释学来做经典诠释学。但是现在的世界上，还有一部分人，他们不会这样考虑，比如前两天厦门大学请来一个在德国做教授的美国人，他就讲浪漫主义诠释学，文本诠释就是那个作者的文本本身的意义，他也能够做经典诠释学。我认为，只要说明经典诠释是诠释学就可以了，至于你是哲学诠释学，还是浪漫主义诠释学，就要看你从哪方面做，这是第一个问题。

第二个问题，中国层面的意义，我想还得补充。我们之所以说中国经典诠释学的建构有世界性的意义，是因为经典诠释学来自经典诠释，中国经典诠释学更来自几千年的经典诠释传统。在古希腊，柏拉图学院的工作就是讲柏拉图，亚里士多德以后的学派就是通过经典诠释来讲亚里士多德，这个传统一直到中世纪，中世纪有个最大的神学家阿奎那，就是讲亚里士多德形而上学的。问题是西方到了近代没有再走这条路，比如从笛卡尔开始，就是来写自己的一套哲学思想，包括康德，他对亚里士多德、柏拉图讲得很多，但他是讲他自己那一套纯粹理性。相反你看中国，孔子说圣人在"作"、我们是在"述"，"述"就是解释，中国的这种解释传统从孔子一直发展到近代，所以我们就形成了一套经学。我想经学里面一定有丰富的内涵，因为它有两千多年的经典诠释传统，其中一定是有一套训诂学、方法学的，但是我们深层次挖掘是必要的。我在伽达默尔生前最后一次访问他，他那次就对我讲的中国经典诠释很感兴趣，他非常想了解，在这个上面，我想中国经典诠释学就可以总结我们两千多年来的经典诠释的经验，加上我们吸收西方哲学诠释学的经验，将来在世界上有很重要的意义，这是我们今天做中国经典诠释学的一个重要意义。

景海峰教授：我听下来的感觉是，清良提出来的这个"经典诠释学"概念，有难以承受之重。可能大家都对这个概念充满了期待，都想能不能通过这样一个概念，把许多想法和思路都聚集起来。我想这个问题，可能一方面需要丰富拓展，把视野打开，对很多问题都能做一些思考和结合；但另一方面，可能也需要适当的减负，还是要奔着它的根本指向去做。对此，我想再补充三点。

一是以西方的诠释学为参照。作为参照就不是主体的意思。当然我们中国人也可以有这种雄心壮志，敢于立在潮头之上，可以站在西方文明的前沿，在这个理解、解释资源的基础之上，按照它的思路有所创造和发展，超越西方哲学诠释学的高度。但是就目前来讲，这恐怕还是一种奢望，所以实际上仍只是一个参照的问题，而不是一种主体的问题，就是说，我们不是在帮助西方去发展他们的诠释学，而是在想我们自家的事情。

二是注重经学传统的开掘。也就是要从我们的这个传统入手，着眼于我们文明的特殊性。之所以经典诠释的话题为大家所关注，或者说有当代文化建设的实际意义，就是因为在我们的文化传统里面，留下了无比丰厚的资源，而且积累起来的经验很特殊，但在晚清之后，随着现代性的进入、西方化的冲击，很多东西还没有来得及用现代的方式去做清理，就简单地被打断了，甚至是被抛弃掉了，只留下了一些断裂的残片，结果就是，这些历史记忆在我们当代中国的精神世界里面不能构成一种完整性的东西。现在想要去恢复这种记忆或传统，便需要一种现代的眼界，需要很多新的方法，尤其是对传统资源的重新梳理，或者是对经学的深入理解。而现在对经学的研究工作，实际上还是很边缘的，尤其跟我们现代中国文化建设的主体部分没有发生内在的关联性，处于一种可有可无的状态，对其普遍贬斥的心态仍然很强。目前，经学传统对于大众来讲，甚至对于学术界的主流来讲，基本上是可以忽略不计的，这种状况的改变仍需要花时间，要付出很大的努力。如何重新发掘两千多年的丰富遗产，激活经学的资源，这里面就有很多工作要做。首先要解决的问题是，这一百多年来对经学的简单化处理和片段化处理的后果，需要来重新认识和清理。

第三点，也是更根本的，是通过汇聚中西、打通古今，以义理开掘的方式作为我们建构经典诠释学的方向或者学问形态。实际上这一百多年来，我们也在不断地探索，包括中国哲学学科化的过程，是在胡适之后建立起来的，这里面包括了许多对义理、文献诸问题反反复复的思考。传统义理的哲学化形式、文明历史的系统化形态和中国思想的当代式表达，这是诠释经典、理论建构的主要目标。就义理层面而言，我们今天所谈到的问题都要有一个理解、解释和恰当的放置，实际上是一个高度融合的当代创造的问题。

主持人：谢谢景老师！我们今天这场讲座，各位听众在之前大概是没有听到过的，因为我们之前从未就这个问题进行过这么集中而深入的讨论，今天讨论的实际上是一个最前沿的课题，刚才五位老师所讲就是他们最新的研究和探索，可以说，这是一场名副其实的精神盛宴！我们下面进入互动环节。

互动问答

问题 1： 各位老师好！非常荣幸能够听到这个讲座。我是湖南师范大学的一名学生，我未来的职业就是一名历史老师，刚刚听了各位老师讲的经典诠释学。我想请问，历史教科书是由很多专家和教育工作者一起编写的，也是我们中国的孩子们了解历史最为普及的一本书，历史教科书首先应该不算是我们传统意义上的经典，但是我们能不能用经典诠释学的理论和方法去理解历史教材这种特殊的文本，有没有一些具体的方法？

傅永军教授： 我同意你的观点，历史教科书不是我们言说意义上的"经典"，但在历史教学活动中应用经典诠释学的理论和方法却是可行的。历史教科书必然联系有着典范意义的历史人物、事件和典籍，通过历史教科书进行的教学活动不单单是重述历史上已经发生的事实，更是解释历史行动、历史事件以及历史发展大势的价值和意义。因此，它类似经典诠释实践，要做两类功夫：一是要掌握、知晓、理解历史上实际发生的事件、历史行动、历史人物和历史过程；二是要解释它们的意义，并将这种理解变成一种教化的力量，塑造受教育者的人格，涵养他们的精神，犹如中国哲学的心性修养工夫，正心诚意，敬畏谦卑，持守独立、自由、正义之精神，以至于齐家治国平天下，通过这样的教化过程成就健全人格。所以，大体上可以说，比附经典诠释活动的历史教学实践，不仅要去完成对历史事件的意义的理解，表现为一种理论行动；更要通过教化行动将对历史的理解落实到自身的修养工夫和践行工夫上面来，实现理解（学习）与教化（实践）的同步并行，既达成历史知识学习的直接目标，也能把历史教学活动所具有的化人作用发挥出来。就像经典诠释实践那样，通过历史教科书体现出来的历史教学活动应当具有一种"即诠释即修养即实践"的诠释学品格，是一种"理解他者、自我理解和自我塑造"三合一的行动。谢谢你的提问！

主持人：谢谢傅老师！我也想接着傅老师的话补充一句。怎么从经典诠释学来讲历史？其实我们早已这样做了。司马迁撰写《史记》时就这样做了。事实上，千百年来，咱们的历史学家也好，一般读者也好，都是受这种史学传统的影响，不仅究天人之际，更要通古今之变，要"资治通鉴"，我们学历史，就是要更好地理解和观照现实。这些经典以及它们包含的理念，早就在影响着我们。我们现在来讲经典诠释学，只是要更加自觉地意识到这种影响。

问题2：洪汉鼎先生您好，您刚才讲到"微言大义"这个词，儒家通常会预设圣人之志这个前提，虽然不同的流派会有不同的解释，但都是预设了有个不容置疑的圣人之志在那里。我的问题是，在我们的经典诠释学当中，究竟应该如何看待权威作者？如何看待圣人之志？

洪汉鼎教授：诠释学也有一个前提，叫作前理解。比如我们今天看一个文本，前理解就是说在看这个文本之前，解释者或者理解者本身的生存境遇，这种境遇以及传统的观念有一个前理解，根据这个前理解去读这个文本，特别是在最初读这个文本时，就给我们带来了一个前提。哲学诠释学非常着重这个，因为海德格尔讲了前见、前有、前把握，伽达默尔根据他的理解，统称为前理解。诠释学肯定有这一点。讲到圣人之志，问题在于圣人之志是不是前理解。从经学、儒家的角度来说，可能就是儒家有一种教条或者是信仰，他的圣人意识、道统意识，整个这一点跟诠释学讲的前理解就有不同，只要知道这个差别就可以了，诠释学主要是看重这一点。

景海峰教授：我们理解中国传统，尤其是以经为代表的这个系统，它实际上不是个人的问题。"圣人"只是一个符号，一个表征，实际上他代表的就是一种最大的共识，而且这个共识是在历史的长河中不断集聚、不断验证的，它所形成的是一种具有普遍意义的东西，是以"圣人之志"的标签确定下来的，这表明了其所具有的普遍性和权威性，当我们每个人在讲它的时候，就要想方设法去跟这个东西对接，去除个别性，获得普遍意义。所以圣人之志不是一个个体性或私人性的问题，而是一个文化和文明形态的价值与共识的问题。

主持人：景老师的意思就是说，我们不要把圣人之志的"志"简单地理解为个人意图，而是要理解为一种共识，而且是历史的共识。

何卫平教授：实际上就是向往一种共识。

主持人：它已经是一种共识，我们要去理解它。

问题3：我是永州四中的一名高中语文老师，近几年来，我的教学范围在逐步扩大，我们高考的各学科跟文化经典也越来越贴近了。我这个问题是向何卫平老师提出的，因为您说了一个观点，我非常赞同，那就是真理在前，方法在后。原来我一直纠缠在方法之中，听了何老师的讲解之后，我意识到就真理的层面来说，应该说在我们中国古代，对当代分类比较详细的各学科来说，其实早就有了自己的思考和探索，只是分类没有这么明确，这是我模糊的一个思考，希望得到何卫平老师的一些指导。

何卫平教授：我刚才说的其实是伽达默尔的一个观点，当然也是从海德格尔来的，他强调理解是一种发生，是一种事件，因为伽达默尔强调从本体论这个角度来讲，他强调，解释学从根本上来讲，不是一个方法的问题，而是一个真理发生或者意义发生的问题，这个真理发生、意义发生本身是历史性的。就像我刚才举到《红楼梦》的例子，你只有在一定时间、一定历史当中才能读出来的，只有到了这个时间点才能出现，不然采用再多的方法也是没用的，比如你把《红楼梦》读成一曲挽歌的话，在五四以前不可能读出来，因为真理不是像一个客观的东西那样就在里面，也不是我们人类静止的、被动的反映，它一定是在一个特定的时间内出现的。所以海德格尔说过真理都和历史、和发生连在一起，而这个东西恰恰是伽达默尔讲到的真理，尽管他从头到尾没有给出定义。海德格尔前期讲存在的意义讲得比较多，后期讲存在的发生，存在真理的世界。伽达默尔强调的是这个世界，这个东西是历史决定的，他在这个意义上来讲方法，应该是真理发生在先，然后方法发生在后，他说的"Wahrheit und Methide"或者"truth and method"，这个"und"一词不是并列的意思，不仅仅是"真理和方法"，而且是有个时间的先后。后来伽达默尔非常重要的一个弟子格朗丹，就是这样解释的，把伽达默尔最初拟的那个书名纳入进来了，我们把它忽略掉了。伽达默尔曾经解释了，理解与真理的发生一定是联系在一起的。谢谢。

问题4：刚才洪老师说过经学与经典诠释学的问题，我想继续追问一下，我们在全球化学术的前提下建设经典诠释学，是要建设中国的经典诠释学，还是"化西"的经典诠释学？第二个问题是，自宋代以后我们的经典诠释学是以传解经还是以经解传？

洪汉鼎教授：我想这个问题就看怎么做。我当然希望是能够做到"化西"的，实际上我们今天来讲西方诠释学，我们的理解也已经在"化西"，讲中国经典诠释学必须是"化西"，我同意"化西"的观点。

景海峰教授：我有一篇文章是前两年在《学术月刊》上发表的，题目就叫《论"以传解经"与"以经解经"》，你可以找来看一下。因为在经学史上，解经或注经的方式是非常复杂的，而且它们之间的层次和关联，以及解经的原则和正当性都有设问，或者是追究它的根源性，或者是以圣人的标准为据，或者是以后人解释它的合法性等等，这些在理解和解释的过程中不断地衍生出来，林林总总的问题是非常复杂的。

主持人：谢谢景老师！伽达默尔有一个很重要的看法，说诠释的过程就是对话的过程。今天各位专家学者，对于经典诠释学和诠释学做了很好的阐发和对话，这也是我们国内学者最新的看法。建设中国经典诠释学的过程，必然是一个长期互动和对话的过程，但我们今天的会讲到这里却只能结束了。谢谢各位老师！也谢谢各位朋友的参与！

王船山与中国古代思想的传承和发展

时间
2019 年 10 月 22 日

地点
湖南大学岳麓书院内中国书院博物馆报告厅

主持
李清良（湖南大学岳麓书院教授，时任副院长）

主讲
朱汉民　章启辉　陈力祥　杨柳岸

　　朱汉民，湖南大学岳麓学者杰出教授，湖南大学岳麓书院教授，历史学、哲学专业博士生导师。主要研究方向：中国哲学史、中国文化史、湖湘文化等。担任岳麓书院院长 20 多年，主持岳麓书院的文博事业、学科建设、人才培养、国学研究与传播，推动岳麓书院的现代复兴，是岳麓书院历史学、哲学两个学科门类博士点创点人。兼任国际儒学联合会副理事长、中华孔子学会副会长、中国书院学会会长、国家社科基金评审专家、中国实学会副会长、中华朱子学会副会长、湖南省社会科学界联合会副主席、岳麓书院国学研究院院长、湖南大学学术委员会副主席等。应邀、应聘为美国中央康州州立大学和加州精神心理研究院高级访问学者、法国高等人文师范学院客座教授、"台湾大学"人文社科高等研究院客座研究员、韩国哲学学会《哲学研究》国外编委、中国社会科学院客座研究员等。主持国家社科基金重大项目、国家社科基金重点项目、国家《清史》学术工程项目等 10 多项。出版《玄学与理学的学术思想理路研究》《湖湘学派与湖湘文化》《经典诠释与义理体认》《儒学的多维视域》等著作 20 多种；主编《湖湘文化通史》、《国家清史·文献丛刊·湘军》（十卷）等著作、文库、丛刊 20 多种。在海内外学术刊物发表论文 200 多篇。获评享受国务院特殊津贴专家、全国优秀博士学位论文指导教师、首届湖南省优秀社会科学专家、湖南省徐特立教育奖。著作入选"国家哲学社会科学成果文库"，获得全国古籍整理图书一等奖、全国优秀教材二等奖、全国高校人文社科优秀成果二等奖多项，湖南省社科优秀成果奖一、二、三等奖十多项。

章启辉，祖籍湖南省湘潭市。湖南大学岳麓书院教授、博士生导师。湖南大学哲学学士、历史学硕士，中国社会科学院研究生院历史学博士。主要从事中国思想文化史、中国哲学史研究与教学，学术兼职湖南省书院研究会副会长、湖南省孔子研究会副会长、湖南省周敦颐研究会副会长、《中国书院》副主编。近 10 年来主持完成湖南省社会科学基金课题 1 项：《近代湖南学术史》，中国社会科学院台湾交流基金课题 1 项：《王夫之〈四书〉学的早期启蒙思想》；独立著作 2 部：《旷世大儒——王夫之》《王夫之四书学思想研究》，参与著作 4 部：《儒家伦理哲学》《中国德育思想研究》《社会理想志》《中国传统文化导论》；发表论文《论司马温公〈家范〉的家庭伦理思想》《儒学变迁与明末清初学术流变》《王夫之经学的基本特征》《王夫之对传统〈中庸〉观的重新定位》《王夫之与程朱陆王格致论比较》《王夫之的以有为性的人性论》等50余篇。目前主持在研湖南省社会科学基金课题、国家社会科学基金课题1项：《清代理学研究》。

陈力祥，湖南大学岳麓书院教授，博士生导师。湖南省伦理学会副会长、船山学社副社长。主要研究方向为中国古代哲学与传统文化、湖湘哲学、中国传统伦理。在国家权威出版社出版专著5部；主编各类著作6部；主持完成国家社科基金项目重点项目1项、一般项目2项、省部级项目6项；主持并完成教育部重大攻关项目子项目《中国道德文化的传统理念与现代践行研究之机制与策略研究》1项；主持国家重大项目之子项目《中国政治伦理思想通史———宋元卷》1项。在《哲学与文化》《中国哲学史》《道德与文明》《天府新论》《宁夏社会科学》《湖南社会科学》《西南大学学报》等刊物上发表论文100余篇，10多篇论文被人大复印资料《中国哲学》《中国社会科学文摘》转载。曾获国家"精彩一课"国家级教学奖，央视百家讲坛《天地大儒王船山》经典诠释嘉宾。

杨柳岸，哲学博士，本硕博均毕业于武汉大学，现为岳麓书院助理教授。主要研究方向为儒家哲学、先秦哲学、宋元明清哲学，并从事以现代语言学为指导解决经典诠释中的疑难词句问题的研究。近年来参与国家社科基金重大项目1项，主持省部级项目1项，在《中国哲学史》《武汉大学学报》《南京大学学报》等期刊发表论文10余篇，导读的《论语》注本（岳麓书社出版）入选全国古籍整理出版规划领导小组首批推荐的179个优秀整理版本。

主持人：尊敬的各位老师、各位同学、各位朋友、各位凤凰网网友们，大家下午好！今天，我们在这里举行岳麓书院讲坛第 400 期暨纪念船山 400 周年诞辰特别会讲。对各位朋友们的到来表示热烈的欢迎！本次活动将分为两个环节：第一个环节是岳麓书院讲坛 400 期的回顾与总结，第二个环节是第 400 期的特别会讲。

……

今天的讲坛是纪念船山 400 周年诞辰特别会讲，主题是"王船山与中国古代思想的传承和发展"。这场讲座有三点特别之处。

第一点，研讨对象很特别。本期的研讨对象是船山思想。王船山是明末清初的著名思想家，与顾炎武、黄宗羲并称为"明清之际三大家"。船山先生生于明代万历四十七年农历九月初一子时（公元 1619 年 10 月 7 日），今年正好是他400 周年的诞辰。明末清初之际，船山先生誓死不降清朝，在多年从事反清活动失败后，隐居于衡阳船山潜心学术，力求从文化上反思中华文明到底该走向何处，又有哪些失败的教训和成功的经验。为此他写下了千万余字的著作，"五经"、"四书"、历史、文学等等各方面都有涉及，学界称之为 17世纪百科全书式学者。学术界一致认为他是宋明理学思想的总结者，也是现代思想的开启者。船山先生又是岳麓书院的著名学生，他于崇祯十一年（公元 1638 年）就读于岳麓书院，师从当时的著名山长吴道行先生，第二年他就考中举人，所以他受岳麓书院的思想影响很深。船山思想对整个中国文化史产生了很大的影响，尤其是对岳麓书院的后学，对整个湖湘学派的著名士子，比如魏源、彭玉麟、曾国藩、郭嵩焘、王闿运、谭嗣同、杨昌济、章士钊等人产生了重大而深远的影响，至今仍有突出的当代价值。值此船山先生 400 周年诞辰之际，我们特别举行一场纪念活动，并以特别会讲这个形式向他致敬。

第二点，会讲形式很特别。本期是岳麓书院讲坛第 400 期，又恰逢船山 400 周年诞辰。400 期遇上 400 周年，这是一种特别的安排和因缘。岳麓书院特地选择把这一期献给船山先生，以"王船山与中国古代思想的传承和发展"为主题组织讲座，目的就是以学术会讲的形式，纪念岳麓书院史上、也是整个中国思想文化史上的这位著名先贤。

第三点，会讲学者很特别。大家都知道以往的岳麓书院讲坛主要是邀请海内外著名学者到此来讲学，我们书院的老师很少登台，但是这次我们邀请岳麓书院中对船山思想有精深研究的四位学者来会讲。我们请书院老师来讲述船山精神，并组织书院师生来听讲，这是我们作为书院人对书院精神、书院传统的纪念与礼敬、传承和弘扬。我们希望能够传承船山精神，以此激励我们不断前行，努力实现岳麓书院的当代全面复兴，并为中华民族的伟大复兴贡献我们的力量。

下面我们掌声有请今天的四位主讲人朱汉民教授、章启辉教授、陈力祥教授、杨柳岸老师登台。大家通过岳麓书院讲坛的预告和简介，可能对 4 位老师有所了解了，我在此补充做点简要介绍。朱汉民教授是岳麓书院的著名教授、国学研究院院长，曾担任岳麓书院院长二十多年，他推动了岳麓书院的现代复兴，是岳麓书院历史学、哲学两个学科博士点的创点人。章启辉教授是岳麓书院的著名教授、博士生导师，她主要从事中国思想文化史、中国哲学史的研究与教学，对船山思想和明清哲学有很深的研究和造诣。陈力祥教授主要从事中国古代哲学与传统伦理的研究，近年更是专门研究船山哲学，出版过多部专著。杨柳岸老师是武汉大学毕业的哲学博士，师从郭齐勇教授，他的硕士和博士论文都是以船山思想为研究对象。

今天的会讲，主要请四位老师围绕王船山对宋明理学的反思和总结、对宋儒圣贤气象的继承和发展、对中国哲学基本原则和方法的推进、对传统教育哲学和政治哲学等多方面的返本与开新，以及船山思想在中国哲学思想史和中华民族历史上的意义和地位等方面来加以探讨。请各位老师先分别用 15 分钟做主旨发言，然后再做会讲和互动问答。首先掌声有请朱汉民教授开讲。

再寻孔颜乐处
——王船山对宋儒圣贤气象的继承与发展

朱汉民教授：谢谢清良教授的介绍，今天确实是一场非常隆重的会讲活动。今年是中国著名思想家王船山先生 400 周年诞辰，社会各界会有一系列的纪念活动。我已经被邀约参与四五个纪念活动了，下周还会去衡阳参加一个纪念大会。今天我们在这里举行纪念船山先生 400 周年诞辰的会讲活动，因为船山先生是岳麓书院的优秀学生，所以具有更加特别的纪念意义。船山先生是岳麓书院的一个非常重要的学人，跟在座的湖大师生有密切关联，他是我们的优秀校友。他既是我们敬仰的先贤，也是和我们一样在岳麓书院读过书的同学，这位同学非常了不起。

"惟楚有材，于斯为盛。"我认为在岳麓书院1000多年的办学历史上，船山先生是其中最重要的思想家之一，非常值得纪念。我们一定要大力阐发他的思想，因为他是岳麓书院史上一位前无古人、后无来者的重要思想家、学者，至少到目前为止还没有人能够超越他的思想，我希望有后来者能够继承和超越。我们评价中国历史上的思想家，经常会以立德、立功、立言为标准。我认为以此来评价船山先生也是非常合适的，他在立德上是没有瑕疵可以挑剔的。他在立言上达到了一个前所未有的高度，在中国历史上著书之多同时之好，大概只有朱子和船山两位大家，他们在思想的高度、深度、广度及理论的系统性、广泛性等方面都达到同样的水平。他在立功上参与到南明王朝的建设中，还组织过很多抗清活动，但最后没有成功。虽然从立功的角度不够大，但他的思想对此后湖南的曾国藩、左宗棠等著名人物立大功产生了深远的影响。

值得一提的是，船山先生还继承了南宋湖湘学派创始人胡宏的思想。胡宏提出过一个思想，应该是发展了孟子的思想。孟子说过："穷则独善其身，达则兼济天下。"（《孟子·尽心上》）大家可能很熟悉这句话的意思。但是胡宏不这样认为，他说："达则兼济天下，穷则兼善万世。"胡宏的主张是：你虽然因为困穷而没有做官，但不要以为自己就做不了重要的事情，你可以研究学问与培养人才，这是兼善万世的永恒事业。我认为胡宏的设想在王船山这里得到实现。船山没有显达的地位，但是他一直有一种"舍我其谁"的精神去"兼善万世"。船山的思想不断启发一代代的学人、政治家、思想家等各界精英，为后世提供强大的思想引领和精神动力。

船山思想非常丰富，涉及面非常广，真是一位百科全书式的学者。我今天想从一个很小的角度来讲述船山是如何继承和发展中国的传统思想的。这个角度就是"孔颜乐处"。"孔颜乐处"本出于《论语》，讲的是孔子及颜回不汲汲于功名利禄而超越现实困顿的一种精神境界。孔子一生造次颠沛，依旧乐在其中："饭疏食饮水，曲肱而枕之，乐亦在其中矣。"（《论语·述而》）。颜子身居陋巷贫困潦倒，不改其乐如故："人不堪其忧，回也不改其乐。"（《论语·雍也》）孔子一生是以"天下有道"为志向，努力要建立一种以仁、礼来维护的和谐社会体系，虽然一直没有成功，但他还是保持一种非常乐观的人生态度，甚至还乐以忘忧。孔子一生大部分的时间都是"凄凄惶惶"，甚至还曾调侃自己是"丧家之犬"。颜回是孔子最喜爱的弟子，他一辈子贫穷潦倒，然而虽然生活困苦、命运不济，但他没有改变自己乐观的人生态度。《论语》里面讲的"孔颜之乐"，可能只是告诉我们如何在逆境中保持一个乐观的心态。

今天在会讲之前，我们几位主讲人还和一些师生前往岳麓书院船山祠祭拜王船山。在船山祠所在的专祠区域，还有一个非常重要的道学家（理学家）周敦颐的专祠——濂溪祠。这个祠堂在专祠体系中排第一，因为周敦颐是道学的开山宗主。整个正统的道学脉络是从周敦颐一路传过来的，他有两个著名学生程颢和程颐，四传弟子是朱熹、张栻等。大家可能会很好奇：周濂溪传给"二程"的究竟是什么东西？我们知道"二程"有天理论、心性学说、格物致知论，是一套非常系统的理学体系，后来船山也是在这套理论的基础上不断地反思和发展。从史料记载来看，周濂溪并没有跟"二程"讲过多少高深抽象的哲学理论或者思想，其实他告诉"二程"的仅仅就是要去"寻孔颜乐处"。

周敦颐教"二程"去"寻颜子、仲尼乐处，所乐何事？"（程颢、程颐《二程集》上）。他跟"二程"说：你们去看一看和想一想，《论语》里面记载的孔子、颜回他们为什么会那么快乐？他们到底是乐什么？"二程"逐渐领悟到"孔颜乐处"指的是自己可以在精神上与天理合一，从而获得性命通透的身心之乐，后世之学者于此少有异议。或许周敦颐在向"二程"发问之时，心中便已有了答案，但其于孔颜"所乐何事"却始终止于引而不发，"二程"起而接续之，道出孔颜"所乐何事"。

不仅仅是"二程"，北宋其他很多大儒也在思考孔颜之乐、所乐何事这个问题。比如大儒张载。张载年轻的时候喜欢读兵书，喜欢研究军事兵法，常以军功自任，老想去打仗。据说，范仲淹一看到他就知道此人不凡，便指导他去读《中庸》，并说："儒者自有名教可乐，何事于兵！"（《宋史》）这里面提到的"名教可乐"，同样强调一个"乐"字。"孔颜乐处"是一个非常重要的话题，虽然初看起来只是要我们有一个乐观的人生态度，要求我们碰到困难的时候要乐观，可是我们为什么应该乐观？我们如何做到乐观？周濂溪后来为建立这种乐观精神的理论支柱，创作了《太极图说》《通书》等著作，试图贯通《周易》和《中庸》，将人道和天道结合起来。后来"二程"在此基础上创立了"天理论"等系列哲学体系，就是想给"乐"提供重要依据。有人说中国文化是一种"以乐为本"的文化,其实这种"乐"背后有一套哲学思想,或者说有一套信仰体系在支撑。这里就有一个有趣的学术现象:理学开山祖师周濂溪要"二程"寻找"孔颜乐处",范仲淹要张载寻找"名教可乐",后来的朱熹、陆九渊等大儒都考虑过同样的问题,使得"寻孔颜乐处"成为宋儒热议与思考的话题之一。

船山继承和发展了宋儒"寻孔颜乐处"思想。船山认为宋儒讨论的"孔颜乐处"是个非常重要的话题,所以他在"二程"、朱熹、陆九渊等人的基础上继续深入探讨。他认为光讲"孔颜乐处"还不够,还需要加上"孟子之乐"。孟子曾多次提到"乐",不仅有较为具体的"君子三乐":"父母俱存,兄弟无故,一乐也;仰不愧于天,俯不怍于人,二乐也;得天下英才而教育之,三乐也。"(《孟子·尽心上》)同时,孟子还提出"与民同乐",特别是倡导"反身而诚,乐莫大焉"等打通天人的形而上之乐。但以程朱、陆九渊为代表的宋儒,大多并不特别看重"孟子之乐",而认为"孔颜乐处"才是最重要的。朱熹认为,"孟子之乐"的最高形式,仅仅停留在"仰不愧天,俯不怍人"(《朱子全书》)。船山不认同朱子等宋儒的看法,他说"《语录》则以不愧不怍言乐,似欲以此传孟子本色,且须说教近一格,与孔、颜不同"(《船山全书》),并强调:"孟子于'万物皆备于我'之下,说个'反身而诚,乐莫大焉',是何等境界!"其后,船山发出了先儒为何教学者"寻仲尼、颜子乐处,而不及孟子之乐"(《船山全书》)的疑问,并主张只有及"孟子之乐",才能从根本上解决问题。

船山先生还有个非常重要的思想,他说要成为圣贤,光有"圣贤气象"是不够的，还要有"豪杰精神"。两宋时期儒者都追求"内圣"境界，强调的是正心诚意这样一些道德的修炼，但是缺乏"豪杰"的气质和经世能力。这样是不能真正治理好国家，带兵打胜仗，或者完成好非常重要的任务的。后世有学者评价陆王心学儒者是"平时袖手谈心性，临危一死报君王"，也就是没有能力治理好国家，也不能达到圣贤的高度。船山反省明代灭亡的教训，认为士大夫必须具备一种智勇双全、创造功业的"豪杰精神"。他有句非常有名的话："有豪杰而不圣贤者矣，未有圣贤而不豪杰者也。"（王夫之《俟解》）这种思想对后世产生了重大影响。

船山特别强调"孟子之乐"的重要性，也是从这种"圣贤—豪杰"的思想出发。他认为"孔颜乐处"有点像汉文帝注重"躬修玄默"，即直视内在的心性修炼。汉代的"文景之治"强调的是无为而治，汉文帝有一种清静无为的施政风格。船山认为"孟子之乐"是什么呢？他说了一个比喻，说孟子像唐太宗一样，天下之事无所不为，具有一种开拓性的"豪杰精神"。船山希望继承的"孟子之乐"，实质上就是在"孔颜之乐"的基础上加入这种"豪杰精神"，这就极大丰富了"孔颜乐处"之"乐"的内涵。船山强调孔、颜、孟之乐是一个整体，故而此"乐"应该包括个体生命的内圣境界与家国天下的豪杰事业两个方面，是一种动静皆备、体用贯通的实践活动过程。这种人格理想对后世的魏源、曾国藩、左宗棠、谭嗣同、毛泽东等许多人产生了重要影响。

船山继承和发展了宋儒"孔颜乐处"的思想，加入了"孟子之乐"，是告诉我们要把这两者结合起来。做人或者进一步做圣贤，不仅需要修炼心性，还要具有豪杰的气质和能力，这样才能更好地治国、平天下。后来湖南出现了那么多的治国平天下的豪杰之士，而且这些豪杰之士又有非常高的德性，我认为这都是来自船山先生的思想。我先讲到这里，谢谢大家。

主持人：谢谢朱老师。朱老师从"孔颜之乐"以及"圣贤—豪杰"理想人格的角度来讲王船山对于中国古代思想的继承与发展。这是我们平常较少注意的角度。朱老师的这种研究可以提醒我们在做中国思想文化研究时，不能完全按照西方哲学那种注重抽象思辨的路数来讲，而是要首先结合古代中国的实际情况，古人讲究的是学以成人，是以成就理想人格作为核心目标。从"圣贤—豪杰"这个角度入手，来讲船山思想的继承和发展，不仅是一个新颖的角度，而且更内在于中国思想，更符合中国哲学固有的问题意识。要成为圣贤是否同时需要具有"豪杰精神"，而不仅仅是心性修养工夫？要说清楚这个问题，就需要对儒家的"内圣外王"之道加以仔细研究，也需要从儒学的基本原则、基本方法等角度来加以探讨和证明。下面我们继续追寻船山的思想，有请岳麓书院研究船山哲学的著名专家章启辉教授主讲。

王船山对中国哲学的传承与发展

章启辉教授：根据今天会讲的主题，我选择从哲学的角度来谈船山思想的传承与发展。选择这样的角度有学术依据，或者说有研究依据。毫无疑问，船山在中国思想文化史上的贡献是多方面的，刚才朱老师讲他是一位百科全书式的学者。也有一些学者早就提出：相对而言，明末清初三大儒顾炎武、黄宗羲和王夫之的主要学术成就，顾炎武在经学，黄宗羲在史学，王夫之在哲学。正因为王夫之在哲学层面上取得了重大的学术成就，所以他在中国哲学史以及思想文化史上具有重要的地位，而且也成为他对后来的影响之所以如此巨大的最深刻的学理依据，也就是说他在哲学上富有创建意义。

我们首先来探讨王夫之在哲学上达到如此高度的原因。有种观点认为，评判历史人物的成就，与一个人的理想成正比：理想越高、越远大，所取得的成就越大。我们从王夫之的一副非常有名的对联中可以看出他的理想。这副对联是："六经责我开生面，七尺从天乞活埋。"我个人认为，这是反映王夫之的理想或者精神的最经典的自我陈述，也是他一生的写照。我们不管什么时候去读这副对联，都会非常感动。我从中可以读出来的感觉有如下几点：第一是传道，所谓的"六经责我"，毫无疑问他要读"六经"，要传道；第二是开新，他绝对不会只停留在传道的基础上，还要延续和发展道统，也就是"开生面"；第三是事业，后半句实质上就是把他的一生奉献给"六经责我开生面"的事业，所以才会"七尺从天乞活埋"。这让我体会到的是一种学术的担当，一种中国思想文化的担当，同时还感到了一种悲壮。总体来说，我体会到一个人的精神高贵。王夫之的这种理想，对他一生的学术成就都有极其重要的影响。

讲到这里，我很想强调一点，当我们去理解王夫之的哲学思想创建时，一定要知道这些思想的背后有很深的历史背景。明末清初是个历史转变的时期，这种历史转变会激发人的创造激情。具体来说，当时对思想家们至少提出了三点思想要求：一是大家最熟悉最基本的，就是明清嬗代。明朝为什么会灭亡？这是当时所有的文人士大夫、思想家，包括最后回归到书斋重新研究历史文化的人，都需要回答的重要问题。这是思考的最基本的出发点，以探讨明清嬗代这个重大的历史课题。二是未来之路如何走。明末清初在经济、政治、文化等各方面都发生了系列变化，比如商品经济的发展对传统小农经济的巨大冲击，当时的思想家一定要思考这个时代以后会怎么走。三是对西方文化的态度。从明中叶开始就有西方文化在中国的传播，随着一批批传教士的进入，已经开始了西学东渐的过程。当时的思想家也会思考西方文化的传播，以及中西文化的结合和冲突而引起的种种问题。虽然这个时候很多人可能对此不是很自觉，但是有些人已经开始思考。这三点对当时的思想家们是巨大的挑战，因为这些都是此前所没有过的历史条件，但同时也会激发他们的思想创造性。这也就是王夫之之所以能够有一系列哲学创造的历史背景。

下面我们来介绍王夫之在哲学层面上对于中国古代哲学的传承和发展。总体来说，他试图走出传统，并主要有以下四个方面的哲学创建：本体论、人性论、认识论和历史观。

首先是本体论创建。在中国哲学史上，主要有以下几种本体论：天本论、气本论、理本论、心本论、性本论等。王夫之提出的本体论是实有论，以实有为宇宙万物的本源，即整个宇宙的本体。这种实有论是基于对儒家"诚说"的重新理解和诠释而创立起来的。从先秦开始到宋明理学，关于"诚"的理解都把它解释为真实无妄，主要体现的是一种道德的精神，或者宇宙的道德起源和原则，这是作为传统文化及传统哲学的内涵。王夫之从中吸取了"诚"的真实性和无妄性，并与中国传统哲学的有无之辨相结合，然后从中选择崇有论，即推崇以"有"为宇宙的本质，更进一步把真实和有本论结合起来，创造性地发明了实有论。这种实有的本体论是对传统哲学的继承，毫无疑问也是一种传道。但是，他有了新的发展。历史上的有无之辨主要是以"无"为宇宙本体。魏晋玄学的崇有论非常简单。以实有为宇宙本体是中国哲学史上一种全新的本体论，在此前历史上从来没有人提出过，是王夫之的传道和创新。从中可见，王夫之继承了先秦以来到宋明理学的所有思想成果，然后形成了他自己的创建和开新。这是对古代哲学本体论的传承和发展。

第二是人性论创建。王夫之的人性论极富个人特点。他积极回应了人性自然的时代需求，把握了人性论发展的时代脉搏和历史趋势，反映出他作为思想家的敏锐性。这并不是所有人都能够体会到的。王夫之对自然人性论的论证，毫无疑问比当时及后来的思想家们（如戴震的自然人性论）都要超前，绝对是前无古人，后无来者，是一种非常系统的自然人性论。我把他的自然人性论概括为五个方面：首先是即气说性。即继承气一元论，认为人性是由"气"构成的；其次是即自然说性。这是由气的客观性、实在性衍生出自然性，也就是说人性从本原之气开始就已经奠定了自然性，这就是所谓的"天命之谓性"；三是即形色说性，以往讲性都是讲内在本质，但是王夫之认为人的外在形色也是人性；四是即人欲说性，把人欲看作是正当合理的人性，并且认为人欲与礼是分不开的，是礼的基础；五是即日新说性，讲人性日生日成，日新日日新，是天天在发展变化的。这五个方面都体

291

现了人性的自然性，他的自然人性论是一个完整的理论体系。

第三是认识论创建。古代称认识论为知行观，王夫之的知行观也具有显著的个人特点，即重行，而且认为"行"比"知"更为重要。他不否定"知"的重要性，但如果在"知"和"行"之间对比的话，他认为"行"更加重要。这点也是回应时代对重行和务实的需求，因为当时的思想家们反省历史，尤其反省明亡教训时有个思想共识，他们认为明末时理学走向空谈，而空谈导致了明亡，或者说这是明亡的理由及原因之一。王夫之的知行观，为当时的重行、务实提供了认识论上的依据。为什么"行"更为重要？他从四个方面做了论证：一是"知行相资"，"行之为贵"，只有见之于行，知才是有价值的；二是《中庸》中讲为学需要做到学、问、思、辨、行，曾经有学者因为行被摆在最后而认为行不重要，但是王夫之恰好相反，认为"若论五者第一不容缓，则莫如行"，最重要的莫过于行，最终来讲只有落实到行，前面的学、问、思、辨才具有意义；三是将知行与人性论相结合，他认为人之所以为人，不但在于知，更在于行，把行作为人与禽兽相区别的重要标准；四是至善在行，至善最后一定要见之于行，见之于事业，不能空谈，这也就是刚才朱老师讲的"豪杰精神"所强调的经世致用。

第四是历史观创建。王夫之的历史观主要是解决历史上的"天不变，道亦不变"问题。他反对这种观点，也否定历史循环论。他通过系统论证道和气、理和势等关系，讨论了历史变迁的必然性，也就是历史进化、社会进步的必然性。王夫之对此的最基本的观点有两个：一是认为"气变，则道变"；二是强调势变，则理变，从道气论、理势观方面为历史往前走提供了哲学依据。

综上所述，船山哲学从本体论、人性论、认识论及历史观等四大方面推进了中国哲学原则的传承与发展，最后形成了务实、主动、重行、思变、求新五个特点。这是他全部学术思想的哲学基础。王夫之思想之所以能够站在中国古代思想文化史的巅峰，最重要的原因就是他的哲学创建，或者说在哲学的根本原则上创新，站到了历史的巅峰。我今天先讲到这里，谢谢大家。

主持人：谢谢章老师。通过章老师对于船山哲学四个方面的简要分析，我们可以看到船山思想最终形成了务实、主动等特点，而这些特点正好跟朱老师刚才所讲的那种有豪杰行为、豪杰气概、豪杰行动、豪杰功绩的圣贤人格理想统一起来。通过章老师的分析，我们也可以见到，所有哲学层面的探讨其实最终都要归结到我们如何做人、做事，以及如何改造世界。我听了很受启发，非常感谢章老师的演讲。下面有请岳麓书院另一位船山研究专家，青年学者陈力祥教授来主讲。有请陈教授。

王船山对孔子"因材施教"的
教育方法之赓续与重构

陈力祥教授：好的，非常感谢主持人。当下学术界对船山思想的关注，不像对朱子、阳明思想的关注那么明显，个中缘由在于政治经济以及文化等多重原因。船山本人就曾经预言：他说他死后 200 年，其学术方显。这是为什么呢？因为他是一位勇猛的反清复明斗士，前期他主张并实践用武力救国，在武力救国失败，不可逆转的情形之下，船山进而转向以文救国。当然，船山先生的预言最终实现了，200 年后其学术方显，这要归因于曾国藩先生。曾国藩为人心胸开阔，不但自己弘扬、传承、发展、壮大湖湘文化，同时他还致力于把湖湘先贤的思想进一步推广，促进船山先生思想得以广泛地传播和发展。曾国藩作为湖南人，他对湖湘学人是鼎立相推的，特别是他对船山之学术赞赏有加，并出钱出力，亲力亲为地刊刻了《船山遗书》，使船山思想开始萌苗，并在后来大放异彩，曾国藩功不可没，亦彰显了曾国藩人格魅力之高大。在湖湘文化历史上，北宋以周敦颐、胡宏、张栻等为代表，明末清初则以王夫之等为代表，清朝可以说是以曾国藩为代表，后面毛泽东等老一辈无产阶级革命家接续之，湖湘文化一脉相承是其重要特色。

做哲学研究时，在方法论上要进行综合性继承与创新性发展。我们的研究，是站在巨人的肩膀上，继续往前推进。冯友兰说中国哲学史的研究之方法：一是照着讲，一是接着讲，我认为船山先生更多的是接着讲。中国哲学最大的特点在人学，中国文化和西方文化之间的差异主要也表现在人学。西方从一开始就非常关注自然界的问题，比如说看到一棵树，就问树是哪来的，为什么长成这样？看到苹果落地，就想苹果为什么往下落，不往上面走？所以说西方的科技文化比较发达。而在中国古代社会，从孔子或者说孔孟之前，思想家们就一直关注着人的问题，关注人如何成贤成圣的问题。《论语》中有个例子，当时孔子在讲课的时候，马厩着火了，他的学生慌慌张张地跑过来说："老师不得了了！"，孔子说："慌什么？"，学生说："马厩着火了。"之后孔子询问伤着人没有，而不问马。可见，中国古代的人本主义文化发达，西方科技文化发达。所以中国古代社会一直强调人的问题，我觉得这是我们中国文化跟西方文化最大的差异，主要表现在中国重人，而西方重视科技文化的发展。谈及中国古代社会重视人的问题，那么就包含了诸多关于人的问题：比如说，关于人之本质的问题、人之修养工夫的问题以及关于人的道德教化的问题，人的道德境界问题等等，这些均是人学所要探讨的问题。今天我着重讲讲船山关于人的教育这个话题，主要谈及船山对中国古代教育，尤其是孔子的"因材施教"思想之传承与创造性发展。

孔子被誉为"万世师表"，从时间上来说，他的教育思想影响着一代又一代人；从地域上来说，他的教育思想不仅仅影响了中国，还影响了世界其他国家及地区，诸如马来西亚、美国的加州、中国台湾、中国香港，这些地方的教师节定为孔子的生日：每年的阳历 9 月 28 日。可见，孔子的教育思想无论是从时间上，还是从空间上来说，均给全世界带来了深刻的影响。

我今天所要谈的主要是船山对孔子"因材施教"的思想的赓续与发展。

王船山是我国著名的思想家，他身处明末清初这个特殊的历史时代，其社会环境与历史潮流给船山的教育思想提供了沃土与原动力。船山教育思想是他在教学实践过程中，通过观察、体验、总结，最终对教育的本质和发展规律作出的深刻探究。船山的教育思想不仅内容丰富，而且识高意新。

船山的教育哲学思想是中国教育史上的一颗璀璨的明星。

良好的教育主要涵盖着施教者、受教者以及施教与受教的主客互动与辩证统一。早在300多年前，船山的教育哲学思想就从这三个方面探索了教育的发展规律，从而形成了完全意义上的船山教育哲学思想体系。他在教育层面的杰出贡献，最为突出的成就就是对孔子"因材施教"层面的赓续与发展。

针对"因材施教"的教育方法论，船山的出发点首先不是受教的学生，而是从教师层面进行检讨，这是船山"因材施教"的逻辑起点。因为只有教师有这种水准，然后才能进一步有"因材施教"的可能性与现实性。

其一，在"因材施教"层面，首先凸显教育者素养，这是船山教育方法论的独特之处。他认为"唯己学已明"方有"后觉效先觉之所为"。良好的教育，施教者的责任巨大，而施教者的责任担当意识源自其自身的素质以及在自身素质外化下的教育方法。教师的责任在于传道、授业、解惑，教师责任的履行在于施教者本身的素质，因为"学也者，后觉效先觉之所为"。（《船山全书》第六册）这里暗含的道理是：一般来说，先觉者的自身素质应该高于后觉者，这样，施教才能成为可能。为此，船山对施教者的素质提出了硬性要求，他说："唯己学已明，则审知学者所至之浅深，听其所问之语而因量以善诱之也。"（《船山全书》第四册）作为一名老师，首要的是自己要对自己的传授领域有清晰的了解，才能教育他人，才能在教学当中游刃有余。因此船山说："道之不明也，而欲与天下明之，此贤者之责也。……故教者修焉，而使学者学焉，然非徒以其文具也。夫欲使人能悉知之，能决信之，能率行之，必昭昭然知其当然，知其所以然，由来不昧，而条理不迷。贤者于此，必先穷理格物以致其知，本末精粗，晓然具著于心目，然后垂之为教，随人之深浅而使之率喻于道。所以遵其教，听其言，皆去所疑，而可以之见之于行。……欲明人者先自明，博学详说之功，其可不自勉乎！"（《船山全书》第八册）这里包含有几层含义：教书育人是贤人所应尽的义务与职责；贤者的责任担当意识的实现源自其本人的素质；贤者素质的提高途径是"穷理格物以致其知"；这一切都倚赖于贤者的素质，贤者素质的提高又在于贤者能慎其独也，唯此，"唯己学已明"方有"后觉效先觉之所为"之施教行为的产生。施教之先，教师首要的任务是自己要明朗"教为国本"的思想，就教育对人的价值而言，由教而雅，教育是根本；从教育所发生的程序来说，船山认为先有政治的优先性，方有教育行为的发生。船山说："盖王者之治天下，不外乎政教之二端，语其本末，则教本也，政末也，语其先后，则政立而后教可施焉。"（《船山全书》第四册）教育诚然是根本，但政治清明是其先决条件，在此层面上，政为本，教为末。但政治清明之后，教本政末，政教的统一是一体两面意义上的东西。"故立教之本，有端可识。"（《船山全书》第六册）明白了这个道理之后，船山进一步对教师的教育方法进行了详尽的阐释。

其次，形式多样、灵活多变的教授原则与教育方法论。在教育方法论层面，船山对孔子有教无类的教育方法论进行了创新性发展。在中国教育史上，孔子乃是私学教育的开创者，他对教育的主要贡献在于"因材施教"。这种思想解决了几千年来如何针对教育对象施教的基本问题。船山对孔子"因材施教"的问题，不仅仅关注教师的道德素养，还更多地关注受教群体。在船山看来，施教者教育方法的良莠直接影响到教学质量的高低，所以船山特别注重教育方法的多样性、灵活性、有序性。船山在教育方法方面提出了许多独到的见解，发人深思。在探索教育方法论之时，船山首先对教育对象进行了考察。他说："民不一，而或可以教，或不可以教，初无一定之制，使之各正其习。"（《船山全书》第七册）为此，船山认为有必要实行"因材施教"，其原因是"民不一"，受教的个体由于其志向、愿望、个性、知识基础、遗传因素、所处外界环境等存在着个体差异，进而造成施教困难，"材质不齐而教不易施之理"（《船山全书》第四册），此之谓也。正因为如此，船山对教师提出了因材施教的要求。他说："师必因材而授，不可则止。"（《船山全书》第四册）说明因材施教是教师成为教师的条件。在此基础上，船山创造性地提出了因材施教的教育原则与方法。主要表现在以下四个方面：

其一是深入了解的原则。也就是教师对受教育者的志向、欲望、个性诸因素进行详细的了解，这样因材施教才会可能。船山说："教思之无穷也，必知其人德性之长而利导之，尤必知其气质之偏而变化之。"（《船山全书》第七册）

其二是"因机设教"的原则。此项原则含有两方面的内容，一是教之"时"，"故教之有业，退之有居，必循其序而勉之不息，所谓'时'也"（《船山全书》第四册）。一是教之"序"，"知道之序而尽人之材，则因机设教而人无不可喻者矣"（《船山全书》第四册）。施教者掌握了施教的"时"与"序"，即掌握施教的火候，把握受教育者受教的时机，才会有事半功倍的效果。

其三是"因材而授"的原则。船山认为，既然受教者存在着"材质之差"，就有必要针对不同的受教者采取不同的教育方法，"因材而授"，而不是一刀切。

其四是"教无弃人"的原则。对于受教育之人，虽然其有"材质之差"，但并非孔子所说的"下愚不移"，_{（何晏注、邢昺疏《论语注疏》）}只不过是针对不同的对象实施具体的教育，而不是将他们弃置不管，剥夺其受教育的机会与权利，船山认为应该遵循"圣贤施教，各因其材，小以成小，大以成大，无弃人也"_{（《船山全书》第八册）}的原则，"虽质有不驯，可因材以施教也"_{（《船山全书》第七册）}。

在具体的方法上，船山又提出以下几个基本的因材施教的方法：

第一是"因人而进之"。人有其"材质之差"，船山认为应该采取"因人而进之"的方法，而不是用一刀切的办法，"君子之教，因人而进之，有其不齐之训焉"_{（《船山全书》第七册）}。唯此，才能针对不同的对象进行具体的教育，使他们在原有的水平上不断提高，取得进步。

第二是"因材而调养之"。"盖圣人之教，初无差等，必无同异，能者从之耳。而以人治人之理，深知其得失之所由，以因材而调养之，则在用功之际有张弛焉。斯以为教思之无穷耳。"_{（《船山全书》第七册）}即是说，在过了初期的教育之后，对自己的施受对象有了足够的了解，然后"因材而调养之"。

第三是教育应该"随其高下而告语之"。人的智力有高下，闻道有先后，术业有专攻，因而教学之操作方法是"随其高下告语之"，船山说："言教人者，当随其高下而告语之，则其言易入，而无躐等之弊也。"_{（《船山全书》第七册）}

施教者除应掌握因材施教的原则与方法之外，船山认为施教者在教育过程中还应掌握以下几种教育方法。其一，施教者在教育过程中，应该把握"强揠"与"乐学"之间的辩证关系。俗话说，兴趣是最好的老师，如果学生对所学的学科门类不感兴趣，而施教者将自己的意志强行加给学生，那么只能是物极必反，最终的结果是使学生痛苦而一无所成，这是船山一直反对的教学方法。他说："教者强揠而学者苦难，又胡能使之乐学哉？"（《船山全书》第四册）"有自修之心则来学而因以教之，若未有自修之志而强往教之，则虽教亡益。"（《船山全书》第四册）船山主张教师使学生"乐学"，而不是"强揠"。

其二，如果学生对所学的领域易晓，一般教师的特点是将学生容易掌握的知识跳跃过去，即舍易。船山并不以为然，他认为教育学生应该是一种循序渐进的过程，主张教师不管难易，夯实基础是关键，船山曾说："教之必有正业，不因其易晓而躐等以授学者。"（《船山全书》第四册）

其三，在教学过程中，船山认为教师应该教育学生基本的扎实的功底，而不是教育学生投机取巧，"而其教人也，示之以规矩而已，未尝示之以巧也"（《船山全书》第八册）。因此，"示之以规矩"是教师教学过程中需要把握的另一类方法。

最后，针对学生在学习中所遇到的疑难问题，一般教师主张直截了当地将答案告诉学生，船山主张相反，他说："弗亟语之，必使自得，则存诸心而不忘矣。"（《船山全书》第四册）陆游说："纸上所得终觉浅，绝知此事要躬行。"如果学生遇到困难，就直截了当地将答案告诉学生，学的知识在学生脑海中留下的印象非常浅，于是船山作出结论说："学积则自通，遽于问答，将强知其所未及者而忽于近矣。"（《船山全书》第四册）故此，"弗亟语之，必使自得"是教师教书育人过程中又一类方法，唯此，学生才能将教师传授的知识化为己有，真正学到知识。

总之，船山主张教学方法的特点是灵活多样、针对性强，"夫教之为术也，或顺而成之，或逆而矫之，或诱之以易从，而生其慕道之切；或困之以难得，而起其奋发之深：盖亦多术矣"（《船山全书》第八册）。船山的教育方法，它凸显的是一种人本主义精神，所追求的是学生的个性自由与发展，其教学方法是为充分展示学生的潜能而设定的。船山因材施教的教育思想，是对孔子"因材施教"思想的赓续与发展。因材施教不仅仅针对的是受教者或者说是学生，在因材施教层面，船山首先关注的是教师的素养，然后才是对学生的因材施教，并由因材施教而衍生出更多的教育方法。这是船山因材施教的独到之处。船山因材施教的教育哲学思想，给后人留下了宝贵的教育资源以及教育财富。

主持人：谢谢力祥教授。大家有没有发现，今天几位老师所讲的内容虽然没有特意安排，但是我们可以发现他们有一种共同的理路。首先是我们究竟要成为什么人，这是谈人格理想。提出这个之后，然后进行哲学论证。儒家所谓的成人，一定是要做到内圣外王。内圣主要是讲如何修养，外王主要是如何进行社会治理和国家建设。朱汉民和章启辉两位教授主要讲理想和哲学上的探讨，这属于内圣方面。刚才陈力祥教授讲到外王之学，怎么来进行教化，怎么通过礼乐来达到社会的和谐。当然，社会治理不能只靠正面积极的奖励和推动，还需要有一些规训和措施，甚至要有一些刑罚来约束。下面杨柳岸教授要讲的主题就是关于刑罚方面的内容。这个部分很重要，因为很多人认为儒家只讲德和礼，不重视法，其实这个说法是不确切的。下面有请岳麓书院年轻一代的船山研究专家杨柳岸老师来讲述船山的刑罚思想。

择祸莫如轻——船山论刑罚

杨柳岸老师：感谢主持人。各位前辈、同道、先进，大家下午好！我才疏学浅，今天和大家分享一个比较小的问题：择祸莫如轻——船山论刑罚。

总的来说，王船山的刑罚观是反对严酷，主张清宽。这大概是他经历国破家亡、山河变色之后，反思明亡教训所得。这也是由刚才章老师讲的明清嬗代的历史背景决定的。其实有明一代自太祖以来，就以刑罚严酷著称，这是一种自上而下的风气，这种风气对人心人情的伤害可能很难避免。

王船山在名著《尚书引义》这部书里，谈到了对刑罚的一些看法，主要有三个方面：一是反对肉刑，还特别批评了宫刑；二是觉得应该开设赎刑，就是可以通过交罚金赎买的方式，免于肉体上的或是人身自由禁锢等方面的刑罚；三是反对以刑为教，就是不要把刑罚当作一种教育的工具，也就是不承认刑罚的教育意义。这三个方面都是从对同一则材料的分析当中延伸出来的，这则材料是《尚书·舜典》中的一句话："象以典刑，流宥五刑，鞭作官刑，扑作教刑，金作赎刑。"我稍微解释下这句话："象以典刑"是说把这些刑罚给勾勒出来，画个像让大家看，犯什么罪会要享受什么"待遇"；"流宥五刑"是说，五种肉刑——都是很残酷的刑罚——

如果犯罪情节可以宽恕，就可以改用流放的方式进行处罚；"鞭作官刑"，官员有什么问题或者是触犯法律，就抽鞭子；"扑作教刑"，学生有什么错误，就拿棍子打；"金作赎刑"，就是罚钱。

我们接下来看这三点：第一点就是对肉刑的批评。什么是肉刑？肉刑有广义和狭义之分，广义的肉刑是指一切施展在肉体上的刑罚，比如说现在新加坡的鞭刑就是广义的肉刑；狭义的肉刑是指对身体实施不可恢复的制裁，留下印记以彰显其罪人身份的刑罚手段。船山在《尚书引义》中讨论的肉刑，主要是指狭义的肉刑概念。比如，墨、劓、剕、宫等肉刑，就是在脸上刺字、把鼻子割掉、把腿砍掉、把男性器官部分切除掉，这些都是肉刑。另外加上砍头，构成了刚才说到的《尚书·舜典》中的"五刑"。"五刑"在什么时候就废除掉了？根据《史记·扁鹊仓公列传》中的记载，肉刑是被汉文帝废除的，这也就是大家都清楚的"缇萦救父"的故事。但是历史上主张提议恢复肉刑的人也很多，甚至有些学者认为朱子也是主张恢复肉刑的，下面我们将会提及。

这样残酷的手段，为什么会出现在《舜典》这样的作品中呢？难道圣王那么残忍吗？这对把教化当作主要治民手段的儒者来说，是难以接受的。

船山认为这还是跟时代有关。一个时代有一个时代的风俗，上古三代有其客观背景：一来是老百姓比较质朴，可以采用各种方式去对待，也不会有太大的反弹；二来那个时候的官员、君主都比较正派，这样也不会说因为施展这些残酷的手段，就会让政治变得非常恐怖与昏暗。船山一方面维护上古之治，另一方面他也指出肉刑是"残性命，折肢体，剧痛楚者"（《尚书引义》卷一）。船山觉得这种东西还是不应该有。他引用程颐的话"有关雎麟趾之精，而后周官之法度可行"（《读四书大全说》卷一）。意思是，某种刑法的使用，要综合考虑一个时代的整体情况，尤其是人心民情的现实。比如三代以下，也就是秦汉以来，没有圣明的君主，也没有好的官员，还想要恢复肉刑，这就很成问题。

船山还重点批评了朱子的观点。朱子在一封信里说："今徒流之法，既不足以止穿窬淫放之奸，而其过于重者则又不当死而死。如强暴脏满之类者。苟采陈群之议，一以宫荆之辟当之，则虽残其支体而实全其躯命，且绝其为乱之本，而使后无以肆焉。"（朱熹《答郑景望》，《晦庵先生朱文公文集》卷三十七，《朱子全书》第二十一册）朱子的意思是，假如某人犯了强奸罪，把那个东西切掉之后，其实他就没有作乱的根本；偷东西的，把腿给砍掉一只，也不太可能继续偷了；等等。这样基本上就可以从根本上清理这个问题，也不用杀人。在王船山看来，这是特别不可取的。他觉得，如果真的想要一劳永逸，不如把这个人杀了。因为，这个人既然是坏人，这种坏事不干，他还可以干别的坏事。

针对朱子的说法，船山还提出了反对肉刑的三个重要理由：一是人性层面。他很重视形质之性。"且夫天之生人，道以成形，而人之有生，形以藏性。二气内乖，则支体外瘵……"（《尚书引义·卷一》）人的躯体与他的道德水平，也就是心性，在船山看来有直接的关系。比如说砍掉一个人的某一部分，人就残缺了，道德水平也就成问题，甚至整个人陷入一种变态的状态。从现代医学的角度来看，也有一些依据，因为身体的摧残难免会造成心理的创伤。船山是用一种朴素的身心观，来说明以恶治恶、以暴制恶是不可取的，并且认为会导致更大的祸害，对于社会风气也是一种破坏。

二是人情之现实层面。他说："与人并齿于天地之间，面已黥矣，趾已兀矣，鼻已毁矣，人道绝而髭已凋、音已雌矣，何恤乎其不冒死以求逞于一朝？"（《尚书引义·卷一》）一个人遭受了这些刑罚之后，跟其他人一起生活，没鼻子，别人一看就知道他是有问题的人；脸上刺了字，别人家的小朋友不识字，到他脸上来认字，这多叫人难以忍受；脚也砍了，胡子也掉了，声音也变尖了，这个人在社会上就没法待了，舆论的影响会让他无法承受。如果他都没办法正常生活，那怎么还会有敬畏？直接做坏事就好了。当人世间的寻常东西不再能让这些人敬畏时，他们能够造成的破坏就难以估量了。朱子还说，实施宫刑以后，这个人就不会做那些强暴之类的事情，但是很多人宁愿自宫然后到宫廷里面去当太监，为的是靠近权力，对这类人来说，宫刑又怎么能够恐吓住他们呢？船山此说，洞达人情之隐微，不可谓不精彩。船山还列举了历史上的阉党之祸以证明人无所忌惮后的破坏力究竟有多么可怕。

三是人伦层面。他说："今夫殄人之宗而绝其世，在国曰灭，在家曰毁。罪不逮此，而绝其生理，老无与养，死无与殡；无罪之鬼，无与除墓草而奠杯浆。伤哉，宫乎！均于大辟矣！"（《尚书引义·卷一》）这里特别讲到宫刑的连带性伤害。一旦施行，这个人就从人伦关系当中脱离出来了——他不会有妻子，也不会有后代。我们知道，在儒者的观念里，一切的道德都是以人伦关系为基础的，丧失了最基本的人伦关系，就会无所谓道德不道德了。实施宫刑，实际上就破坏了一个人拥有道德的基本条件，没了道德，他也就可以无所不为了。这是很大的问题。

船山最后总结说："择祸莫如轻。贤者创，而不肖足以守，乃可垂之百世，而祸不延。"（《尚书引义·卷一》）这句话把船山对于"刑"的根本态度说清楚了，那就是主张"轻"。后世没有尧舜那样的圣王，没有皋陶那样的贤臣，同样是"无治人"，不如选择笞、杖、徒、流之类不易取祸，或者说取祸较轻的"治法"。选择比较轻的刑法，不要去采取那种比较凶残的方法。这就是两害相权取其轻。值得一提的是，船山虽然没有直接说明崇尚"轻刑"，但他关于"祸"之轻重的论说，潜在的用意，就是主张刑罚尚"轻"。

船山还讨论了"罚金之刑"的可能性。我们知道传统的观点，或者主流的观点，认为"五刑"是不可赎的，赎金之制不是上古之制。朱熹的弟子蔡沈的《书集传》（《蔡传》）中就表明了一种观点：如果罪过不论大小都可以以赎金替代的话，那么就会在富人和穷人之间产生实质性的差异，造成不公平，同时也会引导人们趋利，有违治道。王船山反对这种观点，他不认可赎金会影响公平的说法。他认为，赎金之法是为了提供更丰富的惩治罪人的方式。它可能是一种更宽容的方式，但宽容不等于无效。船山很重视受刑者的心理，认为刑罚不光是要惩罚人，还要给予一种心理上的震慑。比如特别爱财的人，遭遇罚金就会非常难受，可能比砍手还要难受。

船山总结说："正仁义于己，而于物无忧也。"（《尚书引义·卷六》）这里其实提到的是制度的有效性问题，任何一种制度都不可能在所有人、所有事上都起到最好的效果，用今天的话说，制度只能保证形式正义与程序正义，不可能完全顾及实质正义。譬如刑罚，法律的制定者与执行者只能"正仁义于己"，不能要求他们对每一个有罪之人都惩罚得刚刚好；如果一定强求惩罚到位的话，就不是讲法治了，而是超出制度约束了，这是不行的。我们只能制定一般性的法律准绳，并且不允许超出规则的执行，这是王船山的态度。当然他还有一些细致辨析，比如说为什么罚金不会导致不公平，或者是引导民风趋利，这里时间不够，我就不多讲了。

我们来看一下，王船山的现实关怀表现在哪些方面？一是对明代比较苛刻的律则予以批判。我们知道肉刑在《大明律》里面是没有的，但是在《大诰》里面有种类繁多的肉刑，而且实际执行效果是"弃市以下万数"，非常残忍，而重刑又几乎必然导致腐败。"若夫笞、杖、徒、流之用赎也，则苟且之弊也，墨吏之缘以济贪，不可不分别禁之也。"其中"苟且之弊"指的是从"末流"上讲，指的是《引义·吕刑》中"刑极于上，则贿流于下"之属。动不动你就要去打人家，要去摧残人家，那么这个时候，实际执行的这些人——一些基层的官员——就拥有了很大的权力，这往往会导致权钱交易。所以，王船山说如果想要规避这个问题，就应该允许缴纳赎金，赎金进到官府里去了，贪污的事情反而得到了很好的抑制。

船山还批评《大明律》里面的"流宥"之刑。在古代典籍中的"流宥"指的是流放。这对于达官显贵来说是有用的，因为这些人有财富，流放之后，被迫远离自己的财富，这是很大的惩罚；但是老百姓本来就是无产者，换个地方自然对他们没影响。后来有些人为惩罚老百姓，于是在流放的基础上又增加一些惩罚措施，比如《水浒传》里看到的"刺配"，在脸上刺字，这其实就是墨刑，是肉刑之一；另外，在去流放之前要先杖责一通，让你带着伤走，这是杖刑；而且流放不是去流放之地生活，而是去那服劳役，这又是劳役之刑。其实"流宥"之刑是将数刑加于一人，这是很危险的，这也是船山所反对的地方，他觉得这其实是在变相杀人。

最后一点就是船山所批评的"扑作教刑"。他认为："司徒之教，未闻挞子以使孝，扑弟以使顺也。"（《尚书引义·卷一》）不论古今中西，都有以刑为教者。船山认为强制力对于人的道德提升是无效的，他从经验层面否认了诸如孝顺之类的道德情感可以通过惩戒手段实现。恰恰相反，他认为刑罚的责备与舆论的压力恰好是将人推向道德深渊的重要原因。因为忠孝之心本来是一种油然而生的道德情感，不可能通过刑罚的方式实现。船山主张不要拿刑罚作为教育的手段，教育应该宽柔。他说："故闺门秽乱，而谨曰帷薄不修。惟其敬也，则亦重爱其名，而不忍以不亲不逊之大憝，加诸与同覆载之人群。"（《尚书引义·卷一》）船山将"敬"作为"达情"的理据，认为正是因为敬，所以以不忍之心对待他人，对他们的小错误予以宽容和掩饰，也就是说，用一些轻描淡写的手段把一些并不严重的过错给遮掩掉。

总的来说，船山刑罚观的主张是"要宽容"，而且不要形成严酷的舆论氛围去针对这些有过过错的人。这是他在身处乱世，总结明亡教训的所得。我的报告到此结束，谢谢大家。

会讲环节

主持人： 谢谢柳岸老师。通过柳岸老师刚才所讲的，我们可以看到，儒家对于刑罚方面的思考总是本于"仁"的思想。船山有一个很有名的观点，他说所有的法律制度包括惩罚制度，主要是为了治病救人，不是为了去泄愤，去杀掉别人。也就是说，所有的法度都必须含有教化之意，是为了养人、教人。

现在我们进入会讲环节。首先我想问的是，船山思想中最值得现代人继承和学习的方面有哪些？分别请四位老师用一分钟的时间回答下这个问题，还可以继续对刚才所讲的内容做个补充。这一轮我们倒过来，先请柳岸讲，然后再请力祥、章老师、朱老师来分别讲述，请四位老师先思考一下。

利用这个空当，我还想再补充几句。刚才四位老师分别讲述船山的思想，都讲得很好，但是由于时间有限也无法展开。当然除了四位老师讲的内容，船山思想还有好多方面值得我们继承与发展，让我们感叹不已。比如说他很早就提出，国家治理的最好最有效方法就是建立虚君制度，可以有君王，但君王没有权力，就是个象征符号，就有点类似于现代日本的天皇制度，或者英国的女王制度一样。国家整体运行靠的是社会层层的结构，不能靠一个人，只有这样才能解决中国历史上存在的王位传递过程中的大麻烦，比如战争内乱。他还说国家要想治理好，就要特别处理好中央权力和地方权力的关系问题，因此他也特别重视地方自治。这些思想都讲得非常好，我们需要去看船山的书才可以注意到这些方面。光靠我们今天的讲座讲的实在很有限，好在每场讲座都能提供一个提示。下面我们请柳岸老师来补充，请问你认为船山思想的哪个方面对现代最有启发意义？

杨柳岸老师：我认为对现代中国人启发最大的地方是船山讲的个体性和差别性，这是他之前的学者很少提到的地方。

船山认为形质本身就非常重要，形质指的是人的外形。其他的理学家通常是从理气之辨来区别原则性和个体性的，但船山认为，气本身包含理，而气在形中，可以用"形"来区别不同个体，当然也可以用来区别类别。形质是实有其气，气是实有其性（理）。因为人的形质有差别，所以人具有个体差异性。人的形质异于草木禽兽，差别也在形上面——人形和物形不同。走兽是四条腿朝下，人类是头朝上，两条腿朝下；植物是头朝下尾巴朝上。船山虽然是根据朱子的说法延伸发挥的，但他的确认为，人与物因此能够有所区别。同样，人跟人也是有差异的，我跟你彼此不同，是有差异的。同时他还认为我们今时和往日又是不同的，明天的我和今天的我也是不一样的。

船山还能够关注到差别性，能够关注到个体性和变化性。他根据道器关系展开论说，认为器总是优先于道，个别性总是优先于整体性和原则性，所以他充分强调个体的尊严，在大小类别中强调小的类别是自由的，表明个体自身的存在是具有意义的。这其实也是主张对人的尊重，对个体的尊重，在教化施政等方面主张从柔，给个人更多的宽松空间，让大家能够自然的发展。我觉得这是对宋明理学的一大反作用，同时也能够开启后世的很多思考。我就说这么多，谢谢。

主持人：谢谢柳岸。你的想法可以概括为传承发展船山思想中对于个体性、差别性、多样性等方面的重视和尊重。现在有请力祥老师发言。

陈力祥教授： 我觉得船山思想中最为关键的地方是他的责任意识。我最欣赏船山所说的"希张横渠之正学而力不能企"。大家都知道张横渠（张载）四句"为天地立心，为生民立命，为往圣继绝学，为万世开太平"，船山自谦说比不上张横渠，实际上所主张的学术情怀为"六经责我开生面"，以文化担当为己任。船山的学术担当精神为青年教师，或者为现在搞学术的人其实指明了一个方向。就是说，做学术应该有责任担当意识，最终目的是改变世界，而不是解释世界。我觉得这个方面非常关键，做学问做得再好，如若不能解决社会现实问题，那也是枉然。故此，学术最终要回归现实、服务社会。我最欣赏船山思想的地方，即是船山忧国忧民的责任担当，这个也是湖湘文化的精髓所在。正因为船山有责任担当，后世学者对船山的评价很高，如谭嗣同就说："万物招苏天地曙，要凭南岳一声雷"（《论六艺绝句》）。现在大家对船山先生思想的了解可能不是那么多，其实清朝也不可能传播他的学术，一直受到压制；船山的思想到晚清通过曾国藩等人的努力，直到后来才慢慢地为人们所知。我一直敬仰船山精神，他的精神值得我们后代学者进一步深思和学习。我就讲这么多。

主持人： 谢谢力祥教授，言简意赅。下面就有请章启辉教授来说一说您的回应和相关看法。

章启辉教授： 刚才我主要讲的是船山的哲学思想，这是我最欣赏的内容。在船山哲学思想里面，最有现代启示意义的有两个特点：第一个是务实，第二个是求新。

船山的务实精神是那个时代的要求，可以体现为三个方面的意义或者价值。第一个是客观。当时的思想家探讨现实的世界和未来的走向，毫无疑问一定要客观。没有客观性，没有客观精神，不可能有王夫之那些高明的思想，所达到的哲学高度也是不可能的。第二个就是尊重客体。人在认识自然界和自身的过程中，很容易犯的错误就是太主观，不太尊重客体。务实的人肯定会尊重客体，这是我们认识的前提和基础。不尊重客体，不可能得出正确的思想和认识。第三个是重行，也就是重实践，不会空谈，一定要求践之于行，践之于事业。无论是认识世界还是改造世界，最终来讲绝对不会只停留在"知"的层面，一定要重视实践，才真正地是有成就的。

船山的求新精神反映的是另外的一面，就是反映了人的主观性和主体性。人在认识和承认客观、尊重客体的同时，还是可以发挥自己的主体精神，也就是主观能动性。没有主体精神，也就不可能有创新。因为创新的东西是高于现实的，是对未来的预测，也是对整个自然人类社会发展规律的认识。

我最尊重、最感佩的就是船山精神中的务实和求新。船山之所以成为中国古代哲学集大成者、宋明理学总结者、17世纪启蒙思想家，以及他的思想成为中国近代启蒙逻辑的起点，这两个精神都起着关键的作用。我就讲这一点。

主持人：谢谢章老师，下面有请朱老师发言。

朱汉民教授：清良教授给我们出了个难题，因为船山思想对于现代的启示有很多点，如果只能选取一点或者几点是很难的，比如船山的理和势历史观、知行关系、情理问题等等都谈到极致。我记得陈寅恪先生讲的一句话，他说"华夏民族之文化，历数千载之演进，造极于赵宋之世"（《邓广铭〈宋史职官志考正〉序》）。也就是宋学所达到的思想高度是华夏文化经过几千年的演变达到的最高高度。这也是我最近在研究宋学时考虑的问题，宋朝是如何造极的，怎么从先秦诸子、两汉经学、魏晋玄学、隋唐佛学然后到宋学，以及如何影响后世的学术发展，我想沿着这个路数来做些研究。沿着今天讨论的主题，如果说华夏文化"造极于赵宋之世"的话，我还想说宋代天人之学术，造极于船山。今天我就讲到这里，谢谢大家。

主持人：谢谢朱老师。朱老师讲话很有艺术，集中讲了一点，但是他之前用否定的方式讲了很多点，确实船山思想有很多方面都对现代具有启示意义。刚才通过四位老师的主讲和补充，让我们形成这样一种初步的感觉，以船山为代表的儒学，或者说湖湘学术的学问形态是既重视内圣，也重视外王的。一方面要有谦谦君子之风，另一方面也要豪杰人格；既重视社会、天下和集体，也注重个体性和差异性；有一种积极主动的追求，有很崇高的理想，但是也一定会尊重现实，尊重客观，而不是一意孤行，等等。儒学就是道兼体用，道为全体，方方面面都会涉及，也就是一个方面都不能少，可以有偏重，但不可以偏废。正因如此，儒学研究虽然难做，但是对现在的中国以及过去几千年的中国社会产生了很大的影响。在湖湘这块大地上，前有张栻，后有船山，再有曾国藩等等，我们要继承和发展的就是这些儒家的真精神。船山说他"希张横渠之正学"，我觉得船山之学也是正学。我们今天纪念他，也包含了"希船山之正学"的意思在内，这是我们所有中国人的共同荣耀。只是今天会讲的时间有限，我们的无限敬仰之情、无限感慨无法充分表示出来。下面进入互动问答环节，大家可以提问题，再请四位老师回答。

互动问答

问题1：请问船山先生和王阳明、朱子的哲学思想的关联在哪里？谢谢。

章启辉教授：船山哲学思想的创建，其实包含对朱子学和阳明心学的继承和发展。首先，船山的本体论是继承以往的学说，其中就有朱子和阳明心学的思想，都有对"诚"的论述，他们的思想是一致的。船山的人性论也是基于朱熹和阳明的人性论，最主要的就是理善则性善，心善则性善，船山在这个基础上进一步讨论了理善、心善，还有气善的问题。还有船山的知行观继承了朱子的知行不可分离思想，也继承了阳明的知行合一思想，只不过他进一步论证了行比知更重要。在历史观理和势的关系、道和器的关系等方面，有对朱子和阳明思想的总结，但是我认为在这点上，船山对朱子和阳明的批评更多一点。我就讲到这里。

问题2：船山思想确实博大精深，而且地位也很高，但是在近几十年里，我们看到阳明学兴盛、朱子学兴盛，船山学为什么没有兴盛起来呢？

朱汉民教授：这个问题我之所以想回答，有两点原因：一是最近也有人问过我同样的问题，最近几年我不断地参加阳明学和朱子学的会议，但参加船山学的会议确实没有那么多；二是我刚才说到的"宋代天人之学，造极于船山"，不管是朱子学还是阳明学，我认为到晚明时期，是船山学在宋学思想理论和哲学上达到了登峰造极的地步。

既然船山学问非常重要，那为什么没有得到很好地继续研究和不断推广？为什么船山学兴盛不起来呢？当然这里面的原因肯定有很多。我认为首先是我们自己应该承担责任，船山学的传承和弘扬需要一代代学者有意识地去做。比方朱子学和阳明学的复兴，都有一批学者不断在进行研究、传承和弘扬。船山学的传承与发展，需要我们中国的学人，湖南的学人，包括岳麓书院的学人，持续做研究和推广工作。今天我身边就有三个船山学的研究专家，我希望更多学者加入进来，大家要一起来推动船山学的发展。另外，要通过各种各样的形式来推动船山学的发展，不仅仅是学界，还希望政界、商界等各界人士都来推动。中国传统的学问如果能和现实结合起来，就能够产生巨大的作用。

另外，我们需要深入挖掘船山学的价值与意义，以便和现代思想文化的建构以及整个现代化建设结合起来。这是我们这一代学人的责任和使命。要做到这点，我觉得可以分成接着说和照着说两方面。首先照着说，然后要接着说，还要有一批人来推动船山学的研究与传播。船山学应该是会更兴盛的，这是我的期望。我就讲到这里，谢谢大家。

主持人：谢谢朱老师。朱老师的期望也是我们共同的期望。船山学兴盛不起来，主要是因为我们自己努力、研究和宣扬的不够，尤其是岳麓书院乃至所有湖湘学者之前做的工作还不够。今天我们的会讲活动，以及今年还会有的其他活动，目的都不仅是纪念，更是一种承担和承诺。相信通过大家的努力，船山思想一定会得到更好的阐发和弘扬。今天的会讲就到这里，谢谢各位老师，也谢谢各位朋友的参与。请大家继续关注和支持岳麓书院讲座，下次再见。

历史·思想·人物：多元视野中的学术史

时间
2021 年 7 月 22 日

地点
湖南大学岳麓书院内中国书院博物馆报告厅

主持
余露（湖南大学岳麓书院副教授、副院长）

主题一
作为方法论的学术史

主题二
学术史的艺术性及其约束力

主题三
学术源流与时代议题

主讲
张仲民　於梅舫　张　凯

张仲民，河南开封市人。复旦大学历史学系教授，兼湖南大学杨度与近代中国中心研究员。研究方向为中国近现代史。出版有专书三种，在境内外期刊上发表有论文、书评多篇。

於梅舫，浙江绍兴人。历史学博士，中山大学历史学系教授，博士生导师。目前的学术兴趣与研究领域主要集中于晚明以来的学术史。专著有《学海堂与汉宋学之浙粤递嬗》、《孙中山史事编年》(第一卷)；代表论文有《从王学护法到汉学开山——毛奇龄学说形象递变与近代学术演进》《汉学名义与惠栋学统——〈汉学师承记〉撰述旨趣再析》《"艺术家"的约束——陈寅恪、张尔田释"万里风波"诗的争议及取法》；合编有《近代中国学术思想》《近代中国学术批评》《国学的历史》《读书法》等书。

张凯，湖北武汉人。中山大学历史学博士，浙江大学历史学院教授，博士生导师。主要研究方向为中国近代学术思想史，晚清民国社会与文化。出版专著《经今古文之争与近代学术嬗变》《虞廷恺年谱长编》等，发表专题论文三十余篇。

主持人：各位嘉宾、各位朋友，大家下午好，非常欢迎大家来听讲座。本次的讲座我们有幸邀请到复旦大学历史系张仲民教授、中山大学历史系於梅舫教授和浙江大学历史系张凯教授会讲。首先说明一点，由于前几天郑州的特殊情况，今天张仲民教授会以线上形式参与会讲。我谨代表主办方对三位老师来岳麓书院讲学表示衷心的感谢！

下面我结合今天会讲的主题说些我的个人感受。等会三位老师讲学时，大家会发现他们都是年轻的"老教授"，都是 70 年代末、80 年代初生人，非常年轻。当我还在读博士生时，就已经看到和学习了他们的著作，那时他们就非常著名。现在我已经毕业多年，他们依然还在"扬名立万"。在很早的时候，张凯和於梅舫两位老师就在桑兵教授的带领下，编著了很多非常有价值的著作。相对于尔虞我诈的政治运动、刀光剑影的军事斗争以及斤斤计较利益的经济史等方面研究来说，学术史方面的讲学可能相对抽象和温和一点，但是学术史的技艺非常之远大。今天会讲的主题是关于学术史的话题，听众听起来可能会有一点隔膜，但这是关于思想深处的一些探讨。

今天的会讲主题前面有三个限定词：历史、思想与人物。大概来说，所有的"历史"都是历史，我们如何去看待"历史"，这是后来人的眼光。会讲主题中所说的"历史"，指的是有关学术的历史，而不是学术的专门史；所说的"思想"，是表明在各种门类的历史当中，学术史也许最具有思想性，也最能给人启迪性；所说的"人物"，说明学术史是学人的历史，是学人的精神世界、日常生活乃至交友的历史。我们相信今天的三位老师将会结合会讲主题带来非常精彩的讲述。

今天的会讲主要分成三个部分：首先是三位教授的主题演讲，然后是会讲，最后是听众互动环节。在正式的讲学之前还有一个赠书环节，浙江大学近代国学研究中心向湖南大学岳麓书院赠送一套书。我们掌声先请浙江大学张凯教授上台简要介绍一下这套书。谢谢大家。

张凯教授：大家好，我简单介绍一下这套书的情况，这是由桑兵老师主编的丛书。从2000年开始的20多年来，桑兵老师极力推进的一个重要研究取向就是"近代中国的知识与制度转型"。这三年内，桑老师陆续将他个人及团队的研究成果汇编成一套"近代中国知识与制度转型"丛书。这套丛书共有8本，希望以内外结合的方式整体推进中国近代史乃至整个中国历史的问题意识、门径与取法等方面的研究。今天趁这次来讲学的机会，由我来代表浙江大学近代国学研究中心将这8本书赠送给岳麓书院。我们希望能够激励岳麓学子以多元的角度去看待历史，然后去效仿、推进与阐发这一研究路径。谢谢大家。

主持人：我还补充说明一点，岳麓书院张晓川老师和我也有参与编辑这套书。下面进行会讲的第一部分，首先我们掌声有请张仲民教授开讲，谢谢。

主题一：作为方法论的学术史

张仲民教授：各位老师、同学们，大家下午好！很遗憾没有能到现场同各位交流，只能通过线上的方式表达一下自己的一点思考。首先，非常感谢岳麓书院的邀请，让我有机会和大家报告自己的研究心得，同时也很荣幸能与两位非常优秀的青年学者同台，陡感压力山大。我今天要汇报的主题是《作为方法论的学术史》。这里说的"学术史"跟传统意义上讲的"辨章学术，考镜源流"那类的学术史研究不太一样，我这里更多的是一种"学术的社会史"，或者是作为反思或讨论对象的学术史。

20 世纪 90 年代，曾经有学者提倡"有思想的学术和有学术的思想"，之后颇多学者进行了类似实践，但研究者关注更多的还是对精英学术、思想的研究，很少去考察这些思想、观念、学术如何被大众认识、接受，如何被落实在实践或知识再生产中，以及它们如何与社会大众发生联系和关系，特别是如何被人们接受或表述，等等。比较可喜的是，近来大家逐渐关注学术背后的"社会"，包括政治、地域、学派、乡谊、人际网络关系等，使当下的学术史、思想史研究变得更接地气，也更加多元化。另外，通常我们在进行专题研究或做学术史回顾的时候，一般只回顾过去具体研究成果的得失，而很少关注有关研究赖以开展的前提，即其所使用资料的情况，或者作者对自己所用理论、预设的检讨和反思等方面的情况。我们太容易想当然地把自己理论的前提建立在某个或某些核心材料或关键概念、判断、预设之上，而不愿意去对这些研究条件或前提进行盘点和反思。这或许正印证了

321

"历史是反理论的"这个判断，让我们更愿意相信自己的直觉和呈现在自己面前的表象。

我自己的研究体会，无论是去做传统的学术史研究，或者是去做专题学术研究综述，首先应该对个人所用资料、个人预设或所借用的概念、理论等的来龙去脉有个交代，借以揭示自己赖以研究的材料或预设或理论等前提是否足够有说服力。

比如之前林毓生教授讲过"'五四'全盘反传统"，李泽厚先生也说过五四运动是"救亡压倒启蒙"（《寻求中国现代性之路》），后来又有人说五四运动应该是救亡和启蒙并行的运动，等等，这些理论有其特殊语境与史料依据，但现在看来，这些结论的真实性或者可靠性都存在诸多可以商榷之处。如果我们直接默认这些结论，接着在其基础上做出一些看起来很炫目或者很烦琐的长篇大论，但其价值一般不会很大，就像我们把大楼建在沙滩上一样，本身研究的基础就是不牢固的。这些结论或者类似的论调都是"大人物"提出来的，我们不对其进行反思而是去贸然采信，就会比较糟糕，只可惜这样的做法在当今的学术界依然大行其道。无论是一些年轻或年龄比较大的学者有时都比较轻率，将自己的研究放在这些重要学者研究结论的基础上，这样的研究可能会有很多的问题。

为什么会这样呢？因为我觉得现在做近代史研究跟过去的研究方法和背景大不一样。这20多年来整体的近代史研究水准提高得很快，有很多有重要影响的学者出现，发表了一些非常精彩的研究，使得我们对近现代史的认知和理解较之过去全面、深刻得多。过去经常有很多研究古代史的学者认为近代史研究不是学问，太意识形态化，其实不同的学科领域各有其特点，一些特殊语境下的研究不足以代表或体现近三十年中国近代史研究的进展和水准，但这种对近代史研究整体性、概括性的误解还是很普遍。即使到现在还有很多人有同样的想法，甚至还有些人认为近代史研究不需要很多的古文知识或者外语基础，资料又多，所以最好做研究，门槛很低。一位古代史朋友也曾开玩笑地对我说："你们近代史研究的这碗饭太好吃了。"真的好吃吗？近代史研究真的不需要一些古文或者外语基础吗？真的人人可"得而欺之"吗？真的有材料就能随便写吗？其实这都是误会或偏见作祟。严格来讲，如果没有严格的训练和研究者自身的努力，任何一个学科或次学科都不是轻易能做好的。相较而言，正是因为材料多，加之近代史研究的国际化日益明显，研究者对材料的鉴别和使用能力、与境内外学者对话的能力，以及避开史料陷阱与理论误区的能力，都需要特别的提高。

就目前的研究情况来看，近代史研究的成熟度或者学术性要求很高，需要跟国际研究对话的要求也特别高。特别是对于一些比较敏感的话题，比如晚清史、民国史、革命史等领域，出现了很多很成熟的研究作品，当然也有很多糟糕的作品。对于我们来讲，近代史研究已经发展出一套比较成熟的学科规范，特别是经历过近来史料的大开放之后，近代史研究对史料多元性、专精度的要求更高，对研究者解读史料的能力、表述自己研究的能力要求更高。在这种情况下，我们再去随便拿一些材料来做研究，或者做研究时还抱着一些宏大预设或者西方理论不放的话，就会出问题。因为现在能看到的材料太多了，资料中的矛盾或资料之间的"互文性"、冲突也就越发明显，如果研究者再用很少的材料，只及一点不及其余，只利用有利于自己的材料选择性地做具有特定意图的研究，或借此推导出大的结论或规律性认识，就会缺乏说服力，很容易陷入以论代史的误区。在史料搜集方面其实没有什么巧功夫，就是多看多积累。这其实也不是一个难度多大的事情，主要是现在很多人不愿意去做。毕竟现在可以看到的史料更多了，只要愿意花费功夫，总是能找到一些自己需要的材料。其实比起搜集史料，真正难的我觉得是如何将阅读史料的发现很好地表述出来。但是现在的情况好像反过来了，资料越容易找，大家越不愿意多花功夫找——而往往依赖于数据库之类的手段解决；撰写自己的研究发现本来很难，因为不怎么看资料或仅是选择性地利用资料，然后率尔操觚，历史写作倒变为一个比较容易的操作了。

我觉得在当下新材料不断涌现的情况下，我们更应该坚持从史料、从学术史回顾出发去做学术研究——我们应该是从史料中去发现问题，而不是带着问题去寻找史料，应该切实根据史料中的呈现去回应既有学者的研究，而非自说自话或者旁征博引一通，成为其论点或某种看法的注脚与背书者。这种研究看似渊博，实则是玩弄玄虚或不知所云，自以为感觉良好，其实是自欺欺人，对于实际的学术研究难有多少贡献。就像前面我们所说的近代史资料非常丰富，你要是愿意寻找的话，总会找到对你有利的史料或者别人没有讲过的观点，换句话说，选择性用一些史料来表达一个观点是非常容易的。尤其是现在一些追风少年似的研究，某些学术大佬做了什么，马上去追随，国外某些著名学者说了什么或做了什么研究，马上去模仿，自身没有主见，没有判断力，仅以世风（主要是大众媒体，包括一些打着学术名义的媒体或较专业的学术刊物）所好为自己所好，很多时候这样的学术研究只是帮助学界创造了一些或真或假的学术偶像或所谓的名家名作。不管是模仿者，或是被模仿的对象，其研究的真实学术价值有限，有时候不过是伪学术或是普通的常识性教科书知识而已。但尴尬的是，很多这样的学术作品却发表在正儿八经的学术刊物甚至专业权威期刊上，这样就会更加误导学界尤其是学生去追随模仿，造成的影响不只是误人子弟而已，还会混淆人们对何谓学术或何谓学者的判断标准。

举个例子。过去我们讲新文化运动的起源往往就是从《新青年》开始，更全面一点的再加上《甲寅》杂志、晚清的白话文运动等。如果我们看到更多的民国初年资料的话，就会发现新文化运动同基督教特别是基督教青年会有很多关系，通过列举民初基督教会的反孔教努力及基督教青年会有关的倡导，尤其是它为新文化运动所培育的人才等角度来展现其同新文化运动的关联，可揭示五四运动及与之有关的追忆和书写对于新文化运动乃至其来源的重塑和遮蔽效果问题。这提醒我们必须重视历史叙述的逻辑如何被确立的过程，以及人们如何借历史书写与事后回忆重新建构过去，形成"正确的"历史观等问题。具体就五四新文化运动研究来讲，就是我们应该意识到五四运动对新文化运动形貌及其记忆的塑造所起到的重大作用，进而去揭示被五四叙述的被遮蔽的、新文化运动的"起源"。

法国文化史家罗杰·夏蒂埃在《法国大革命的文化起源》一书第四章中讨论法国大革命同启蒙哲士的著作之间关系的时候曾指出，后来的研究者可能夸大或单一化了这些著作对法国大革命的影响。大革命前夕最为流行的作品中，多是色情书和八卦册子等"低俗作品"，即便一些政治类书籍的确比较流行，但它们也多非启蒙哲士表达哲学理念和政治关怀的经典文本，而是抨击国王、宫廷和贵族的通俗书籍，尽管这些文本确实如罗伯特·达恩顿的研究所表明的那样，它们承载着启蒙理念，极大伤害了国王的形象，破坏了君主制的基础。不过在夏蒂埃看来，读者在阅读这些书籍过程中并没有将其中的言说和批评太当回事，读者往往是从休闲娱乐的角度来阅读，读后很快将之抛诸脑后，"阅读未必导致崇信"；另外一方面，即便是阅读相似的读物，比如被视为同大革命关联密切的卢梭著作，读者的反应也是千差万别，很多读者均不赞成其激进的面向，同样情况亦发生在《百科全书》的读者那里。因为启蒙哲士的著作虽然提出了很多新的思想，然而读者在阅读接受过程中，并没有太在意与法国旧制度相对抗的内容，没有贸然相信书中的言说，更没有以同样一种方式（即导向革命）在阅读这些书籍，或者把这些书籍化约为同一种简单的意识形态论述。是故，启蒙运动或启蒙思想家的著作同法国大革命之间的关联可能并没有那么密切，之所以人们后来认为它们之间联系密切，乃是因为大革命成功后革命者对启蒙思想家进行"选择性重构"造成的，其标志即是把卢梭和伏尔泰视为大革命先驱选入先贤祠。在此意义上，是法国大革命"发明"了启蒙运动与启蒙哲士的著作：

在一定意义上，是大革命"造就"了书籍，而非相反。正是法国大革命赋予了某些特定书籍具有先见之明与可昭法式的意义，在事情发生之后将其精心结撰，追认为大革命的源头。

　　夏蒂埃从阅读史角度得出的上述结论或可商榷，但其讨论问题的路径和方式，特别是对因果论历史学的反思，却颇值得我们效法与思考。反观过去这些年的"五四新文化运动"史研究，一些研究者已经认识到当事人如胡适等人事后对五四新文化运动经验的修改和再发明的问题，愈加重视当事人的追忆对于后世撰写五四新文化运动历史的影响，也注意到陈独秀、胡适、钱玄同、刘半农等人的"炒作"表现，注意到晚清民国的关联延续情况和梁启超、研究系乃至江苏教育会、国民党在新文化运动中的作用，认识到商务印书馆等出版机构和北京大学对于新文化运动扩散的影响，以及"五四运动""新文化运动"等概念的形成和传播问题。不过，如果对比夏蒂埃的思路，我们会发现关于五四新文化运动源流的讨论，仍然是在《新青年》一系的线性脉络中来讨论相关问题，即先有新文化运动，后有五四运动，先有《新青年》的宣传，然后才有新文化运动的开展。如此操作会很容易将新文化运动的来源与影响单一化和线性化，不但会无视基督教会特别是青年会的先导作用与巨大影响，还会轻视其他派别和力量参与和塑造这个运动的情况与影响，进而忽略五四运动对新文化运动扩散的效果与对《新青年》地位的构建和追认情况，以及五四运动对新旧、新新之争的激化作用问题，乃至新文化运动的"运动逻辑"和胡适等人如何自我塑造的问题。

　　故此，我们固然要重视受《新青年》（包括此前的《甲寅》杂志）等刊物感染的趋新受众，但也不应该忽略受到其他渠道如青年会影响的"新青年"，以及企图修正新文化运动、融合新旧的梁启超、吴宓和江苏教育会这样的群体；同样，我们也不能不关注"新"如何建构"旧"，乃至"旧派"或不那么新的新派的具体反应情况与回应方式等问题，尤需要留意五四运动及与之有关的追忆和书写对于新文化运动乃至之前历史的重塑和遮蔽效果问题。参考夏蒂埃的问题意识即是：从知识史角度来说，新文化运动是否该有一个"五四"起源？或模仿一下王德威教授的提问方式：没有"五四"，没有后来者的选择性重构，何来新文化运动？

现在对胡适的研究可谓是研究水准最高和学术成果最多的专题研究。我们可能会觉得对胡适的研究不容易有突破性的成果，但我觉得如果我们是从学术史的角度来研究还是有很多值得进一步探讨的话题，还可以进一步来解析与胡适有关联的资料，包括胡适及同时代人物的日记、文集、书信等。我自己一直在做些胡适的研究，当我仔细分析史料和深入研究，在破除对胡适的个人崇拜之后，对胡适有了很多新的认识，会陆续写出系列文章，试图去填补一些研究的空白。去年年底我发表了一篇文章《新文化偶像的塑造：胡适及其受众》（《学术月刊》2020 年第 12 期），就利用了大量胡适相关的史料，从胡适自己说的话出发去探讨其背后的语境，去探析说话的对象和目的，从中发现不少新的问题。

如胡适昔日对于新文化运动的认知颇有故意标新立异之处。在 1920 年 9 月 17 日，"暴得大名"后的胡适于北京大学开学典礼上发言时即公开拒绝承认自己过去从事的文化事业是"新文化运动"，"从来不曾敢说我做的是'新文化运动'"，拒绝别人恭维他为"'新文化运动'的领袖"，其原因是他认为"我们现在哪里有什么文化"，号称"新文化运动的中心"的"我们北京大学"表现乏善可陈，没有"什么颜面讲文化运动"，外面学界虽然有"一种新的动的现象"，但并没有真正动起来，"并没有他们所问的新文化运动"。在胡适看来，"现在所谓的新文化运动……就是新名词运动"，"我们北大"要感到"惭愧"，要"回到一种'提高'的研究功夫"，求"高等学问""真提高"。（胡适《提高与普及》）胡适这里的演讲显然是对于当时人们滥用"新文化运动"的情形表示不满，同时也有对新文化运动的批评者进行解释和回护之意，当然其中更有反躬自省与激励北大师生之意——也为其之后转向整理国故工作打下伏笔。但胡适此处的表达同样不无自我炒作、故作高论之嫌，欲擒故纵的他希望借此机会委婉向同人展示自己在新文化运动中的地位和受到的推崇情形，这非常能体现胡适好名与聪明的一面，也显示其"炒作"技巧之熟练程度。其方式颇为类似 1922 年底他以"曲线救国"的做法介入在华英文媒体《密勒氏评论报》（*The China Weekly Review*）发起的"中国今日的十二大人物"的讨论与评选，结果胡适从最初没有列名候选，到最终得以位居正榜第十二位——列正榜前十二名者除列第六位的蔡元培、第十位的余日章外，其余皆是当时政界人物（孙中山、冯玉祥、王宠惠、吴佩孚、王正廷、张謇、阎锡山、黎元洪），得票数（613）远高于第十四位的梁启超（474）、第十七位的章太炎（328）、第二十四位的康有为（155）。

而为了强化新文化运动的成绩和自己的领导地位，此后胡适本人更是通过撰写和追忆新文化运动史或白话文文学史、国语运动史、近五十年来中国文学史之类的文本，以及诸多自传式、总结式的书写和批评性的回应文字，为新文化运动进行历史定位，也为竞争对手如章太炎、梁启超、章士钊、林纾等人定位，同时在新文化、新思潮的脉络里对之进行比较性批评，借此塑造和强化了自己及陈独秀等人在新文化运动和新文学运动中的先见之明与贡献，进而再造传统，将其视为"中国的文艺复兴运动"，从而极大提升了新文化运动"再造文明"的创新意义与启蒙效果，由此也实现了自我历史的重塑。这不但掩盖了胡适自己当初自信不足的事实，也正当化了其自身早具有先见之明的新文化运动领导者形象与偶像作用，无形中遮蔽或贬低了当时其他派别如梁启超派对于新文化运动的参与、修正和影响情况。

就个人研究而言，我自我感觉是在尝试用一种比较笨拙的考据手段来重新审视胡适，来表达自己读材料的体会，就是把有关的材料根据一定的时间或逻辑顺序放在一起，努力把材料之间的关系脉络铺陈出来，尽量让材料自己说话，这样或许让读者会难以卒读，也难免会招致堆砌史料的批评。不过，作为一种呈现历史的方式，这样的做法前有古人，后有来者，我想应该可以得到读者的宽容和理解。同时，自以为我在研究中努力避免先入为主或者后见之明的概念、理论或者将别人提出的宏观叙述作为自己研究的假设，避免让自己的文章成为别人结论的注脚。

我今天演讲可能讲得比较偏狭，我想表达的主要是我自己在做学术史研究过程中的一些自以为是的思考。抛砖引玉，仅供大家参考，敬请多多批评指正。谢谢大家。

主持人：谢谢张老师的演讲，其中讲到了很多很有冲击力的内容，我们相信这些论断的背后是有相当的史料基础的。那么多复杂的纠缠当中能感受到世界很复杂、人心很微妙，其实处理好世界跟人的关系也很简单。如果我们从张老师的讲座中总结出一个词来，那就是学术史的"反思性"。下面接下来掌声有请浙江大学於梅舫教授演讲学术史的"艺术性"。

主题二：学术史的艺术性及其约束力

於梅舫教授：各位朋友，大家下午好，谢谢岳麓书院的邀请。今天是大暑，还有这么多的人来听讲座。我还在现场看到了一位非常小的小妹妹，所以我需要临时转换下讲述的内容。刚才张仲民教授已经讲得很有学术性，我可能要临时发挥一点，讲些可能会让小孩子们感兴趣的内容，当然可能也不能引起他们的兴趣。

余露老师在开场白的时候说到学术史其实就是学术的历史，所以我们首先要说明历史是什么，以及历史学又是如何开展研究的。历史学者或者直接说历史学肯定不可能像数学、音乐那么精准，后两者有自己独特的语言，不需要翻译就可以全世界通用，而历史学不可能做到如此精确，它面对的是具有各自个性与选择能力的人。虽然如此，历史学仍是在不断地追求真相，像张仲民教授所说需要以不断反思各种理论和史料为前提。同时在追求精准的过程中，体现研究者的操守、品位、信念，这一点同样重要。

历史学会面对很多看上去相互矛盾也很有趣的地方，比如司马迁说要"行万里路，读万卷书"，但是基本上现代的历史学者平时长时间的状态是在书斋里面，在被四面都是书的狭窄且封闭的空间中去做一些思考，但是思考过程又是非常开放的，可以超越时间，超越狭窄的空间，可以无限地向外扩张。就像阿根廷的作家博尔赫斯说的那样，读书是什么？望远镜是眼睛的延伸，剑是手的延伸，汽车是腿的延伸，读书就是思维的延伸。历史学很多的追求是在跟古今中外的人交流，就是一种思维的延伸，并且其目标当然是要理解所面对的对象，达到历史学的求真。

我们知道真正达到真理解是件非常困难的事情，因为人面对的真相是非常复杂的。小朋友们从小就会问，这是真的吗？求真是人的一种本能。但是我们也会发现小孩子们成长过程中的一个很重要的现象就是学会撒谎，当你的小孩开始撒谎时说明是在成长。这是一个很有趣的现象：一方面本能上会追求真相，但另一方面在成长中自然撒谎。我们看电影《教父》，教父跟他的大儿子说：你不要把自己心里想的告诉别人。但是我们同样又不断地在追求别人的理解，文学作品当中有非常多描绘孤独的作品，有人写《十一种孤独》（美国作家理查德·耶茨所著），有人写《过于喧嚣的孤独》（捷克作家赫拉巴尔所著），为什么孤独呢？无法理解别人，没有人理解自己。真实与理解是心灵沟通的基础。

同时，真相具有力量。为什么这样说？有一本小说，余华评价说它的叙述是三流的，就是大家很熟悉的《不能承受的生命之轻》（捷克作家米兰·昆德拉所著）。这本小说的开头借用尼采永恒轮回的问题去讲什么是重，什么是轻。他作了一个严肃的提问，看上去与永恒轮回相矛盾。他问：如果希特勒不断地屠杀，法国大革命中不断地砍国王的头，在不断地永恒过程当中，这件事情的荒谬性会不会变化？他问了这样的问题。照理如果永恒轮回，即是事情不断地重演，如何会发生变化呢？而作者的答复是会的，荒诞的非人的事件，如果不断重演，会增加这件事的荒诞性。历史书写、艺术再造，可以理解为精神世界的永恒轮回，随着阅读者与欣赏者在不同时序中的经历，加大荒诞事件的荒诞性，凸显美好与真的力量感。从某种程度上来说，它是一种真相的力量，它会发生变化，这是那位作者的信念。所以有的时候追求真相可以是一种信念，也可能是一种信仰。

追求真相是我们研究历史的基本信念。学术史追求的真相可能更加特别一点，更多的是偏于形而上或者思维层面的真相。对此无法验证，理解也更难一些，如果是形而下，比如对于一张桌子的再现认知，大家可能对此的争议会相对少很多，但同样也会因人而有所不同，大概木匠与艺术家、顾客与销售员对此的态度会不同。那么这里面就出现问题：什么是真相？什么又是对真相的理解？我的老师曾经讲过一个故事来说明作者的意思未必那么容易理解，我很爱用这个故事来说明一些问题，当然我使用这个例子时可能跟我老师的意思会有所不同。这是个三口之家的故事，爸爸妈妈跟小孩，每天他们吃完晚饭之后，这个小孩都会非常积极地把厨余垃圾倒掉，隔壁邻居们看到这个情况就说小孩特别勤快。这个故事结束了。那什么是真相？我刚才所讲的全部内容都是真相，对吧？都是全部发生过。我们最终也知道了，原来这个小孩主要是不想洗碗，所以他就提前去倒垃圾，这也是一个真相。他每天吃完饭倒垃圾是个真相；邻居看到后说他勤快，这绝对是邻居发自内心的真相；那个小孩为不洗碗而倒垃圾，同样也是真相。但是如果把三个真相混在一起，那就完全错了。所以真相是分层次的，同样还有时间性。

今天我们来到岳麓书院进行讲座，在座的还有邓洪波教授这样的书院研究专家。我想特别举个书院的例子，来说明书院的历史真相同样跟时间有关系。"书院"这个词最早出现在唐代，如果我们用现在的书院观念理解当时的意思，会相差极大。唐代有一个叫集贤殿书院，一个叫丽正殿书院，后面都有宫殿的"殿"字，表明书院都在宫殿里面。那么这两个书院主要是干吗的呢？主要是用于修书。同时，按照《新唐书》《旧唐书》的说法，里面还存在一点选拔修书人才的功能，当然还有藏书。那是现在书院的含义吗？不是这样的。后来"书院"这个词进入唐诗当中，那里面的书院又指的是什么呢？因为皇家的事情往往会变成一种风气，就像英国皇室用威尔士金做订婚戒指，虽然跟普通金在形质上完全一样，但是因为是皇室使用的东西而变得非常受人追捧，变得昂贵，后来也走入普通百姓的生活。很多唐诗当中的书院跟个人连在一起，它变成像书斋一样的地方而存在。

书院历史上最有名的一次会讲是在岳麓书院的"朱张会讲"，当时的书院跟唐代或清代的书院是一样吗？当然不一样。宋代，官方所讲的是汉唐注疏之学，而朱张所讲的学问是要超越官方之学，甚至与官方所讲完全相对，所以只能是私人会讲。宋明的书院可能很像我们想象或者常识中的书院，但清代书院是不能讲学的。清初一开始不能设书院，后来不能在书院讲学，当然完全不可能变成宋代那样的书院。书院不能讲学，只能应课，几乎变成一种养士或者谋生的平台。在皮锡瑞的日记当中，便记载他为他儿子写书院的课卷，目的当然是给他儿子赚钱谋生提振声名。他在江西经训书院中阅课卷，便提到几份卷是同一人所做，他丝毫不觉得惊讶。书院的课有官课、师课，都与科举考试相对应，所以清代的书院里面所讲的、所做的当然跟宋代非常不一样。现在的岳麓书院，既是文保单位，又是 5A 级风景区，又是一个科研单位和教学单位，那当然跟之前的书院不一样，可是又有一脉相承的意思。我们看事情的真相还是跟时间联系在一起，不仅同一时间有层次的差别，不同时间还有不同时间的事实。虽然同样是书院，当然可以用书院来称呼，其中包含着非常有趣的不同真相。我们说追求真相有很多限制，或者说真正追求的真相是要匹配不同时间、不同人物的真相。真相有非常大的现实性，但同样有很大的超越性。

学问的历史跟其他政治、经济、军事等方面的历史还是会有所不同。比方说我们写一本学术史的书，它是一本书，但里面是无数本书合成的。其实这个特别的现象，几乎所有的写作者都是这样。写作者们本身需要读非常多的书或者参考不同人的作品，其中有个人的体验，有对过去的人的理解，所以变成古今结合的一个作品。学术史写作可能汇聚这样的特性会更加明显一点，更加强调古今结合的问题。追求真相是最难的，过去很多古人觉得诗难解，因为诗背后都是人的意识、情感，并且其中有很多技术性的问题存在。学术史也有很多技术性问题的存在，因为学术本身的特性要限制你的想象，但同样你的想象是在前人智慧之上的想象，可以超越原本而变成新的今典，同样是非常有意思或者说有挑战性的一件事情。

刚才张教授讲到近代史学的问题，这个事情比较有意思。在中国历代的传统当中，史学的正统都是"近代史"，比如前朝史，只有到了近代，古史才成为唯一的正途。其中原因，很重要的一点是近代人所研究的古史，主要是在研究或者说经学转变为史学之后的经学问题。也就是说我们对"近"的追求跟对"古"的追求，在我们现在的近代史传统当中其实有个很好的结合。换个角度来看，就是古今如何结合的问题，因为我们近代面对非常重大的转换，既有古今变迁非常大的问题，还有中外问题的刺激，所以融汇成一种新的文化。所有的时代都在融汇新旧跟中西的问题，这也是近代史当中的一个最大的问题。而我们在理解学问和学术史的脉络当中，其实同样会牵涉到所谓的古今、中外两点。

在追求所谓理解诗歌的真相过程当中，也是在追求古今典。学文学的同学应该知道，诗歌当中是有古典跟经典之分的，当然古典又分为二重古典。比方我现在写了一首诗，我用了一个典故，这个典可能原始的意思是在《诗经》里面，但是我用的是苏东坡用过的那个典故，那就变成双重古典，也更复杂。这是一层意思。但是所有对古典的运化，一方面当然会受古典的约束，不能完全脱离古典的意思；但另一方面所有对古典的运化都离不开你个人的个性，我们所说的品位、信念、操守、追求等，所以古今典结合才能真正地理解学术史的问题，才能更好地追求真相，这可能是一个非常艺术性也非常难的问题，也是非常考验学术史研究者的问题。学术史研究做到古今结合，不仅是像刚才张教授所讲的要研究古代史，还要研究近代史。比如在湖南做过按察使的黄遵宪，是近代诗界革命的领军人物，在他的诗歌中用了很多新名词的典故，所以牵涉到很多外来的问题。刚才张教授还有个引而不发的问题，就是研究好所有的问题都会牵涉到古今中外，这是一件非常难、非常有挑战但也非常有趣的事情。

　　追求真相，当然不能有先入为主的观念，但是所有的历史研究或者说所有的研究必定会有所取舍，这牵涉到个人的个性、品位、操守、信念跟理想。你不可能穷尽一个人的所有过去，因为那个人可供我们考察和探究的过去也是真的在过去发生过的千万事情当中的一件而已。我们今天做过的事情，比如我们今天的会讲，再过 100 年大概只有一点只字片言而已，如果后来人想恢复当时讲者的意思，或者听众对讲者意思的理解，肯定会千差万别，甚至可能到最后只有一句话：某某人在什么时间什么地方做了一个有关什么问题的讨论。所以历史研究肯定会有取舍，这个取舍是最能体现个人所谓的品位——既追求真相，又在接近真相、取舍议题的过程当中去揭示自己的信念。

　　我们来举些例子说明上述所讲述的内容。王国维先生在撰写《殷周制度论》时，当然要讲清楚殷周制度的演化过程，但同样也要揭发那时已经动摇的纲纪精神。陈寅恪的《元白诗笺证稿》最能体现学术的艺术性跟约束性的问题，这本书主要是讲唐代的社会风俗或者说社会文化。我们都知道"以诗证史"是陈先生提出的研究法则，但并不是所有的诗歌都可以拿来证明历史，其中就有非常大的选择性。这种选择性当然需要艺术性，但同样有很大的自我约束性存在，并且在这种自我约束性的过程当中，更能体现其中的艺术性。这看上去矛盾，但其实一点都不矛盾。陈先生认为留存的直接能够反映唐代社会风俗的资料是不足的，所以他在研究隋唐制度和政治史的过程当中几乎很少用到这些资料，但他认为在唐诗当中确实有很多能反映唐代社会风俗的资料。更为重要的是元稹、白居易这两个人的诗歌相互之间有呼应，确实涉及非常多有关唐代社会风俗的问题，并且可以跟其他资料进行互证研究，所以陈先生撰写《元白诗笺证稿》是有非常大的选择，内在有取舍。《元白诗笺证稿》另外还有一层意思，陈先生认为白居易比元稹好。从写文章的角度来说，白居易只表达一个意思而元稹有很多个意思；从人品的角度来说，元稹在新旧文化转变当中，以利取舍，其人品远远不如白居易。陈先生所处的那个时代也是在新旧文化转变的过程当中，旧的文化已破，新文化还不能确定，很多人都是在新旧游移当中两面得利。陈先生批评的就是这种社会现象，所以他的研究有很强的现实针对性。另外还有个例子。钱穆先生的《中国历代政治得失》，如果从研究制度史的角度来说，非常短小精悍，其中讲述了中国历史上一个非常重大的问题——这个问题在钱先生所处的那个时代同样非常重要——在中国自身历史当中的民主性是如何体现出来的？明清两代，尤其到清代军机处取代内阁成为权力中枢，成为宰相级别的存在，但它实际是皇帝的秘书机构，相权实际上消去了，君权跟相权两套体系相互制衡的局面没有了。钱先生有很强的现实意识。

有些学者在揭示真相的基础上有各自的研究意识和目的，肯定会有所取舍，但取舍外在表现的是领域与研究对象，取舍不是随意地窜乱事实，而是在揭示事实的基础上讲清楚背后的意思，反映品位、信念与理想。陈寅恪先生在《赠蒋秉南序》中说："欧阳永叔少学韩昌黎之文，晚撰五代史记，作义儿冯道诸传，贬斥势利，尊崇气节，遂一匡五代之浇漓，返之淳正。故天水一朝之文化，竟为我民族遗留之瑰宝。孰谓空文于治道学术无裨益耶?"也是在讲欧阳修纂修《五代史》有取舍的意识。所以我们可以看到在历史研究当中,确实有很多的艺术性存在,但也有很强的限制性存在,而限制性跟艺术性是不矛盾的。

最后我想说下,我心目中理想的史学作品的样子。我们拍出来的照片看起来很真实,那这些照片就一定比画更真吗? 这是个值得思考的问题。有位很有名的印象派画家莫奈,他有一幅画叫作《撑阳伞的女人》,描绘了在一个阳光明媚的清晨,母亲和孩子散步的场景,这幅画非常美。当时画家的太太已经生病了,莫奈将心中太太的气质和形象画出来,看起来有点朦胧的感觉,你也可以看到一种疼爱的感觉。莫奈当然是把太太的真相画出来,但同样又有融入了莫奈感情的真相,他将太太的真相跟他对这种真相的感情非常好地联系在一起。这样的一幅名画,就像史学作品当中的《殷周制度论》《元白诗笺证稿》等作品一样,在揭示真相的基础上,表现作者的意志,融汇了古今,重现境界,让读者久久回味,享受其具有充分自我约束下的艺术感。

好,我的演讲就到此为止,请大家批评。谢谢大家。

主持人: 好,谢谢於老师。刚才於老师讲到学术史的艺术性的问题,我总结出两句我认为很有名言气质的话,就是历史是科学与艺术的结合,然后客观是无数个主观的结合。很多时候我们面对历史或人生当中的问题,常常处理的是一种二元关系:科学与艺术之间,理性与感性之间,想象与实证之间,理想与现实之间,等等。可能人一辈子都在处理这些问题,学问如此,人生也如此。前几天我把这个感慨跟一位老师交流，我觉得世界的本源不是一，而是二，不是太一的一，所以这位老师开玩笑地说我创立了"太二学"。

好的，我们回到今天的会讲。刚才张仲民老师和於梅舫老师分别讲述了学术史的反思性和艺术性，接下来有请张凯老师给我们讲一讲学术史的时代性。掌声有请张凯老师开讲。

主题三：学术源流与时代议题

张凯教授：大家好，我非常感谢有这个机会能来岳麓书院做讲座。今天我想讲的是我们这个时代需要什么样的历史学，或者说需要什么样的学术史。刚才张仲民老师也谈了些这方面的问题，最近我个人也在思考这个问题。今年有两件事，对我确实挺有启发跟触动的。

第一件事，今年四五月份的时候，有一个北美学生物学的博士给我发了封邮件，他说很快就要毕业了，马上要去加州做博士后研究及找工作，他是出于内在情感，感觉有必要给我写这封信。他说，很感谢我和桑兵老师，他是一位文史爱好者，从我们的著作得到了某些对文化或者学术的理解跟体会，对于激发他自己做研究或对于人生道路选择蛮有帮助。这个对我挺有感触，我在想在大洋彼岸还有人关注我们所做的这么小众的一门学问。他说会看我们的每篇文章，没想到会有人这么关注和受到启发。

第二件事，不久之后，我参与党史宣讲，有机会跟很多学院的老师进行交流。有一次到工学院，他们的副院长就跟我说，他们倒是挺希望人文学院或者历史系的老师，能给他

340

们讲清楚符合这个时代理工科的学术精英所需要的历史观是什么样子的。他说我们的学术可能不仅是在书斋里面陶冶自己性情的学问，而是需要引领这个时代的发展。我觉得这段话对于岳麓书院也有相应的价值，湖南大学和浙江大学都是理工科见长的综合大学，应该都很希望我们的历史老师能做这样的工作。这两件事激发我更进一步的思考和探究，我们今天的历史学、学术或思想应该怎样跟时代同频共振，应该如何发挥引领时代发展的作用。这是我最近遇到的一些困惑。

我很希望今天的会讲，大家可以不用讲述那么多的专业知识，而是多交流彼此的感受，谈谈我们这个时代应该需要什么样的历史老师，或者觉得什么样的历史知识才是好的，或者交流一些思想启发和思想方法。现在回到正题上来。我后面讲的可能就是结合自己的学术历程，谈谈研究学术的一些方法，或者我自己是如何进入古今中西学术和思想碰撞的语境中去的，我会把自己的一些心路历程或者研究方法跟大家做交流。

首先，我谈下自己的学术历程。作为一个普通的学者，如果能把自己的智慧跟时代做些结合，我觉得这样就挺好的。我虽然不是著名的学者，但总有些学术的初心，就是说总会有一些小时候或者很早的时候，有些契机会激发你去关注问题。当然这种激发也会为你以后的思考方法或者理念，提供启蒙或者酝酿的土壤。我就举两个小例子。

第一个事例是在我大一的时候。虽然小时候比较喜欢学历史，但是当时家里穷也没有读什么书，到大一的时候根本不知道谁是陈寅恪，谁叫顾颉刚。进入大学之后，我就常去图书馆看书。有次走到一个书架边，看到有本书封面上的五个字——中国史学史。我为什么会对这五个字有兴趣？我们来看这五个字应该怎么断句，当时我和同学们真正讨论过这个问题。大家今天肯定会断句——中国、史学史。这很好理解，我们把中国作为一个国别，史学史作为学术分科的二级或三级学科方向，就是去研究史家、史著、史官以及史学规律、书写方式等等。但是我们也可以换个断句方法，比如中国史、学史，这也可以吧。表达的意思是我们去研究中国史这门学科或者知识门类的变迁过程。当然还有一种断句叫中国、史学、史，表达的意思又会完全不一样。在每个历史时期的史学可能不一样，今天我们的史学观念跟几千年前或者几百年前的史学观念差别也很大。当时我就很懵懂，不知道这五个字怎么断句，但是发现到这三种断句方法，其实表明我们对学问的基本提问方式是有不同的。到底是用中国、史学、史，去研究每个时代自身的价值观念或者知识系统去进入思想史书写，还是用我们后来已经形成的学术分科系统去进行描绘呢？这两种思路区别非常大。这件事情确实给我很大的启发，我觉得我们到底应该以什么方式去理解我们过去的历史或者文化、文明。

第二个事例是关于1990年代初思想与知识的讨论。我当时写的本科生学位论文就是由这个话题引发的。我很感谢黄宗智老师，他有本代表作《中国研究的规范认识危机》，引发我去关注当时的学术跟思想的讨论。那当时为什么会有一场关于有思想的学术和有学术的思想的辨析呢？这里面存在如何区分价值跟事实的关系，或者说我们的经验跟价值之间到底存在怎样的能动关系。

　　上述两个是我读本科时关注过的问题，确实会启发我今后去思考或回应古今中西新旧这样的对话碰撞问题，自然也引领我去选择自己的研究课题。其实以前我特不想研究近代史，觉得近代史很屈辱，阴差阳错选择后，现在觉得近代史有其魔力和魅力。近代史研究很复杂和很困难，或者说近代思想学术史研究非常困难。你会发现在近代社会之前，用句俗话来说是"道出于一"的，有一套相对整体性和完整的意识形态或者思想观念。但是近代之后情况发生了复杂变化，各种不同的思想资源被提供给我们来应对时代的危局。当很多人去寻求救国救民道路的时候，虽然最后确实也是"道定于一"，但是不管怎么样，我们今天以现代人的思想或者思维观念去理解古代，或者进入近代，大家会发现这样做其实非常困难。如果在理解和进入的过程中，没有借助今天的观念或者价值，这可能会丧失自我。但是如果你简单地用现代人的价值观念来理解古人，你会发现有很多偏颇之处。这是我自己读书时候的困惑，不知道在座的各位有没有同样的困惑。我自然就会去思考，我们到底要用一套什么样的方式去理解古代或者近代呢？既保持我们自己的主体性，又尽可能进入对方的思想世界中去。我们作为研究的学者，或者普通读书人都需要有这样的方法跟训练。

　　下面我谈些自己的研究方法，期待能回答上述的问题。我们如果去进行古代史或者近代史研究，或者去读一本这方面的书，或者去看待一个历史事件，可以尝试用以下四个方面尽量贯通古今、中外、新旧。这四个方面是：一、时代主题和学术源流；二、学术立场与著述缘起；三、著述要义与主旨分合；四、学界回响与学人本意。我试图通过这种方式把学术思想史的知识变成事件，变成动态的能够起到承前启后的事件性描述。

我举个例子，因为确实讲得挺抽象，如果没有一个具体着力点的话，就很难表述。我还是用我刚才讲的中国史学史的例子，有三本中国史学史的名著：金毓黻《中国史学史》、蒙文通《中国史学史》和柳诒徵《国史要义》。其中金毓黻的《中国史学史》最有名，也是影响最大的著作，在民国时期是作为大学课程用书，可能现在也常会被用来作为必读的史学参考读物；蒙文通的《中国史学史》是他在抗战期间陆续发表的文章，他死后由其子嗣结集而成。这三本书都是中国史学史的名著，由于三位作者的学术立场、所寻求中国文化和学术出路的方式不一样，他们所描绘出来的史学史差别非常大。我们作为后学或者初学者，应该怎样去面对和处理这样的问题呢？下面我们用刚才说到的四个方面来具体论述下。

第一，时代主题和学术源流。为什么要把握时代主题和学术源流？因为我们历史研究要讲究"通观明变"。虽然这些著作都是在近代出现的，但是近代中国所面临的问题或者出现的危机，不仅是西方到来之后才出现的问题，还是在延续着宋元以后我们要解决的时代命题。对此我做了归纳，就是如何在德性之学与政教体系、社会秩序之间建构能动关联，既是宋代以来中国历史发展的主题，又是近代古今中西之争背后的根源性问题。乾嘉学人意图超越宋明先天预成的形上学，却群趋考证学的知识实践，进一步割裂义理学与经史学的关联，难以应对三千年来未有之变局，道咸新学应时而起，继承乾嘉专门之学，高扬经世之志。柳诒徵先生说："盖乾嘉学者过于尊圣贤，疏于察凡庶，敢于从古昔，怯于赴时势；

今人则过于察凡庶，怯于从古者，必双方剂之，始得其手耳。"
(*《柳诒徵史学论文》*)这里面说明乾嘉学者和近代学者不同，所以应该如何在今与古、圣贤与庶务、历史价值与现实价值之间建立有机联系？他们为什么要写中国史学史？为什么要重新树立中国文化？就是希望用"国史"书写的方式来寻求出路。当时清末民初学人的国学观念呈现出一种超越儒学、以史代经的有意倾向。

在近代史学与经学之争中，到底史学如何取代经学，或者说哪种史学取代哪种经学？各方学者一直争论不休。因为经学和史学的名目之下都有比较复杂的派分。有人主张要取代经学；有人主张经学有价值统摄性；有人要用一种现代的科学史学观直接取缔中国的经学传统，试图把经学作为史料或者干脆认为经学作为史料都不够格；有的人却不这样认为，觉得应该要用史学的方式来承接和传递经学的价值。经学有套义理系统，需要跟随时代而转化，这可能更符合经学的常理与权变的关系。近代学术是种分科之学，移植了18至19世纪之后西方现代大学体制的学术风格体系。在这过程中，我们自然要书写各个不同门类学科的历史，所以在1930年前后，学者们就开始书写史学史这门学科的历史，可以说是势在必行的。当时梁启超就说"中国学术不能靠一部书包办，最少要分四部：（一）道术史——即哲学史；（二）史学史；（三）自然科学史；（四）社会科学史。"
(*《中国历史研究法》*)其中，史学应当为一种社会科学，"史学史"本应归于"社会科学史"，仅是由于中国"史的发达"，载籍繁复，史学史才有独立之资格。这些都是当时的时代主题和学术源流。

第二，学术立场与著述缘起。刚才说到的三位先生柳诒徵、蒙文通、金毓黻，他们的学术立场很不相同，这和学者的性情、学术宗旨相关。柳诒徵先生被称为"信古派"，坚持"儒家正统史观"，他认为中国文化的中心不是小学、金石、目录、文学与历史，而是五伦，还认为唐虞时期"敬天爱民"之义已成为中国的立国根本。他的史学观特别强调"礼"的重要性。金毓黻先生传承"章黄学派"之学，特别强调"实事求是"，认为要"以考证学治经，即等于治史"（金景芳《金毓黻传略》）。蒙文通先生是廖平先生的弟子，程千帆先生有句非常经典的评价：蒙文通是要用现代学术的方式把廖平那种怪诞的方式给表现出来。蒙先生自认为有经学立场，强调一定要发挥经学义理的现代转化作用，并且强调由经入史，以多元古史观解释儒家起源，并认定儒家的价值标准实为中国文化的精华，抉原经史旨在为今文学之义理搭建学理平台。

可见三位先生的学术立场不同，他们著述《中国史学史》的具体机缘就很不相同，背后都有个现实的环境。

1938年春，国民政府要在各个高校开设相应的必修课程，当时中央大学拟开设中国史学史课程，主讲者金毓黻先生遂编纂《中国史学史》作为课程讲义。开始"无可依傍，以意为之"，后觉梁启超《历史研究法续编》中有"中国史学史作法"一节虽语焉不详，但"尚可取资"，故其史学史顺理成章地遵循梁启超之法。他的《中国史学史》旨在阐发史籍中"所示之法式、义例及其原理，而为系统之纪述，以明其变迁之因果"，"若夫详史籍之部次，则应别撰《史籍考》或《史部目录》，概史家之生平，则应别撰《史家考》，或《史家别传》"。对于《中国史学史》这一名称，金毓黻先生认为"余撰《史学史》本名《史学考》或《史学源流》。名以《史学史》乃循西人之通称耳"，或当仿照钱基博先生之例，"应称《中国史学通志》，或简称《国史通志》，或《国史通考》，斯不致言不雅驯矣"。这句话很重要，这里埋下了伏笔，后人关于金毓黻的很多批评或褒扬和他自己的认识之间是有错位的。

1930 年代初，蒙文通先生任教时也要写课程讲义，他当时研史"稍知归宿"，遂撰写《中国史学史》，"取舍之际，大与世殊，以史料、史学二者诚不可混并于一途也。"他认为重新梳理中国的史学传统非常重要，还体会到史料与史学的差别。他并不赞成每个时代都要浓墨重彩地书写自己的史学，他认为每个时期的史学功能都不一样，那些在时代中起到中流砥柱作用的史学才要着重书写。所以不应该以进化论的方式，按照从古到今的顺序来写史学史。蒙文通先生在写《中国史学史》的过程中还和柳诒徵先生有过讨论，他在致柳诒徵信中说：以时代言，"窃以中国史学惟春秋、六朝、两宋为盛，余皆逊之。于此三段欲稍详，余则较略"；以内容言，"若代修官书，及文人偶作小记，固未足以言史也。间有能者，而未蔚成风气，偶焉特出之才，不能据以言一代之学"；对于世人推崇的司马迁、刘知几、欧阳修、司马光、郑樵，蒙文通以为"誉者或嫌稍过，此又妄意所欲勤求一代之业而观其先后消息之故，不乐为一二人作注脚也"。

柳诒徵先生在东南大学时期讲授史学研究法时，也要撰写课程讲义。蔡尚思先生称柳诒徵先生作《读史法》《作史法》两书，并拟"合并此两书，即等于《中国史学史》，决于两年内完成"。1941 年，柳诒徵先生又在中央大学讲授中国历史研究法，后经增补修订，于抗战胜利后出版《国史要义》。柳先生在抗战中后期将自己的观念和时代相呼应，强调要弘扬中国史学的传统。

第三，著述要义与主旨分合。第三个方面是我们讲述的重点内容。三位先生的学术立场和著述机缘不一样，但彼此之间还是有对话和交流，互相传阅书稿，或者撰写文章互相讨论。我们对照三人的著作目录和体例，你会发现他们的中国史学史的写法完全不同。

金毓黻先生采用我们现在最常见的写法，分史官、史家、史籍来论述，从先秦写到最近的史学趋势，这是最符合我们今天的历史书写和史学史教育的标准。柳诒徵先生在《国史要义》中把他认为最能彰显中国历史文化价值的关键词拎出来，比如史原、史权、史统、史联、史德等，比如史学对政教传统奠基性的功能，或者史学的书写方式，或者史学如何治史蓄德，或者史学的为政教民功能和作用，等等。他是用这些关键词来写史学史的。蒙文通先生是以晚周至汉、六朝至唐、中唐两宋、明清等朝代来划分的，表现出每个时期最彰显中国核心学问的史学，其他有些地方语焉不详或者干脆觉得没有必要写。

我们会发现这些学者因为各自学术立场不同，所要表述的学术观念也不同，具体的写法差别很大，彼此之间有交流也有批评。金毓黻先生直接批评蒙文通先生说到，治史的途径不一样，有以史治史，也有以经治史，但蒙先生所谈的全是史学理念，"愚谓能自撰一史者，乃能谓之通史学，否则高语撰合，鄙视记注，则成家之作必少。还以质之蒙君，以

为然乎，否乎？"（《静晤室日记》民国二十九年七月三十日）也就是他
认为如果我们谈哪个史家重要的话，是以自己单独写本专题
史书为标准，不认同蒙文通那种以经学家的色彩来写史学史。
还有些具体的细节，我们因时间关系就不继续深入讲述了。

第四，学界回响与学人本意。三本史学史著作出来之后，
学界的看法是如何的，学者本人又是如何回应的，这可能是
最符合史学史的论述方式。

抗战胜利之后，有人看到金毓黻《中国史学史》，指出"史
学史应当是一门学问，要以历史哲学为主要线索，把历代有
关史学的著作和言论贯穿起来，说明其对于社会人生的意义
与价值。但现在号称史学史的著作，大都是着重于叙述史书
编纂的经过和方法，介绍史书的内容与价值，就算不上学问"
（宁泊《史学研究的今与昔——访杨翼骧先生》）。也就是说如果史学史
像金先生这样写的话，那么史学史都不能算是一门学问了，
可能这也是我们以文献编纂学来写史学史的尴尬所在。牟润
孙评论此书时称"惜其不参以他学，专求之史籍。开始即于
经史关系，毫无论述，渊源既迷，后事遂成皮相。况汉魏以
降，迄乎宋明，思想之影响于史学者，亦概置不问，其不能
深入，势成必然。"也就是批评金毓黻先生没有讨论经史关
系。1945年，经常进行学术批评的顾颉刚先生划分国内学者
时将"金毓黻、郑鹤声、刘节"归为"整理史书"类，而将"蒙
文通、钱穆、李思纯、沈刚伯"等人划归"讨论"一类。顾
颉刚在接受记者采访时称："蒙文通是治史学史最有成就的
一位，虽然他不长于外文，但是他能批判接受西洋史学史权
威的方法。"也就是蒙文通用西洋史学史的方式对中国的学
问做系统的梳理。顾颉刚的学生白寿彝严厉批评金毓黻的《中

国史学史》道，带有浓厚的史学目录学的气味，却很少谈史学的原理、法式和义例。

金毓黻对上述的批评有个很长的回应，他认为"近人忽视记注，竞言撰述"，认定此"实为一种错误，吾特起而正之"。"近贤竞言修史，而于撰述、记注之分，殊嫌忽略。似一言及撰述，即足以举修史之职而无愧。"金先生更关注的是"记注"，强调史官、史家、史籍的重要作用。他认为自己并没有想过要写部史学史的开山之作，而是为编修新通史做史料上的铺垫。他原先将此书命名为《中国史学考》，意在以考据学的方法排比辨正旧籍、估量其史料价值与史体演变，以兹撰新史借鉴。因此，他论古代史学皆就"所撰之史，以为榷论之资"，扬榷之标准，一为史料价值，一为史法、史例。

我们如果要用今天的史学史观念去看待金毓黻等学人的观点，会有一种很强的错位感，不能用今天的学科观念来简单地判断他们的学术主旨。我个人认为今天的学术思想史应该走出方法与材料之学，而是回归到学术主旨上来，要搞清楚我们所研究的对象——学者或政治家的学术或政治主旨到底是怎么样的，他们心目中理想的学术或政治思想是怎么样的，然后再来解析这些主旨是否更符合我们今天的社会发展所需要的思想资源。我们来看这三位先生的学术主旨。金毓黻以史代经，视中国旧史为史料，以兹编修新史的材料；蒙文通试图开辟一种义理化的经史之学，试图用现代化史学方式去实现中国传统的义理精神在今天的再现和激活；柳诒徵侧重守常与实践，强调在历史文化的实体与主体性的基础上，来构建文明道路。

　　我为什么要讲上述的内容？因为这关系到我对学术思想的理解。我们今天研究学术思想或研究历史太强调分科之学和断代史研究，比如研究某个时期的某类历史。分科之学当然有好处，比较符合现代社会分工的需要。现代社会需要在各尽专长之下，每个人完成自己社会分工的职能，能让我们的能力不断精进，知识不断丰富。但同时也会带来很多的问题，比如学问走向支离，不能够把握根本的问题或者整体学问的本身。现代科学学术体系的建立实为时代趋势，但若以单一的现代学科观念去理解、判断一切学问或者学术主流，这样做会导致每个人忽视对根本性问题的理解，无法用学术的方式去探讨中国道路或中国文化往何处去等问题。可能也会出现这样的后果，我们的学问和现实，古代的历史文化传统和今天的社会需求相脱节。

　　针对上述的问题，我们应该怎么做？我简单讲两句话：一是道在六经与六经所以为六经之道。那些学者关注和论述的是什么？深入这些著作中去探寻其中的道理。我们是否可以更进一步地思考这些著作何以能成为经典，及其思想的原理在何处？二是由事见理：学术思想的生成演化机制。运用历史的方法很重要，不是把历史作为单纯的科学实证之学，而是由事看见事物的道理。我今天在演讲中为什么要强调那四个方面，就是希望将我们的研究对象都放在一个动态的事件之中，去考虑学术思想的演化和生成机制。这可能是我个人以历史的方式来研究学术思想史的最大期待和为之做出的努力。好吧，我就简单讲这些，谢谢大家。

　　主持人：好，谢谢张老师。刚好最近正在拜读张老师的著作，我觉得张老师的学问和研究有种抱负，从学科来说希望能做到历史跟哲学之间的贯通，从方法上来讲同时强调义理与考据，这也应该是读书人或文化人的一种担当。好。我们下面进入会讲环节，再次掌声有请两位老师上台。

会讲环节

主持人： 今天的同台会讲，我们按照发言的顺序，先请张仲民、於梅舫、张凯三位老师围绕各自的主题做进一步补充说明，回应彼此之间讲述的内容。我们先请张仲民教授讲述，大家鼓掌欢迎。

张仲民教授： 今天我主要讲述自己的一些研究经验，或者说一些自以为是的方法，可能比较琐碎。我觉得自己在做研究的时候，可能跟两位做学术史研究的老师有点差别，他们关注更多的是科学与艺术、史学与时代等大问题，这些是必须要面对，也是比较关键的问题。但我其实更关注的是历史书写、写作，更具体地说是关于材料和实际情况的联系与区别等问题，可能更在意所谓的历史真实性。如何去探寻"真实"，或者在有时无法做到"真实"的情况下，来揭示历史人物如何"造假"，或者怎么来美饰或掩盖自己的行为，我有时候比较在意这些东西。

另外一点，历史研究当然无法真的脱离所处时代的制约，不管是对历史的解读、写作或研究选题等方面都没有办法。作为一个历史学家，虽然超越不了如今时代的某些立场或某些历史情况，但至少要意识到自我的局限性。所以我强调作为方法论的学术史研究应该要具有高度的自我反思、自我批判性，对自己或他人的研究成果要有包容性或者保持警惕性。我们可能讲述不出一个圆满的故事，但是至少是在所掌握史料的基础上，尽量公平客观地去讲述真相，或者说我们自以为比较贴近材料呈现出的真相，或者比较贴近过去历史的真相。我觉得在这样的揭示或者解释过程就是一个个历史真相浮现出来的过程。

相对来讲，我觉得做历史研究的学者不是要告诉读者有一个唯一的大历史，而是有一个丰富且多元的历史，包含有各种各样的小历史。每种小历史，未必就符合唯一的解释，同样有各种各样的解释。这些具有开放性的小历史有两点值得注意：一是提醒我们关于过去存在一些多元的认识；二是作为一种思维训练，能让我们避免出现致命的失误——骄傲自满地认为自己掌握了历史的绝对真相，不给别人研究的空间和余地，自以为掌握了真理，在知识或学习等方面比别人优越。在这个意义上说，我们不光是要告诉别人历史研究的重要意义，还要提醒自己在读史或写史的过程中做到时刻战战兢兢，保持自我的警惕和反省。

回到我刚才讲的主题，作为方法论的学术史，其实应该不光是对别人的研究成果、概念术语使用起来要极其谨慎，而且对自我的研究成果或者讲述自己认为的历史真相的时候，可能也要深刻意识到我们自己有时也会陷入自我预设的概念框架的陷阱中。我们要意识到自己知识与能力的局限性，但同时我们也要尽量避免这些局限性，所以要留一些开放的空间，留一些可以和读者进一步交流和商榷的地方。

当然有些时候我们说得容易，做到很难，但至少要有上述的一些认识。这些年我可能养成一些坏毛病，更喜欢谈论历史的细节和一些具体的问题或研究成果。如果仔细地去读过去的一些研究成果和史料，会发现有很多新的史料。我自己越来越希望也越来越喜欢在学术史或者对精英人物的研究之中去做一些关联性的研究，想做一些言论与社会接触研究，还想做所谓学术的社会史研究，或者知识（思想）的社会史研究。另外研究一些重要人物或者重要思想、观念的其他社会面向，或者那些不被接受、不那么光荣或者不那么拿得出手的面向。我觉得这些研究更重要的是知识和思维的训练，从更广泛的学术意义上来讲应该要有批判性和趣味性。

如果历史学者一直站在胜利者的那边，可能这个社会还是比较糟糕的。作为一个个体，虽然我们在当下的现实社会中会受到各种各样的影响，但不管怎么样，我们做研究都要尊重证据，不能捏造证据，也不能垄断证据。就像康德所说的，"有两样东西，愈是经常和持久地思考它们，对它们历久弥新和不断增长之魅力以及崇敬之情就愈加充实着心灵：我头顶的星空，和我心中的道德律"（《纯粹理性批判》）。这应该是我们从事史学研究的准则，或者说是良心的参考。我就简单补充和回应这些，谢谢大家。

主持人：谢谢张老师，非常言近旨远的发言。现在我们掌声有请於老师发言。

於梅舫教授：我略有一点补充或者供讨论的地方。黑格尔说："但是经验和历史所昭示我们的，却是各民族和各政府没有从历史方面学到什么，也没有依据历史上演绎出来的法则行事。"（《历史哲学》）在当前疫情期间，加缪的长篇小说《鼠疫》非常流行。这本书讲到人类经历过无数的战争和瘟疫，但是人类在每次面对战争和瘟疫时还是同样显得手足无措。这句话可以验证黑格尔的观点。所以我们真的需要一些有穿透力的信念。

我们今天会讲的副标题是"多元视野中的学术史"，我们都在讲有新材料或者新视角就可以得到新的发现，但实际上是不是这样的呢？我也一直在想什么是"多元的视角"。所谓的多元视角，从言说者的出发点去看，往往是作者或研究者的视角，但是从某种程度来说，真正理想的状态就是最好不要有作者的视角。虽然可以有作者的取舍，就是我们可以做不同的研究，但要不断随历史对象的视角转换视角，实际是不要有自己的视角。这里面牵涉一些观念。我们经常批评历史研究不能盲人摸象，比如不能把大象的一条腿当成大象的本身。这很容易理解，确实不应该这样。但是我们又会发现一个很重要的现象：有时太有"全象"的观念，对于历史当中某个人的观念，反而用"全象"观念去看某一条腿的关系。因为在历史研究当中尤其是形而上有关学问的事情，有些人看到大象，有些人其实就是盲人，这里面没有褒贬，只是我们现在以为他们认识当中应该有"全象"的观念，这应该如何处理？历史上有很多这样的情况，甚至我们现在生存的历史现实当中，也不可能接触到"全象"，能看到的也只是其中的一部分，然后我们如果要用全部的观念去理解某个部分，当然会出现很大的问题。也就是所谓的"多元视角"，就是尽可能地抛开视角，依据历史当中的"盲人"观念，如果"盲人"说他摸到的腿是大象，那历史就是这样，因为他确实认为这条腿就是大象。我们得变成不同的"盲人"，才能真正接触到这个"盲人"所理解的事实，也才能回到真正的事实上去。

多元视角到底是什么？就像天下无贼做到"无"的确很难一样，做到"多元"这点也是很难的。我们现在有很多"有"的观念，但是并不知道这些"有"是怎么出现的。今天两位张教授都讨论到这个问题，我觉得挺重要，但是也挺困惑。

确实我刚才在讲演中也讲了很多乐观的话，比如读书可以延伸你的思维，确实可以跟很多人交流，确实有的时候也发现能真的理解。但是大家也会发现有个困扰，就是我们读书越多，或者说接触的经验越多，自己越无知。这是一个很简单、很基本的道理，因为原先是你不知道你原来不知道，当你知道越来越多的时候，你会发现你不知道的空间越来越大，这是最基本且很通常的一种现象。当你读书多了，当然你会有一种无力的感觉，但这种感觉可能从某些方面来说也具有乐趣。所以我主张的是很个人化的史学研究，可能和两位张教授的个人化研究有些不同，我可能更是有一种"享乐主义"。我需要在历史研究中获得乐趣，这与我的价值坚持不矛盾。如果可以回到盲人之象那种境地当中的话，大概就没有所谓的史学、哲学、文学，或者刚才张凯教授一直想要突破的分科之学，因为我们说做学术史是一种取舍，主要是以学术的形式来研究历史。在这个过程当中其实学术本身发生联系的事情，你很难用后来我们以为的学术史的观念去约束他。比方康有为，当时湖南人认为他学术不正，所以拒绝他进入湖南，那么这里的"学术"指的是什么？是我们现在所说的学术史的"学术"吗？不是这样的。如果能理解这个史实，大概就能理解学术史的某些方面。我就讲这些。谢谢大家。

主持人：好，谢谢於老师。大家在听的过程中，如果有问题想等会提问，可以现在就写在纸条上，我们有工作人员收集问题。我们现在请张凯老师发言。

张凯教授：刚才於老师说学得越多，越觉得自己无知。这能给我安慰，我一直很迷茫，因为我就觉得我啥都不知道。

我有一个习惯，特别不喜欢自我复制，就像我们做学术史研究，其实想要写文章很容易，你可以把一种方法运用到很多学人身上去，但我写着就感觉挺没劲。这是自我重复的做法，观念和方法都没有变化，我们做的是一些同样的工作。今天张仲民教授说他要写一个知识史或者知识的社会史著作，其实我觉得我们研究学术思想的核心观念就是要反思和研究我们今天的知识怎么来的。比如我们认为这东西是 A，或者我们怎么形成 A 的思维方式，这肯定是人类历史或远或近累积的过程，还要研究它是怎么来的？我们发现可能有一些我们认为天经地义，没有任何疑义或者时间不长的观念，在过去可能是个例外。

我经常跟我们的同学讲两点：一是当你去读古人的书，你如果发现书中有些观念你都没听说过，那么这个人挺重要的。大家知道这是为什么吗？因为提供了跟我们今天的人不一样的理解世界和时代的观念。第二个，可能这个人的观念好简单，就好像这个观点跟我想的差不多，那么这个人物应该怎么看？可能你更不能忽视，为什么？比方说今天提的比较多的名人胡适，他的文章或者很多著作好像真写得挺简单。但我们想胡适何以"暴得大名"？当时人认为石破天惊的话在今天看来非常简单，那是因为他的思想方法被我们这个时代所接受了，而且慢慢地从各种方式融入了我们基本的看待世界或者看待文化的方式中去了，所以你会发现他的很多观念成为日常。

我为什么会关注学术思想史，或者说想用学术思想的方式去看待各种分科的学问呢？这确实能给我们提供一个去思考、反思今天的知识和思维的方式。所以我觉得我们开展学术史、思想史的研究，不仅给我们提供了一些视野和视角，还提供了提问的方式。我们所讲问题本身可能在多元地探索、追溯和知识累积过程中，激活那些被我们有意无意忽视或逐渐被人忘却的历史事实。通过激活这些问题意识，在今天这个时代焕发出新的思想活力，同时也为时代走向提供某种有效的资源。

我在讲演中特地提出的四种方式，或许能让普通的读者或学生调整自己的阅读方式，做到在过去的文化变迁和今天的时代命题、未来的展望之间形成正向的关系。我一直认为历史学就是一门打通过去、今天与未来之间关系的学问，不是简简单单对过去的缅怀，或者对某些问题的简单揭示，而是能形成一种整合式学问的有机方式和方法。

我个人一直强调历史学本位，历史学不是简单的科学实证，而是非常丰富和多元的，它确实能为我们今天探索中国道路提供有效的方式，不是简单的高标、悬空的思想，而是需要将其有效的机制跟机理展现出来。通过分析今天和总结过去的机制跟机理，能为我们后世的发展提供参考和借鉴。我们需要把人类智慧作为一层层多元累积的过程，而不是简单地用二元对立的方式来互相攻击跟批判。我们要能做到融汇多元，各尽其长，整合知识跟思想。当然这是我的一些不成熟的想法，我这辈子可能做不到，希望后学能做到。最后还讲一句，我还是非常希望能听到大家认为这个时代所需要的历史学是什么样的？非常希望听到您的答案。谢谢大家。

主持人：好，谢谢三位老师。我们今天会讲的题目是"历史·思想·人物：多元视野中的学术史"。大概一周之前，他们三位老师非常用心地设计出这样的主题。刚才听到三位老师分别的讲述，我大概讲下听后感，可能我的理解也是盲人摸到一个象腿，大概对应学术或者历史的三个不同的方面：真、善、美。张仲民教授讲的第一个话题是史料的真假，以及如何去求真；於梅舫教授讲的艺术性，我们可以将其归为美的一类。台湾王汎森教授有一句非常有意思的话："历史也是审美，是读取故事的意义"，这句话本身也兼顾了真、善、美。张凯教授讲述汇通以及我们需要什么样的历史学，这是一种善，对民众、对文化都有益处。这是我对今天三位老师讲述内容的很简单的理解，我认为做学问或者我们的人生要有真、善、美的追求。但同时也要知道真、善、美之间有时会有冲突，因为很真不一定很美，很美也不一定很真，很善也不一定被人所接纳。三者之间是有张力的，这可能就表明探索或者人生的魅力就是在这些张力当中做到不放弃、不抛弃。

接下来的阶段是请三位老师回答听众提出的一些问题。

互动问答

问题 1： 在近代史研究领域，理论先行的弊端显而易见，但前人树立的研究典范也有很大的作用，尤其是面对近百年史料结构的巨大变化，聪颖者即便另起炉灶，也需要有所凭借方能便利。请问应该如何对待前人的研究成果呢？谢谢。

张仲民教授： 我们都会面临着上述的问题，即在研究开始之初，都需要凭借一些前人研究的成果或用过的史料，这本身没有什么问题。我想一般的史学认知或者史学研究之路应该都是这样开始的，我们不可能摆脱前人的研究。我也没有完全否定前人的研究，我想表达的意思是很多人可能会随意或者比较有选择性地把某些大咖或者学者研究出来的结论简单拿来，然后在这些前提的基础上去建立自己的研究平台或研究大厦，其实我反对的是这样的做法。

换言之，如果我们真的要从事某个专题领域研究，固然要与前人对话，但我自己觉得可能需要抛开前人的研究成果。从某种程度上来说，即便我们不能完全抛开前人的研究，也不能让其成为阻挠我们继续前进的障碍，当然也不一定是障碍。有些前人的研究无疑促进我们认识某些问题，但是如果我们深入进行研究，特别是基于我们自己的关怀努力研究史料时，可能跟前人的研究和方法都不一样。其实我们面对相同的史料可能得出的看法也很不一样，因此我觉得基于学术常识，一定要敢于学术尝试，努力去超越前人的研究，去真正深入地研究某些问题或者某个专精领域。我们应该抛开所有已有的研究成果，要有一种"万水千山我独行"的感觉，当然这有点"傲慢",但我觉得确实也需要这种比较精英化的态度,当然做到这点的前提是我们不能脱离史料。

我现在做的很多研究,大部分的时间是用来看史料,不再是先去看前人的研究成果。当我看完很多的史料,再去看别人的研究成果时,会发现前人的研究不需要被我纳入研究的对象,或者作为争议的对象,或者给我触发的对象很少。因为在掌握大量的材料基础上,再回顾过去的研究,可能会觉得有些研究跟我们关怀和想要研究的问题没有太大的关系。当然作为普通的读者,不是去做专业研究,在需要认识一些历史情况和问题的时候,可能我们必须要借助前人的研究。我就这样简单的回答,不当之处,还请多多指教。谢谢。

张凯教授:我也想来回答下这个问题。我也遇到过类似的情况,我的学生也问过我应该如何看待前人的研究,或者说这些研究跟我们现在研究的关系。我记得有一年出去开会的时候,有位学者是研究清末民初的一个不太著名的学者,他得出来一个结论:可能这又是一种"执拗的低音"[1]。今天我们提到过的余英时先生、罗志田先生或者王汎森先生提出的一些重要论断,肯定会成为我们今天进行历史研究的重要凭借之一,我觉得这没问题。当时因为那个学者跟我关系比较好,还比我小几岁,我就很直言不讳地说余先生、王先生等学者所处的那个时代做学问时可以这样说,但是我们这代人再把他们的观念作为我们的结论或作为话头。大家觉得

---

1 编者按:王汎森教授所著《执拗的低音——一些历史思考方式的反思》(三联书店,2014年1月),主要通过对近代历史资料和著作的分析,挖掘在历史研究中容易忽略的非主流现象,从而解析在历史转型的关键阶段,一些处于边缘地带的思想者们被甩出主流视野的思考。

合适吗？如果我们确实发现这是个"低音"，那和别人怎么不一样，或者跟我们主流的声音为什么不同，作为后学首先要以一种批判的眼光看待这个结论，然后不能简单重复这类观点，而应该将其做更深、更广意义上的阐发。我们做思想史或学术史研究，真的不能简单地把某个学人标签化，这种标签可能是当时人的看法或者现在某些名家的观点。

於梅舫教授：我来略微唱点反调，就事论事，我略微有点不同意张凯教授的观点。王汎森先生"执拗的低音"的观点是在论述很多具体的人物和事例的基础上提出来的。有一点我非常同意，我们不能简单把这种观点直接拿来作为研究的起点。但换个角度来说，所有的书都可以帮助你理解历史，就看是否会利用好。我举个例子，下棋的人都会看棋谱，有些人看棋谱后成为"大国手"，有些人成为"二国手"，有些人始终不入流，看同样的东西结果还是会有很大的差别。我觉得读书或者做历史研究是很个体化的事情，不能一概而论，就看你会不会"看"。

我一般不太批评前人的研究，因为我觉得很多事情不值得批评，有些事情也不需要批评。学术水平和水桶理论正好相反，水桶理论要看最低的那块木板，那是最高的水位，可是当你的学问水平达到很高地步的时候，就是很高，永远不会再下来。可是现在有很多研究的起点是在批评前面不太好研究的基础上开始的，这点值得反思。现在有各种"新史学"，我们知道历史上"新史学"的讲法非常多。所有的"新史学"都是针对前面的"新史学"而来，前面的"新史学"不一定就是很高的阶段，但如果在其基础上做些批评和想要进步，反而有时会遇到限制。

问题2：请问历史对哲学的反思，或者说从历史学的角度谈谈历史对哲学的反思是什么？谢谢。

张仲民教授：这个问题应该由哲学家来回答比较好。哲学家一般会觉得历史学家是帮他们找史料，提供一些研究的基础，而历史学家会觉得中国没有哲学家，都是哲学史家。关于历史对哲学的反思，有很多经典的著作都对此讨论过，比如黑格尔的《历史哲学》等著作都可以来参考。特别是前些年西方比较流行的后现代主义，主要探讨历史与哲学的关系，还有历史与理论的关系等等。其实这个问题提出来比较容易，但回答起来比较难。大概来说，历史与哲学相结合是不可避免的，只不过当下学科壁垒森严，而且各学科之间相互"敌视"也是比较普遍的。其实不光是口说两者要结合，而且要在实际研究中去促进两者结合。历史学家或者哲学家，都要想办法去吸取对方的长处，而不是去看对方的短处，甚至借此取笑对方。

於梅舫教授：这个问题特别大，可能困扰了无数人。刚才张凯老师讲历史是一门连接过去、现在跟未来的学问，其实所有的学问都是基于过去，哲学也不例外。我们不可能基于没有发生过的事情去做出判断。有一个可能很多年轻人会很喜欢的女哲学家，很多人会称之为政治哲学家，她叫汉娜·阿伦特。她便说所有的哲学都是基于过去的问题。我刚才讲所有人对追求真相都有一些冲动。有一位作家的作品可能很多同学们很爱看，一位把硬汉派侦探小说提升到纯文学水准的作家——雷蒙德·钱德勒，代表作是《漫长的告别》。他有一本书叫《简单的谋杀艺术》专门讨论侦探小说的真实性问题，评判一本小说的好坏在于真不真，这点很有意思。

如果我们从文学的角度来看历史跟哲学，有两个非常有意思的人，一个叫弗拉基米尔·纳博科夫，写过《洛丽塔》，"小萝莉"这类称呼就是从这本书而来的。这个人非常讨厌理论，他认为所有宏大的哲学跟真理都是空虚的。所以他极度注重细节。他的文学描写非常注重细节，很多内容跟我们今天讨论的话题很相近。另外一个叫乔治·斯坦纳，代表作有《语言与沉默》《悲剧之死》《巴别塔之后》等。这两个人都不喜欢犹太人弗洛伊德的心理分析观点，因为他们觉得这是在制造病症，而不是在挽救病人。他们非常强调真相的细节性，而不是抽象的哲理问题，也不认为人可以像科学一样被分析。所以你看很多被认为是文学家的角度，其实他们在讨论历史跟哲学，过去和今天这类大问题，这看起来很有意思。

张凯教授：刚才两位老师在回答这个问题的时候，我突然想到今天学界各个学科都想要回到"史学"。某某学科史原来都是非常边缘的研究方向，就像我们很多学历史的同学不了解或者不关注史学史的研究。最近学界的转向，我想可能有如下原因：当一个时代在高歌猛进的时候，大家不太在意追溯历史；当发现我们自己塑造的那套理念可能出问题的时候，可能会反思过去的选择方式，会想到借鉴过去的历史资源。我们刚才讨论历史与哲学，其实我们所谓哲学里面的智慧，比如真、善、美原理的演化，这些智慧和理想最终也是要落实于人间，那么就一定是要在某个具体的时空中由人来实践。如果从这样的视角来看，其实不存在历史跟哲学两者派分或划分的问题，它们本身就合在一起。

我们现在说人类历史中很多道理跟哲学，有部分可以说是来自某些圣贤的突发奇想，但是我们会发现这些突发奇想总会或多或少跟人类的经验相配合。另一方面，某些突发奇想的哲学理念可能也引领时代或者未来的发展方向。我一直觉得我们不应该过于强制地去判分什么是史学、哲学或文学，其实也难以区分出来。如果以一种整合的方式去看待人生的学问，你会发现其实都是没有太大分别的。如果不是以学科的视角而是以人本的视角去讨论问题的话，那么很多在学界已经根深蒂固的壁垒其实很自然而然地被突破。好的，我就说到这里，谢谢大家。

问题3： 请问於老师，应该如何平衡真实历史中的人物与学术史中的人物形象之间的张力？谢谢。

於梅舫教授： 从这个问题本身，我还是可以看到很浓厚的学术史框架的印记，为什么这样说？学术史上的人物，学者是他的一种身份，但他也要生活。学者的生活包括很多部分，当然会有大量的阅读以及古今中西人物的交流，还有一些基本的生活方式。我们举个例子，学术史上的著名人物黄侃，爱喝酒，最后将自己喝死。曾国藩爱下围棋，胡适爱打牌，两人在日记都记有再不改此"恶习"就猪狗不如，然后继续如此。

学术史涉及的是学人的历史，学术史应有学人的历史意识，但同时又不完全等同。学术史中的很重要的描绘对象是学者的学术表达，学术表达如何产生的？当然是受到过去有关他的学术表达相关内容的约束。不是所有人的学术都应该写到学术史当中。要在学术发展脉络当中具备位置，有真正基于学术的评判与衡量，基于时代，又具有超越性。所以不是所有学人都可以进入学术史。谢谢。

问题4：请问张凯老师，取舍历史真相的学术史研究是否能够成为普遍性、大众性的研究？谢谢。

张凯教授：这个问题可能想表达的是如何把精英人物的学术史写成大家都能阅读的历史。这可能是各省文化工程里面一个非常重要的任务。现在浙江准备启动"百年学人学案工程"，就是撰写1840年以来重要学者的学案，是一种普及读本。这确实是一件挺难办到的事情，但是我觉得也确实挺有必要，需要我们找到一种方法。

如果还是按照现在学术史的写法，可能还是那种精英史观，那应该如何将精英的思想或者学理融入普通人或非学者的头脑中，我觉得可以结合张仲民教授的一些研究。同样都是研究胡适的思想，张教授的研究视角就能启发别人。我们现在去写一些普通读本的学术史，如果视角关注在今古文经学之争、汉学宋学之争等方面，估计缺乏长期学问积累的读者看不懂或者不感兴趣。如果我们能将精英人物的一些生活情况与其思想言行结合起来，比如写胡适的八卦史，这对普通读者就很有吸引力。如果我们能把重要人物思想产生的具体语境呈现出来，把这些知识和思想变成某个事件或者过程，可能会增加学术史的可读性和引起阅读的兴趣。

我们将学者的日常生活跟其最核心的学术思想结合起来，会是非常有意思的事情。假设我们研究当代的一些学者，发现我们的日常写作跟"996工作制"或者"非升即走"的制度息息相关，这可能读起来非常有意思。比如张老师或者我的某篇文章其实不是什么突发奇想或者某种特殊缘由，就是因为工作逼着你再不写文章就会被开除，所以不得不进行生产。在这种环境之下，你去探讨这些学者怎样去激发自己的学术兴趣，从而符合这样的工作制度，然后结合自己的某些想法来产生一篇文章。我觉得如果说把学术思想的生活化或者语境化处理的话，或许能达到这样的效果。当然这样做研究真的挺难的。

近年来，张仲民教授一直在从事生活史的研究，能给我们提供很多启发。刚才张教授反复提醒大家不要理论先行，其实他有很深的理论素养，他是我们这辈学者里面为数不多的在读书期间就开始将西方理论引入我国学界的非常重要的学生跟学者。但他现在回归到要大量地查找原始史料，前提是已经阅读过海量的报刊或者文献，这跟我们读经典文本可能不一样。我们必须要做到对思想和文本的深入理解，但同时要把这种学术跟生活进行挂钩，这必须要读大量的史料，同时要加深对史料背后的分析。分析和解读史料需要理论支撑，非常需要各种理论的素养与方法训练。所以我觉得如果能做到这点，或许能产生既有高水准，又能符合我们普通读者需求的历史著作或者学术史著作。如果我们这辈的学者做不到，希望下一辈的学者能够做到。谢谢大家。

问题5：请问张仲民教授，随着马王堆帛书等出土文献的出现，可以反驳民国的疑古思潮。那么请问是疑古学派的研究方法有问题吗？"大胆的假设，小心的求证"是不是也有很多的问题？谢谢。

张仲民教授：疑古学者当初是基于对传统学术崇拜的反动，其观点虽然遭到很多人批评，但我觉得他们的方法论与初衷还是很有意义的，尝试在新的理论资源指导下求得中国上古史的真相，只是他们的一些具体论证和结论，存在这样那样的问题，所谓"居一二孤证，轻易旧文"（《张尔田书札》），"专在细致之处吹毛求瘢"（章太炎《历史之重要》），这早就为当时学者如章太炎、张尔田、钱穆等学者所诟病，我觉得这很正常，并不能因此否认其在学术史上的意义和影响。

第二个关于"大胆的假设，小心的求证"问题，这是由胡适提出来的一种研究方法，但他在自己研究的时候其实是不遵守的，经常是"大胆假设"和"大胆求证"，或者只假设想象而不具体证实（很多时候是不愿证实），而且会有很多武断的结论。这点一些学者在研究胡适时都已经指出来了，这里不详述。

从我们现实的学术实践来讲，"大胆的假设"当然是可以的，就像疑古学派提出的一些假设问题，至于"小心的求证"，这应该是必需的，尤其是对作为史学工作者的我们来说，如胡适所言："有一分证据，只可说一分话。有七分证据，只可说七分话，不可说八分话，更不可说十分话。"（《胡适文集·书信》）这话很有道理，但胡适并没有做到，我们也不容易做到。饶是如此，我们应该为之努力，在一些具体解释上尽可能避免出现过度诠释，这就特别要求我们遵守史料解读过程中的清规戒律，注意发挥又要抑制自己的主观能动性。

可惜的是，在当下学术界，假设大胆、求证不小心的研究还在大行其道，所以我们要提高自己和学生的史学鉴赏能力，不能把赝品、次品当真品、上品，不要见到什么都叫好，尤其不要以名位或资历看人。现在学界没有多少健康的学术批评，所以搞得好像我们没有判断史学研究好或者坏的标准。我觉得还是要有标准，还是要努力去做个好的学术研究者。

如何判断好的历史学研究成果？我觉得可以有下列标

准：一是，与过去研究对话的程度如何；二是，使用的关键性史料比前人多多少；三是，有没有在此基础上的新解释或研究推进；四是，在研究的表述方面，其可读性、逻辑性等技术问题如何。这是我简单的回答，谢谢。

主持人：好，谢谢三位老师。我们今天主要谈论学术史的一些话题，讲到学术史的一些特殊性，在听的过程当中又想到另外一种特殊性。对于研究者而言，学术史研究对象是我们的同行，即学人及其学术。学术史研究的是我们共同面对的对象，所以在这个过程当中可能会有更多激发情怀的地方。今天张凯老师回忆求学的历程当中，觉得《中国史学史》这本书对他很重要。我非常理解这样的感情，因为在每个读书人的心目当中总会有那么几本书很重要，影响到自己成长。我自己关注的研究方向是晚清民国的学人与学术，桑老师有句话说：家人眼中无伟人，已熟悉故而。我刚开始不同意这句话，家人眼中没有什么伟人，这经不起研究的。但如果换个角度来讲，我们所知道的历史或学人本身就有种种局限，在知道这点之后，也许可以转过来，将刚才那句话理解为：只有家人眼中的伟人才是真正的伟人。因为只有足够熟悉和了解，知道另一面之后依然能够很坚信和很坚持自己的想法。做学术很难，做学术史也很难，但是只有家人眼中的伟人才是伟人，我们愿意以此来保持着一种初心跟情怀。非常感谢三位演讲者，也感谢大家。本场会讲到此结束，谢谢大家。

后记

　　本书为"岳麓书院讲演录"第三辑。整理编纂出版这套丛书，旨在保存近年来岳麓书院讲座的学术资源，并广布社会、嘉惠学林。

　　本辑是会讲专辑，大体按会讲时间先后和主题相近原则编排。所谓"会讲"即朱熹所谓"会友讲学"，张栻所谓"会见讲论"，也就是面向学生、学者和社会大众的公开的学术讨论。南宋时期岳麓书院"朱张会讲"开书院会讲之先河，从此，"会讲"成为书院特有的学术研究和教育教学活动形式。如今岳麓书院继承朱张会讲的传统和精神，在岳麓书院讲坛中设立了会讲系列，每期邀请不同专家学者就同一话题从不同角度进行讨论。会讲嘉宾之间，会讲者与听众之间的往复讨论过程，就是深入思考和激发思想的过程。本辑汇编了 8 场会讲的现场记录稿，主题涉及经学的出路，儒学的宗教性，传统家风家教，理学、心学与船山学，以及经典诠释学和作为方法论的学术史与时代的关系问题等。

值得一提的是，分别由唐翼明和唐浩明两位先生、郭齐家和郭齐勇两位先生、邓国光和邓立光两位先生参与的三场会讲是学者兄弟之间的会讲，堪称书院会讲史上的佳话。令人难过的是，邓立光先生已归道山。他讲述陆象山心学时那种既富激情和洒脱，又温文尔雅的神情，犹在眼前、如在昨日。

岳麓书院的一些年轻老师文晗、王继、王宏健、夏金龙、普庆龄、陈永豪、张卓、汪文利等承担了联络主讲人、整理本辑讲演稿等具体事宜，科研助理曾海鹏和岳麓书院硕士生张砚秋等同学也参与了本辑书稿的整理和校对。这类工作比较烦琐，需要耐心、细心，非常感谢他们。

我们还要特别感谢湖南大学出版社把"岳麓书院讲演录"列为重点选题，编辑人员为此付出了大量心血与汗水。最后，衷心感谢登上岳麓书院讲坛的专家学者们，你们为今天的岳麓书院带来了学术的滋养和智慧的光芒；同时也要感谢每位前来岳麓书院听讲的朋友，没有你们的积极参与就没有文化的繁荣；还要感谢所有为讲坛的组织和举办付出辛勤劳动的师友和同学，岳麓书院讲学交流活动越来越多，没有你们的默默工作，就难以焕发今日岳麓书院的活力。

自古以来岳麓书院就是读书人的精神家园、学术圣地，希望这本讲演录能够带领读者们，再度回到岳麓书院讲坛现场，继续去追寻和感受人文精神与学术思想的无限魅力。